澳大利亚是我的再生之地,中国是我的第二故乡。

——瑞克·彼萨特若

澳大利亚，我的爱

—— 从战俘到"杰出澳大利亚人"勋章获得者

〔澳〕瑞克·彼萨特若 / 著
李兢喆 / 译

山东文艺出版社

代　序

李兢喆

　　在女友吕敏家的一次聚会中结识了瑞克·彼萨特若先生。之后，他安排正式的晚宴回请我们，并赠送他自己的传记《澳大利亚，我的爱——从战俘到"杰出澳大利亚人"勋章获得者》。席间的空当翻阅了书中的画页，一身戎装的意大利士兵赫然在目，彼萨特若先生说那就是他本人。问了他首次到澳大利亚的时间和年龄，算起来这位长者竟然已经有九十余岁。更为称奇的是，他，一个经历过第二次世界大战，来自战败国意大利的俘虏，短短的数十年间竟然在畜牛业和地产业取得巨大成就，列位"杰出澳大利亚人"，荣获女王勋章。

　　不久，我们应邀又一起去他坐落于圣玛丽的农场——曼德龙公园牧场，看了他散养的牛，他的马匹，在他自己营建的占地广大功能多样的别墅里喝他亲手煮的咖啡，然后他驾车带我们去高尔夫俱乐部吃午餐。这家在悉尼十分著名的高尔夫俱乐部，连年亏损，主人正意欲拉他投资入伙，见他带客人来吃饭，自然视为财神爷，礼数周到。眼前这位长者已经超出孔圣人所说的"人生七十古来稀"，他不仅没有仰躺在老人院的睡床上消磨余年，也不让儿女佣人围在身边伺候，更不在病榻上浑浑噩噩漫度长日。现实中的他，轻易就计算出维持这家高尔夫俱乐部所需的日常费用，预估出达到利润的流水金额。交谈中获悉，他还做股票投资，比较不同股票的税后利润回报；他将自己数千公顷的农业用地更改为工业或住宅用地，细做地产分割，售让出公路两旁的给海外大买家；他与服务不周到的银行撕破脸而关闭账户，断然转走数百万千万的账款；他在昆士兰州的酒店物业没有收到租金，诉诸法律并亲自出庭，保持高昂的斗志；更奇葩的是他依然长途飞行海外，旅游度假会晤女友。一面是亲力亲为，汗水摔八瓣，脚踏实地而成为财富人士，另一面过的是一种天马行空的生活，对女性保持着高度的爱悦、欣赏，还有不懈的热情。从长寿的角度说，他完全不是出家人所谓"放下，就是一切"，他是紧紧抓住一切，抓住现实的每一种机会和生猛新鲜，活在当下，活在现世的忙忙碌碌之中。

　　瑞克的克制、谦逊和节俭又是有目共睹的。与女士们在一起，无论认识或不认识，电梯或门口，他总是退步礼让，在大饭店里请客，从不铺张浪费，衣着也简单实用，不着名牌。他总是以一个经验者的口吻给予每一个人以营养学的建议，似乎多年来对牲畜、牛马的喂养，使他相信人类与动物一样，容易罹患关节炎、骨质疏松，他给每一位女性建议长期服用维生素铁，提倡素食，少餐。十分诡异的是，作为一个畜养肉食牛和奶牛的人，他已经禁食牛肉，并且停用牛奶而改喝豆奶。这样一个长寿自律的长者，已经是一棵不老松。光凭这一点，人们已经可以从中学到不少东西。

　　94岁的瑞克还对时事政治与新闻保持着热切的关注。他评议美国，针砭俄罗斯，对希腊债务拖累欧元而对欧洲经济持悲观论调，甚至对自己的祖国意大利在墨索里尼时期历史的真实性持否定态度；却似乎对中国情有独钟，20世纪70年代初中澳建交，他便在农场首次接待来自中国的新闻代表团，从那时起，他与中国各界保持许多层面的交往。他很骄傲地告诉我们,已经有过一百三十多次中国行,他不放过每一个关于中国的新闻,赞叹新一届政府出重拳抓贪腐,惋惜和哀叹上海外滩新年的踩踏事件。

瑞克出生在意大利乡村,成长于本尼托·墨索里尼的专制时期,为了能吃上传说中军队顿顿提供的西红柿牛肉面而当兵,却不幸发现自己已经被扔进北非,作为以德国为主的轴心国军力中的一员,与美英盟军,包括澳大利亚作战。结果,还没有正面交锋,瑞克与成千上万的意大利兵一起成为俘虏。而后,1941年乘坐前丘纳德公司豪华邮轮玛丽女皇号,前往澳大利亚战俘营,随后被派往澳大利亚人的农场去做工。

命运向这个年轻的意大利人展露了微笑。瑞克被分派给农场主雷伊·巴杰瑞先生和他的太太,他们是一对慈祥和善的夫妇,在新南威尔士州悉尼的西南萨顿森林拥有一处农场。年轻力壮的瑞克很快用他的艰苦劳动赢得了巴杰瑞先生的好感和信任。他干活又快又好,奉献于任何繁重劳动。

巴杰瑞对待瑞克就像对待自己的儿子,而非一个强制劳动的义务工,这些触动并温暖了瑞克的心,巴杰瑞先生对他来说,无疑意义深远,影响了他的人生。

"二战"结束后,在巴杰瑞先生的帮助下,瑞克获得了必要的入境许可,于1950年重返澳大利亚。瑞克创业的技能和热情一如星火,迅速燃烧起来,他在房地产业大获成功,开始了出租和自建房屋的生意。可是,他的意大利妻子在澳大利亚生活得并不开心,她离开他而返回意大利。瑞克继续扩展他的生意兴趣,在地产和建筑业斩获丰富,并迅速成为富有的男人,在20世纪50年代他已经是澳大利亚排名前五位的富人之一。

他继而转战畜牛业,饲养的波尔短角牛和夏洛莱牛,使他赢得了世界性的声誉。而后,在他的悉尼西郊曼德龙庄园,开始培育曼德龙特种牛,较之于斯格尔牛、墨瑞灰牛和夏乐克牛,其遗传基因的特质深受业界欢迎,同时他还将巨大的意大利契安尼那牛和它的相关品种引进了澳大利亚。维基辞典里随时可查到登记在他名下的这些种牛的品类。他进一步发展了动物营养和与健康有关的高级技能，并成为"太平绅士"。他的成就被社会认可而荣获"杰出澳大利亚人"勋章，还因为建立了多项进口贸易关系，多次获得来自意大利政府和其他国家颁发的最高荣誉奖项。

显然，这是一个不可复制的在历史变化中勇于改变个人命运的案例，更是一个在今天依旧难得的励志故事。罗马不是一天建成的，英雄也不是一时成就的。澳大利亚给予那些肯于劳动付出，创造财富和价值的人以真实的接纳和奖励。瑞克艰苦卓绝地劳动，亲力亲为地操作，从挖地、平土、抹灰、上梁安装盖房，到喂牛、给母牛接生、打针、人工授精，再到所有商业运营和投资决策，既是一名出力的劳动者，又是一位劳心的企业家。

无论怎样，一个艰苦卓绝的人生奋斗的故事在不事张扬的文字里娓娓道来，一个史诗性的澳大利亚历史画面呈现其中，其中真实的细节描写和动人心弦的电影式的连贯性与画面性一一展开。他不断抓住生意机会，保持对知识的敏感和学习能力，电脑手机微信不断更新运用，这些都构成实实在在的企业家性格。他不信上帝，也没有先知先觉，却有超人的意志，以及个人自由精神。他的两任妻子都离他而去，他的儿子们和女儿唤他 Big Boss（大老板），他们三代人都是各自不同牧场的主人也同是劳动力，他的第三代已经是驾驶直升机驱赶牛群的牛仔。

澳大利亚这片朴实无华又丰饶肥沃的土地成全了瑞克，也一定会成全任何一个不辞辛劳的人。现如今，来自中国的法人和私人机构大量购买澳大利亚的土地，尤其是与肉食牛和奶牛相关的农场，瑞克的战俘身份，外来移民的经历和育牛经验都在这本书里，不无人生的启示和创业的指南。

十分诡异的是，正当中国国企或私人机构大量购买澳大利亚农场土地的时候，他私下却说在未来五年内，无论何种产权性质的农场主，澳大利亚无论肉食牛还是奶牛业都将面临亏损的局面，而来自中国的"买、买、买"，在未来又将面临亏本，而进入"卖、卖、卖"的境况，那时，又将是澳大利亚本土人士低价购回农场与土地的时机吗？但愿不是耸人听闻。

一个需要让中国企业家或移民意识到的畜牛业，农场经济需要几代人亲力亲为，必须与本土文化相融合的经验性与专业性都在书中。最为显著的要点，就是他不在乎苦难与敌意，或许它们已经冰释。他的不凡的成就都是在谦卑、智慧与真实的情感里——即是负载一个梦想，并将其铸造为现实。

向瑞克提出将他的书翻译成中文，他爽快地答应下来，慷慨赠予版权。不过，依旧不失生意人的特质，有言在先，书的利润五五分成。译者心说：一年业余时间投入的翻译工作都不求回报，在这没有许多人买书看书的年月里，谁知道呢，万一要自掏腰包付梓印刷呢？

2016 年 6 月 17 日于悉尼绿素书屋

目 录

引言 / 1

从法西斯主义到自由主义 / 10

加入军队 / 17

墨索里尼向大英帝国宣战 / 20

伊塔罗·巴尔博元帅被击毙 / 23

玛丽女王号进入悉尼港 / 29

考瑞的阿米巴虫隔离营 / 32

意大利战俘被容许在农场劳动 / 36

巴杰瑞先生，一个勤劳的男人，

  一个可敬的师长 / 40

日本战俘突围战俘营 / 42

意大利战俘遣出农场 / 48

1946 年墨尔本杯马赛 / 50

自由的滋味 / 57

1947 年的新年 / 62

悉尼的舞场 / 67

回到帕那佐家里 / 74

家园的边界 / 76

返回故乡 / 78

回到梦寐以求的国家 / 83

拥有人生中第一所房子 / 90

房地产的诱惑 / 93

新生活的开始——结婚 / 102

建造第一座屋宇 / 110

畜牛的梦想，曼德龙波尔短角牛的诞生 / 112

珀迪教授宣布曼德龙波尔短角牛是独一无二的 / 119

夏洛莱牛在澳大利亚创历史性销售纪录 / 123

赛马班伯瑞的故事 / 126

第二次夏洛莱牛的销售 / 129

方向的改变 / 133

第一次契安尼那牛销售婆罗门牛的
　　世界纪录和第一只小牛的澳大利亚纪录 / 143

最后一个波尔短角牛的朝代 / 148

意大利黄牛 / 154

契安尼那牛的脾气 / 156

赠给前苏联历史性的礼物 / 161

离婚 / 165

梦境——抛售农场 / 173

棕色的蟒蛇　/ 175

魔术奇迹　/ 177

更多的棕色蟒蛇　/ 180

男性的健康　/ 182

我获得的荣誉　/ 188

皮特·诺瑞，一个了不起的拍卖师和朋友　/ 190

关节炎和它的影响　/ 193

醋酸——解决关节炎的关键　/ 196

纯种马和营养对它的影响　/ 199

我的中国经历　/ 205

难以置信中国取得的成就　/ 208

我在澳大利亚畜牛业历史中的位置　/ 215

澳大利亚畜牛业需要不同的评审方式　/ 216

曼德龙波尔短角牛的历史　/ 219

夏洛莱牛的故事和我的参与　/ 227

契安尼那牛，意大利牛的故事　/ 238

我的三个畜养品种　/ 241

肉食牛——从一个极端到另一个极端　/ 253

嘉许函　/ 257

身体和精神的状态　/ 259

后记　/ 263

附录　/ 265

引　言

首先,我需要向读者解释一下我为什么决定自己写出关于我个人的故事。许久以来,很多好的作家,包括一些大学教授都一直对我说,你的故事正是澳大利亚历史的一部分,应该记录下来。我的语言是简单的,但是,我想表达出我对于这个国家和她的人民的真实情感,在内心深处我对她存有真挚的爱。

我,瑞克·彼萨特若,居住于曼德龙公园,澳大利亚新南威尔士州厄斯金公园莫利路501号,1922年4月24日生于意大利卡塞塔省圣杰罗的直辖市阿利弗。

1922年意大利发生了巨变,本尼托·墨索里尼与他的法西斯追随者开始了法西斯主义革命,随后与君主维托里奥·埃马努埃莱三世达成和解,后者完全成为傀儡而接受了意大利的命运。

我的求学经历是接受法西斯专制的洗脑。学校的孩子们被置于一个虚构的世界里。我们穿上巴利拉制服,打着法西斯旗帜与穿着黑短衫的男人、姑娘和大孩子一起不断地沿着街道游行。我们的感觉是绝对骄傲于这些活动。这种游行几乎每个星期都举行一次。当然了，领袖本尼托·墨索里尼时常通过无线电向国民演讲。所有学校里的孩子和法西斯主义者以及全部的市民都要着黑色衬衫，列队，行进在斯波特尔二十广场的无线电波中，在领袖演讲结束前，没有人能被准许去工作。

我的父亲是受雇于圣杰罗市政府的护林员。那时，我的母亲照料一个杂货店和一个供男人打牌与喝酒的地窖。这里有太多的关于"黑衫党"的秘密，他们可能混迹于地窖或广场里参与公众讨论，任何人无论是喝醉了或清醒时，只要说出与法西斯信仰相左的观点和看法，几天内便会失踪。

我父亲有几小块农业地产，另外在圣杰罗奥特尔入口处有一个30亩大的橄榄树和葡萄园，距离我们在镇中心的住处仅有三四百米。我已经长大了，开始喜欢上土地，很乐意花上一些闲暇时间与受雇于父亲的男人们一起劳动。在冬季与二三十名妇女一起采摘橄榄果。越是繁重和累人的活我越是喜欢。15岁的我很瘦，体重只有45公斤，但是强壮得像一匹马，我能一人顶俩干完任何交代给我的工作。我非常认真地对待生活，我想要为自己做一些事情，于是我在17岁时加入陆军服役两年，以便免除将来再服兵役。

在我加入军队一个月后，被送到北非的利比亚。第二次世界大战爆发，墨索里尼与日本加入以德国为主的轴心国并向盟军宣战。

我属于1940年第一次插向埃及的队伍。但是陈旧过时的战时装备，使意大利没有可能战胜武器精良的英军。我们意大利军队没有准备，在混乱中，前线指挥官竟然倒毙在托布鲁克，由意大利战舰圣乔治发出的炮火下。在意大利历史中，我相信，巴尔博将军——整个意大利北非军队的指挥官，被描述为英勇牺牲在与英军空中混战的战场上，这让我怀疑任何意大利的历史描述了。

仅有一架意大利飞机飞越圣乔治号朝向埃及的边界。这是我亲眼看到的。1941年2月7日，我们拼命地撤退并逃向隆美尔将军指挥的军队。传说法国军队将会击毙任何已经投降的意大利俘虏。我们这支百余人的队伍决定等待英军隆美尔部队的到来，并向他们投降。我们投降后被送到临时的班加西集中营地，在那里大约有四万名战俘被登记。

与其他两千名战俘一起，我踏上了前玛丽女王号邮轮前往澳大利亚悉尼。1941年5月28日，美丽的悉尼港呈现在我们的眼前，她像这片土地一样神奇。澳大利亚卫兵与官方管理人员一样，对待我们战俘好得惊人，当我们抱怨羊肉太多而意大利面太少，我们被告知："说出来，你想要什么，我们就尽量给你什么。"有很多羊肉被退回去，代之以更多的意式面粉。

两个营地各有一千名俘虏，落脚于其中之一，我感到生活太容易了，白天玩澳式足球，晚上打牌。作为军士长的我带领一组志愿者为厨房砍伐木头，这活计给我们带来一点额外小钱，可以用于小卖部里的花销。1944年4月27日，我被派往一个农场工作，新南威尔士州的萨顿森林区，伍贡昂巴拉。巴杰瑞先生和太太没有孩子，他们之于我是绝对地了不起。我尽心尽力干了许多超出他们所需的重活累活，那是因为我热爱劳动并享受其中。在巴杰瑞先生那里干了18个月后，战争结束了，所有的战俘要被送回营地，我也只好为被遣送回国做准备。

我已经被农场里的自由宠坏了，很难适应回到战俘营地。唯有逃跑这一条路。在新南威尔士州的圣艾芙，有一个大约60人的战俘营，所有技师、我本人还有看管者都住在这里。我担任营地领队和军士长。当时正在举行墨尔本杯马赛，之前，我看好一匹名叫卢西亚的马，幻想它会赢。我们几乎每个晚上都在玩扑克，用香烟赌钱。战俘营每天发给战俘五支香烟，非常珍稀。

有一天，我把香烟卖给一个卫兵得到了两先令，当士兵给我钱的时候，我又将两先令递给了他，让他帮我下注到那匹叫卢西亚的马身上。这名卫兵大笑不止，几乎笑掉了脑袋，说道："不可能赢，即使它现在开跑，到明天的比赛时也赢不了。"第二天，结果它赢了，赌金比率是16∶1。我赢取了32先令，不待犹豫，就给了两个卫兵各自8先令，让他们去给我买回来市民的衣服。他们又开始笑我，问我："你要做什么？"

我回答道："我要逃跑。""你永远跑不掉的。"他们说。"快去给我买衣服，你看我能不能？"我对他们说。

几天后我悄悄开溜逃出了战俘营，并赶上一趟从霍恩斯比开往里斯莫的火车。里斯莫距离悉尼有四五百公里。我在一个意大利移民的橡胶园里得到了一份工作，但是我遭遇了奴隶一般的苛待，一个月下来竟然分文未得，故此离开了那里。

回到悉尼，获知所有的战俘已经被遣返，我已经逾期。我在原来的战俘营附近找到了一份菜市场的工作。潘那若和约翰尼夫人合伙经营这家菜市场，她们对我很好，每周付给我的三英镑都被我积攒下来。潘那若夫人有四个女儿，她们都是很棒的女孩子，工作生活在一起。我在那里待了12个月，感觉到了前所未有的自由。我在平布尔联邦银行有了一个自己的账号，每个周六的晚上都外出跳舞，我还在霍恩斯比警察局获取了驾照，有时我能开上送货的卡车。

有一天，我去悉尼市区，收到了一个巨大的惊喜，一个人从背后拽住了我并叫出来："嗨，瑞克！"我转过身看到一张熟悉的脸，正是他，那次墨尔本杯马赛帮我下注，并帮我买来市民的衣服使我得以成功逃离战俘营的守卫。我们走到一间咖啡馆攀谈，他请我喝了一杯奶昔，说真为我的幸运而高兴，然后又急急忙忙消失在人群里。

我知道了根据日内瓦公约，所有的战俘都必须遣送回本国。这样我决定在船起航前把自己交出来。卡尼姆布拉号载着最后的少数战俘由悉尼启程驶向港口弗里曼特尔，在那里加入到自由轮——将军海茵策尔曼号，

1947年12月抵达意大利那不勒斯港。

我非常兴奋能活着回到家乡，见到父母亲和家人。但是这种兴奋没有持续多长时间，我就开始想念澳大利亚了。我意识到那是我梦想中的国家。从这一动念到获得巴杰瑞夫妇为我和新婚妻子作的落地担保，整整用了两年时间。我一直想回到澳大利亚，跟着巴杰瑞一起拼力干活，跻身于这个"新的世界"。

我的妻子丽娜却不喜欢农场生活，于是六个月后我们离开了巴杰瑞去悉尼谋生，并双双找到工作。丽娜不久又返回意大利。五年后，我得到一份离婚书，理由是被遗弃。我不分昼夜地工作，无论是周六周日，还是圣诞节或复活节，都在拼命挣钱。我节省下来每一个到手的便士。我的雄心壮志是有一天买下自己的农场。这一梦想不容易实现，但是我必须尽全力去实现它。不久，我赢得了一个招标，是在圣乔治医院周边约二万平方米的空地上修建一个草坪花园。在两周内，我净挣了800英镑，这足以使我购买到一个开价1100英镑，坐落于马立克维尔区的一幢带家具的房屋。不久，我又以1000英镑买下达尔维奇山的一处独立屋，马上又以5500英镑卖出。这让我站稳了脚跟。我辞掉木箱厂的工作，开始了房屋买卖生意。后来，我又第二次结婚，妻子是安妮路易斯。

我依然与巴杰瑞夫妇保持联系，只要一有时间我就与安妮路易斯和我们的三个孩子去拜访他们。届时，我已经开始了建房与地产发展的生意。

1962年，我投资买下了在圣玛丽那令人激动的农场，曾经名为贝丽公园，我改名为曼德龙公园。我开始沿着公路在十公里的农场边界上平均每周建一所房子。我从巴杰瑞先生那里得到了登记注册过的波尔短角母牛，借此开始了注册种牛培育和畜养生意。

两三年内，我便拥有了世界上私人农场所拥有最多数量的牛，并以波尔短角牛和曼德龙超级旗帜牛，在1970年美国丹佛牲畜国家年展上创造了历史，还将它们出售给了加拿大的 M·卡特。曼德龙超级旗帜牛是外国公牛首次赢得大展。我的牛打破过许多纪录，如六次获得悉尼皇家复活节农业展公牛超级冠军和连续九次赢得头号市场销售业绩。养牛人从世界各地来看如此这般"顶级的牛"，这是因为有美国杰出人士——宾夕法尼亚大学教授赫尔曼·珀迪的说辞。

  1968 年，我与朋友布鲁斯·斯达瑞特和利勒·戴维斯成立了夏洛莱协会，并于 1970 年开始第一次在澳大利亚销售这些来自新西兰的黄牛。当时，竟然有 1200 人拥挤在我那曼德龙公园舞台一样的销售场。展示夏洛莱黄牛真的是一次完完全全的挑战，当地养牛人曾经歧视它们，因为他们看到了这是对英国种牛畜养的一种威胁。随着时代的进步，他们才慢慢开始接受新的品种，尽管他们不愿意畜养它们。我以 165000 澳元售出夏洛莱公牛，曼德龙品种的一个杂交品种。这头公牛可以合格地繁育很多后代。许多年来，我都获得了销售和展示评奖会里的成功。连续六年，在悉尼皇家复活节农业展中，我展示了我的冠军牛，并获得了首届霍顿大奖。每一年的销售都在不断增长。我的夏洛莱获奖母牛和公牛，1980 年和 1989 年都在复活节农业展的游行队伍里隆重出场。

  我无法停下来。我需要挑战未来。于是，我从加拿大引进了契安尼那牛的精液到澳大利亚，并建立了契安尼那黄牛澳大利亚协会，连续多年获得成功。第一头契安尼那黄牛的销售，其价格打破了曼德龙公牛的纪录。一头刚满两周的契安尼那小黄牛竟然卖到 7000 澳元。我培育的一头纯种的契安尼那牛公牛，在悉尼皇家农业展上胜出。这头公牛是我的女儿瑞贝卡以宠物的方式养大的，那时她仅有九岁。她帮着将牛送抵悉尼农业展场地，那一刻周围没有别人看护，只有她一人。她给这头牛一个爱称叫查理。查理可爱而调皮。终于有一天，查理到了发情期，脾气改变了，冲出去找伙伴，任何时候攻击任何人，甚至有一次攻击到我，几乎要了我的命。

我主持了第一次国际契安尼那牛会议，在取得了如此这般的成功后登堂入室。这次会议在意大利佛罗伦萨举办，共有九个国家参与。我是连续七年来的协会主席，其后是杰出而典雅的斯特拉德巴尔达夫人。

不久，我意识到一个品种优化的巨大前景，就是与英国种牛之间交配，这些是婆罗门牛、夏洛莱牛、契安尼那牛和英国白牛，我即刻建立了组合关系。结果，它们在这个世界里诞生，从饲料的转化、形体、产奶量和结构，以及体重，就其同等年龄而言，都绝对没有匹敌者。

我记录了每个新的杂交品种的优势，在它们经历了四代之后，悉尼皇家农业展协会才接纳了它们，并给每一品种授奖。我培育的曼德龙特种，一公一母获胜后，还得到了霍顿家族授予的特奖。

或许，我的最为荣耀的成绩就是在1986年，我连夺三项霍顿大奖，我的公牛、母牛还有我自己培育的曼德龙特种黄牛。

在第二次世界大战后，黄牛开始变小，产量低下。自从由欧洲大陆引进大块头黄牛，长腿牛开始受到瞩目，但是，从饲料的转化到屠宰场地对大骨架食用牛的接受程度，都凸现了欠缺成熟的考虑。在美国，举例说明，他们在农展会上记录每一类品种牲畜的高度，几乎是99%的会将有高度的动物排在前面，去经历评定而不会将其淘汰。

这种状况到了需要终止并改善的时候了。由于牛肉的消费减少，很多畜业场需要进一步发展。我的曼德龙特种牛也开始失掉自然的高度，那是因为杂交基因优势会退化。当然喽，工作要得法，要让牲畜更强壮和更快地成熟，就必须让它们更适合在饲养场或在开放的大空间里放养。

我并不满意已有的成就，必须挑战另外一个高度。墨瑞灰牛，澳大利亚品种，我被当地市场里的菜食牛所吸引，但是，当长腿牛走俏市场的时候，他们尝试各种可能让其胜出，而不是停留在原地，这是因为牛骨架的大小决定了屠宰场想要得到的切割量和出肉量。在当时，澳大利亚牛肉总产量是120万吨，其中一半是当地市场消化的。我在1995年墨瑞种牛场销售中挑选了一些母牛和小牛，没有向任何人提及我的意图，我开始在墨瑞灰牛协会的旗幡下开始繁殖培育项目，因为它们都是登记过的。我又购买了一些，并在很短的时间里，繁殖出了一些非常小的种类（但不是微型）。结果很惊人，我邀请了几个人加入正在组建的澳大利亚斯格尔牛联盟，在好朋友布鲁斯·霍奇斯的帮助下，于曼德龙公园农场进行首次销售，一头15个月的公牛卖到了52000澳元。价格奇高，或许对很多人来说这实在太高了。自打年轻开始，我的处世哲学是做任何事情都要随时随地仔细观察和向他人学习，以预期事情的发展态势，并对当下的事情有提前的准备。如此这般，成功是有保证的，但是说起来容易做起来难，不成功当然会很失望。

我从来没有梦想有一天会成为一个"太平绅士"。当然我是幸运的，因为我一直保有成功的意愿。我在1950年就是一个"太平绅士"了，这对于一个新移民来说是莫大的荣誉。1990年，我被授予"杰出澳大利亚人"勋章，以奖励我"对育牛产业的贡献"。1994年，意大利政府授予我荣誉奖章。我还获得了1991年国民银行的民族企业奖，以及众多的其他奖项，表彰我作为一位移民对澳大利亚的贡献。这些都远远超过了我的期待。

1999年，我被诊断出患有前列腺癌。这是一场生死之战，我又赢了。当时，局部放射治疗在美国仍处在婴儿期，但是在研究了所有的治疗方法后，我准备好并预约了远在美国的沃尔什医生。幸运又一次降临，我的已经退休的朋友布莱恩·维克斯医生再一次救助了我，他被认为是当时澳大利亚乃至世界最好的泌尿专家。我向菲利普·斯特里克医生提到了我已经预约到美国的沃尔什医生，他们非常熟识。带着希望，我接受了局部放射治疗，斯特里克医生让我确信他在美国做局部放射已经有四年的经验。我的治疗非常成功，事实上，治疗之后的第二天，我就启程飞往中国。

再次检查，癌细胞已经比原来的6.5缩小了，四年后更缩小到0.02以致消失，没有带来副作用。

　　我必须说我有些沾沾自喜，但是在我到了83岁时，觉得返老还童了。我仍心怀壮志，又买了一个农场培育了夏乐克牛，一个适合干热气候的新品种。实际上，在1992年，我已经决定向曼德龙特种牛会员发布所有细节，但是它并不火爆。

　　至少，我的第三个品种夏乐克牛还在这里。2006年5月4日昆士兰州罗克汉姆顿畜牛大会上，令人激动的发布会是左剑桥宾馆的后院举办的，活动名称是"啤酒和牛肉联售"，这场秀取得巨大成功。夏乐克牛被异常挑剔的昆士兰畜养业所接纳。

从法西斯主义到自由主义

  1922年,意大利发生了惊人的变化。第一次世界大战带给意大利的是失业和无尽的失望。政治方面,共产主义运动正逐渐受到欢迎。墨索里尼和他的法西斯政党画出了一个大饼一样的许诺:通过改革,意大利将重返伟大的罗马帝国时代,并重新走向辉煌和繁荣。而今的生活,正是行进在这一过程中。

  法西斯主义革命裹挟的恐惧和狂热已经到来。对于生活在安静的中世纪式的卡塞塔省圣杰罗直辖市阿利弗村庄的一个家庭来说,1922年4月24日,他们迎来了又一个快乐的日子。文森左·彼萨特若和他的妻子吉斯提娜·妲安玛鲍索添了第六个孩子,这个孩子名叫瑞卡多。自此,我的故事就开始于这个小村庄了。阿利弗小村庄坐落于亚平宁山脉脚下,俯瞰着古老的布佩坎尼亚城堡。

  我的家乡是一个拥有1500人的邻里关系紧密的村庄。父亲文森左·彼萨特若是一个受雇于市政府的护林员。他的责任是看护市郊到农村一带树木的安全,同时看护山脚下到村子周边的树木。木材曾经是非常有经济价值的燃料，在当时是唯一的用来做饭和取暖的能源。与乡村其他同龄或长于他的人不同，我的父亲那时仅35岁，但是却有过4次穿越大洋前往美国的经历。当年许多意大利家庭受到有更多的工作和幸运机会的诱惑，已经开始移民美国。我母亲吉斯提娜陪伴我父亲一起去过美国。1912年在美国时，她在罗得岛生下了我的哥哥乔。那时大多数意大利劳工从事的是修建铁路的工作，而我父亲认为他的幸运是蹲在罗得岛的海滨撬开那些牡蛎。

回到家乡后，我母亲在照看孩子们的同时经营一家杂货店，并在我们的小村庄里开了一间小卖铺。这个小卖铺像男人们的俱乐部，村子里的男人晚上聚集在这里玩牌，喝红酒、啤酒或威士忌。

我最沉醉的是童年时在母亲身边的日子，尤其是冬天。我喜爱冬天的夜晚。母亲与我坐在厨房里的炉火前，我守候着她，听她一边说话一边为我们准备着传统的意大利美食。我们还交换每日的消息，她问我白天在幼儿园发生的任何事情。然后，我们的对话又跳转到对未来的向往。我心驰神往于母亲强烈的渴望，她也愿意说出她的梦想。我渴望与母亲分享特殊的炉前时光，甚至仅仅为聆听她的畅想，那些大多数是关于宗教和神奇的大自然。

看上去我母亲总是知道任何可能发生的情况和事情，并预期到它的发生。有时她会以很糟糕的方式警告什么事情，可是因为她从未不准确，所以我们还是很留神她的建议。有一天，我明显地感觉到我的左眼皮不停地跳，妈妈知道后很快给出忠告，她仔细看着我的脸然后说："将要有一件好事情发生在你身上，你的左眼一直在跳。"我不懂她的意思，要求她解释，她用俗语说："右眼跳心里哭，左眼跳心里欢。"我即刻明白了当左眼跳时，将会有一个惊喜不期而至，就会快活地期待将要降临的东西；而右眼跳时，当然了，霉运将至，等待的是坏消息。从那以后，我特别留意我的眼睛发出的微妙信息。情形显示的真实令人激动，对于一个男孩子来说，好事的降临往往是一些糖果或一次与父亲的外出旅行。我与母亲分享一种特殊的纽带，它长久地影响我并贯穿了我的一生。

成长在法西斯的统治下，所有仍然清晰并保留的记忆都是我的童年生活，或许是这些事件曾经十分生动。在我快要6岁的时候，哥哥乔要前往美国了，根据美国法律，年仅16岁的他将独自一人离开家，移民到自己的出生地美国。

在学校里，法西斯主义的灌输始于幼儿园的教室。报纸和书籍都遭到审查，在法西斯体制的全盘掌控下，教材也重新编写。男孩子被要求参加巴利拉先锋队，有一个组织负责培训年轻人成为墨索里尼的法西斯主义者和好战士。我和朋友们是如此热衷于被这个组织接纳，并能够参加到游行队伍里面，这样就可以大摇大摆地穿行在乡村的街市上。我们都穿着黑色的衬衫，骄傲无比，高高挥舞着法西斯的旗帜，我那时才8岁。10岁后，我们就可以参加先锋队，那是10到15岁的男孩子的组织，再大一些后就可以成为正式的"黑衫党"。就女孩子而言，她们被称作意大利吉奥瓦尼，意思是"青年意大利女子"。

1929年，墨索里尼与意大利天主教皇签订了拉特兰条约。作为交换，墨索里尼同意天主教可以作为宗教在学校里保留，他承诺给天主教牧师付酬，并在罗马城建立梵蒂冈城。教会方面也妥协，妇女可以在工作中穿裤子并且可以骑马。并且，妇女被鼓励待在家里为扩大家庭服务，为墨索里尼军队的扩大而多生多养孩子。

几乎每隔一周，墨索里尼都要做一次演讲。这一天被宣布为国家的重要节日。每一个人，从学校的小孩子到令人恐怖的"黑衫党"都进入游行的行列。在法西斯首领面前，游行队伍从家乡的小村子走到市镇中心的街上，再聚集到中心广场。在那里，我们要在三架扩音器面前聆听墨索里尼的讲话。任何人都必须放下手中的活儿，立刻到市镇中心，没有理由可以不去，军人和"黑衫党"设置路障包围了整个村庄，在墨索里尼讲话的最后一个字词结束前，没有人能够被准许回到他原先的工作岗位上。

小学校每天早晨八点半开始上课，结束于下午一点钟。我们学校的课程表包括每周有一整天的体育、法西斯颂歌咏唱和游行。只有在少数时间里，我们能够学习一些阅读和写作。甚至，每隔一天，有一小时的法西斯颂歌练习，这是我们在学校的必修课。很可悲的是，我们没有在学校接受有关常识的教育，家庭生活以及父母对孩子所做的牺牲等教育都没有，甚至孩子们在学校没有这方面的讨论。或许，这就是法西斯专制制度无情、灭绝人性的需要。更荒谬的是，他们还要求已经结婚的男人和女人将结婚金戒指捐出来，贡献给法西斯主义的事业。作为回报，他们收到的是一个钢质戒指。很少有人愿意与自己的结婚戒指分离，人们都不敢戴戒指了，因为害怕法西斯军人抓捕他们而抢走戒指。

放学回来后，通常我和哥哥们被要求在妈妈的商店里帮工，尤其是那间小卖铺。在来来往往出现于小卖部的男人中，混杂着一些被军队秘密雇用的人，暗地监视汇报有谁对墨索里尼政权不满。一个人如果公开了对政权的不满是很不寻常的，他将会被民兵带走，永远不再出现。

我讨厌在妈妈的商店里工作。我的热情是在土地上。我喜欢看牛在土地上耕作所呈现的强壮和健美。我时常看到巨大的契安尼那公牛拉着犁头，或者载运很重的粮食和饲料从村子里穿过，我甚至知道那一对最为强壮的公牛的名字。

学期一结束，我就迫不及待地加入父亲雇用的劳力里面，与他们一起在我们自家的农田里劳动。距离我们家最近的一处农田是奥特尔橄榄园和葡萄园。奥特尔由四块地组成，离我们在镇中心的家仅有三四百米远。我父亲在奥特尔建了一座新的家庭楼房，连同我们的橄榄榨油厂，这些产业成为我们村里最值钱的物业。

我在农场里很卖力地工作，越是困难对我来说越有吸引力。那时，我才15岁，看上去很瘦，仅有45公斤，但是力气大得像一匹马。我干活时一个人顶俩，饭量也大得惊人，早饭我能吃下六个鸡蛋和一些腌肉，到了午饭，我能吃下一公斤的意式面条，外加半公斤面包和其他东西。

太阳落山收工后，一个比我年长三岁的做泥瓦匠的男孩叫住我，让我与他一起参加附近一个新鲜无花果的盛宴。我与这位朋友一起，片刻间吃掉了几桶丰满多汁的无花果。不长时间过后，我的肚子开始剧痛，他认为我可能会腹泻，就建议我吃掉四个生鸡蛋。他让我相信几天前他也遭遇过同样的肚子痛。我照着他说的做了。但是，第二天，我竟然肚子痛得无法忍受，并且发高烧。我的双亲叫来镇子里的医生，他还是当局雇用的为穷人服务的医生。他诊断为急性阑尾炎，但是他的治疗是，上帝保佑吧，然后导入五只水蛭在阑尾的上部。如此这般像一个屠夫！

用水蛭治疗过后，疼痛依旧持续不断，我被送到那不勒斯的一家医院。外科医生绝望地发现是水蛭在侵蚀阑尾，尽管我在发烧，要处理急性阑尾炎就得马上做手术。但是，在经过检查以后，他又不主张手术了，他认为感染的爆发是水蛭叮咬的结果。在1938年，盘尼西林还没有通用，于是我只能留在医院里观察，负责我的外科医生是当时著名的德·詹尼若医生。在咨询了其他医生的意见后，他们唯一能做的就是在极端情况下手术。

几乎没有意识的我痛苦地躺在医院的床上，病房走廊的另一端是一个大病房，里面满是绝望痛苦的病人，尖厉的叫喊很恐怖。连续两个晚上，一个病人在走廊的那一端持续不停地叫喊，我床边的病人问一个当班的男护士，他是怎么一个情况，被告知是脑膜炎的狂乱，没有已知的治疗方案可用。这位男护士说能做的就是给他打一针，让他安静下来，但是这可能会要了他的命。这天晚上，那位脑膜炎患者状况恶化并一直狂叫，直到男护士给他打了一针，如同护士预言的，他很快平静下来，两个小时后就死掉了。在我住院期间，这样的针大概注射过两次，两次的结果都是令病人送了命。尽管我高热剧痛，但是我不敢张开嘴，甚至不敢喊出我的恐惧以招来护士那一针。

一个星期过去后，有一天晚上，我的阑尾一定是破裂了，似乎在腹腔里释放了很多脓。第二天，德·詹尼若医生来到病房，他抚摸过我的肚子然后宣布我已经没有了急性阑尾炎的迹象。他带其他医生和几乎所有的外科大夫来触摸我的肚子。我那消失的阑尾对于医生们来说完完全全是神秘的。医生声称这是一个奇迹。回到家后，当地的牧师在星期日宣布我的康复也是一个奇迹。

我慢慢地恢复了食欲，一周后父亲和兄弟奥古斯托，还有其他一些人来到医院接我。在回家之前，我父亲带着大家去了一个饭店吃了一顿大餐。但是这之后，又过了大约一个月我才从"奇迹"中康复。

一直到最近我听到了解释：在我最痛苦的阶段，我的腹部变得巨大，那个脓肿形成的肿胀突然冲进直肠并出现了一个像肠道蠕动的行为，立刻，我感到疼痛有了缓解，肿胀在10个小时后慢慢消失。

经历了医院的煎熬后，我离开了学校。从16岁开始，我在父亲的农场与年龄大我一倍的人一起劳动。这些劳作，无论是在橄榄园还是在葡萄园，或是在玉米田和蔬菜地，都是丰富的多样化的手工劳动。我或是铲掉一英亩地里的杂草，或是沿着百余棵橄榄树和葡萄树用铲锹深挖，甚至用镰刀收割丰收的小麦。为了增进土壤的肥力，我们在橄榄树和葡萄树丛列之间，种植一种叫羽扇豆的农作物。但是，当羽扇豆长得高大繁茂后，我们就用铁锹将它铲倒埋到土壤里使其成为一种绿色堆肥。这样的活计很繁重，但是我享受劳动的每一天。在寒冷和霜冻的冬季，我就帮助妇女们从地里采摘橄榄果。

对未来的不确定一直不断地困扰着我，唯一的挑战就是干得比任何人都努力。但是，很快我就意识到即使这样死干也没有明显的经济效益。一个男人从早晨太阳升起干到日落西山，一天只能挣到六里拉，但这仍然不能保证有一份可靠的工作。一公斤羊肉价格是三里拉，一公斤面包价格是一里拉。对于一个女人来说，与男人出同样的力气干一样的活，仅仅能挣到三里拉。我慢慢地明白了法西斯主义者仅仅是承诺了一个空洞的馅饼，富有的人更加富有而贫穷的人更加贫穷。

加入军队

刚过17岁的时候,我确信自己在父亲农场里的劳动是在浪费时间。虽然还没到法定服三年兵役的年龄,但我决定参加军队两年以改变我的未来,如果那里有一个前途就更好了。很快,我接到命令加入第12炮兵团,是在靠近那不勒斯的诺拉。我们为战争做着准备,演习用马匹拉辎重和炮车,这是在1914年至1918年第一次世界大战时澳大利亚的用法,我们为此很开心,而未意识到现代的军事装备已经武装到了战场。

参加军队绝对是抽到了一张吃意大利面和番茄牛肉的幸运券。通常大家都认为那些绝对让人流口水的佳肴,仅仅提供给军人吃,它们很难在任何一地任何一家的餐馆见到。我如此迷恋和爱好食物,恨不得马上到军队以这样独一无二的方式吃上一餐美食。我永远忘不了那一天坐着等待品尝那期待已久的番茄牛肉的滋味。在塞满第一口后,我说服自己这就是我想要的美味的军队食物。但是,不到24小时,我的希望和美梦就不复存在了。我发现所谓番茄牛肉里的牛肉实际上正是前不久阉割掉的马匹的睾丸。

到诺拉一个月后,我与其他二十几个同龄的志愿兵被列入名单,要去

1940年1月，瑞克身着军服在利比亚，这是意大利军队在沙漠地区唯一的冬装

加入驻防利比亚的黎波里的军团。仅有两天的准备时间，而且离圣诞节很近了，父亲和哥哥奥古斯托尝试用各种办法阻止我参战，但是已经没有时间去联系到最有影响力的法西斯头头。所有我能做的就是告别双亲，我的哥哥奥古斯托和迈克，还有我的姐姐玛丽亚，弟弟阿兰多。

利比亚在1911年被意大利征服。然而到1939年，利比亚才被开发利用，在其内部建立了一个意大利的区域，大约四万名殖民者被派送过来建立了一个意大利的城堡，由总督巴尔博·伊塔洛领导。我们军团驻扎在仅隔几公里远的的黎波里中部的一个葡萄园里，那是我所见过的最好的果园。我能够看到数英亩很棒的果树和葡萄树都在灌溉系统下，还有维护得很好的意大利别墅，机修棚下有拖拉机和各种农具，与家乡的契安尼那公牛担当所有的地头活不同。我已经习惯了利比亚炎热的气候，我想这个国家是一个农场主的天堂。

一天又一天，兵团都在防瓦斯毒气的面具下做练习。我们被告知，毒气战迫在眉睫，意大利将与德国人并肩为轴心国的事业而战。不久我们又转移到斯雷敦。在这里，我们第一次知道了阿拉伯人憎恨意大利人。我们被警告不得擅自离开安全的营地，尤其在晚上的几个小时内必须不少于六人一组，全副武装才能出军营。我们还被预先告知，阿拉伯单个的人会杀掉意大利军人，如果不慎给他们这个机会就没命了。已经有少数军人外出后再也没有回来的报告。在了解阿拉伯人习性的同时，我也对我们自己人有了进一步的了解，尤其是卡拉布里亚人和西西里人。当时，在军营里流行着一个恶作剧，就是在午休的两小时内向睡着的人脸上泼水。我讨厌这样的游戏，所以避免参与。但是，有一天，正当我沉睡在梦乡中，一桶满满的水泼醒了我。我狂怒而起，看见一个士兵坐在约两米远的石头上，试图将锡铁水桶藏到身后。没有片刻犹豫，我跳起来冲向他直接向他脸上狠狠地打了一拳，将他的前牙击落。他用双手捧着嘴，急速跑向营地的红十字帐篷。我很得意，又倒头而睡，直到晚饭的小号声响起才醒来。

　　晚饭后，我自童年就相识的同村朋友路易吉·鲁索跑来，慌张地连续问我："你都做了些什么？你都做了些什么？"我回问："发生了什么？你看上去很紧张。"路易吉服役已经有一年多的时间，比我更了解军营的生活。带着恐慌和关心的表情，他告诉我看到了那个被我打掉了牙齿的士兵，纠结了一些卡拉布里亚人，将锋利的刀子藏在了帐篷里。他听说他们准备在晚上睡觉后来行刺我。他不停地讲述这批来自意大利南部的人是如何用刀子来显示他们的存在，并通过刺杀别人来建立自己的名声。我不知道该怎么办，我要路易吉陪我一起去斯雷敦，步行40分钟以后，我们找到了一个酒吧，我喝下满满一瓶子香蕉威士忌。我酩酊大醉，还要在十点钟宵禁前走回营地。我大概太害怕了，端着枪，插上刺刀，坐在我的床上像一个酒鬼和狠毒的人一样大喊大叫："来吧！你们谁如果想取我的头，就来吧！我在这里，来吧，我要用刺刀把你的烂肠子穿透。"我不停地叫喊，直到最后又累又困倒头就睡，那两个磨刀霍霍要行刺我的人就在三米外的帐篷里。自那一晚后，那泼我水的卡拉布里亚人无论在哪里都回避着我，他们一定认为是碰到了对手。

墨索里尼向大英帝国宣战

  1940年6月9日,新的命令下达,整个兵团加入摩托化纵队向班加西进发。在的黎波里通向班加西路上的一个村落里,我们停留了6个小时。在这里我们听到了墨索里尼在罗马中心的威尼斯宫殿阳台上发出了向大英帝国宣战的命令。这一天是1940年6月10日,我们立刻进入战争状态。所有的灯都熄灭了。在六个小时的停留中,恐慌情绪迅速增长。士兵的平均年龄也就22岁,一些志愿兵像我一样也只有18岁,我们自我放逐,都撒了野。酒和女人到处都是。

  我保持着清醒,逛了几个小卖铺,经过了一些外面排着长队的白人和黑人的妓院,然后回到我们的卡车里。一个阿拉伯人看上去很可疑。我知道他们不放过任何一个可能的机会去杀掉我们。军号响过之后,所有的士兵都回到卡车营地。可是,不久后,至少有50人被送进了医院,其他的是数天之后。他们在妓院里感染了性病,在没有盘尼西林的年代,一些男孩子甚至从黑女人那里染上了梅毒,只有等待死亡。

  第二天一大早,纵队快速向班加西进发,一路上熄灯行驶,保持着黑暗,鲜有停留，越过了班加西后，急速驶向托布鲁克。

在北非转战中，令人难忘的或许就是德尔纳城，它坐落于山脚，让我们忘记了这是在非洲，倒像是欧洲任何一地。这里一天的温度，相比我们穿着冬季制服，每20名士兵拥挤在一个卡车后厢里，身置夏季炎热干燥的非洲，是如此温和。意大利军队仅仅给自己的士兵下发了一套冬季军服。

我们在一片乱石中发现了一处仍在渗水的水源。这是一个绿洲。在此之前，我们每天只发两公升水供饮用。我们对水的渴望加剧了许多。在这样的山地里出现了这难以置信的水流，真是如获珍宝。

罐里满装了新鲜、清冷的泉水，我们也得以洗了脸和身体其他部位，然后开始缓慢地向山后面跋涉和搜索。我们在崎岖的山路上失掉了两部卡车。一次是发动机带速过热，而在如此陡峭的山里，根本无法修理一辆卡车。最后，我们终于被告知，终点即托布鲁克，好歹在规定时间内到达了。我们炮兵团就集结在距离托布鲁克港口八公里远的地方，那里圣乔治战舰停留在海里抵御可能的空袭。

这里的土壤就像黄沙，看上去有几米深。我们开始挖工事竖起我们的帐篷，但是很快就发现挖下去才10厘米深，沙子下面就见了岩石，再向下挖哪怕一米都是非常艰难的。这一天明显地高热，储水的不足耗尽了我们的气力。到了下午唯一的水源就是海水了。一个海市蜃楼呈现出来，数公里外有一处湖水。

每天我们都在干渴中度过，因为只有一公升水的配给量。甚至在地狱一般的炎热天气里，我们也仅有这一公升水用来解渴、洗衣服或洗脸，但不包括长官。军中长官每天可以泡在浴盆里洗浴，而我们不得不用汽油来洗我们的衣服。

热浪和尘土令人难以忍受。沙尘暴是经常遭遇的现象。一个晚上沙尘暴可以改变地平线，沙山忽而消失忽而出现。沙尘暴通常会在10至20毫米的降雨后终止。但是典型的一天是，雨水并不能降临。我们几乎被这里金黄色的沙子埋葬了。我们如此渴求水源，困扰在干热和沙子里几乎脱水了。我们沿着海岸线挖洞，希望能够找到新鲜的水源。一旦洞子里开始出水，我们便迫不及待地喝下去，希冀不像海水那样咸，可是期待一次次被击毁，整得更加干渴。

我像其他人一样走到几公里外去寻找水源，同样也是无功而返。这一天，我正沿着海岸返回营地，英国人的战机，一个喷射机正向下扫射，我是如此沮丧，没有迅速躲进海边丛林的后面，相反，我平躺在沙滩上，祈求上帝让子弹打中我，将我从悲惨中解救出来。英国战机俯冲下来向我扫射，但是子弹却打偏了。

尖叫着跑回了营地，居然没有受伤，我不明白为什么营地里充满了兴奋。士兵们捧着水壶乱跑。原来，在我们营地中部的大桶里放置着大约40升的水。

没有犹豫，我将自己的水壶灌满了一次又一次，一直喝到肚子胀痛为止。一组志愿兵开始不停地运送水过来，原来，两公里之外发现了一口井。

经过两天的饮用，水的气味严重。这组发现水井的志愿兵是用头巾过滤水的，他们在过滤中发现了蛆蛹，在水井下又发现了16条狗的尸体，并已经腐烂，看上去，是那些狗跳进去找水喝，这大约5米深的井成了陷阱。如果没有这口井，一百多号人将会在这沙漠的炎热里倒毙。尽管水的气味恶臭，可是没有人在意，即使已经知道了水中有腐烂的狗、蛆蛹和恶臭，我们仍然取来饮用。

托布鲁克的空袭早晨晚上不曾间断。圣乔治号战舰武装着400门火炮，很好地守护着要塞。我们时常看到英军飞机编成中队试图击沉我们的战舰。不久，英国战机远离圣乔治的射程，而意大利的战机开始拦截它们，我们经常看到飞机被击落。

伊塔罗·巴尔博元帅被击毙

1940年6月28日是特殊的一天,当一架战机飞入我们掌控的领空,圣乔治像通常一样开始射击。我们看见那架飞机从天空坠落,却是一架意大利飞机。营地里迅速蔓延了这样的说法:我们看到的那架被击落的飞机竟然是意大利伊塔罗·巴尔博元帅的座驾,他是利比亚整个意大利军队的前线司令。第二天,报纸里出现了另一种说法:伊塔罗·巴尔博元帅在与英军飞机的空中鏖战中英勇殉国。但其实,我们在现场,根本没看到有英国飞机飞越托布鲁克,我们的元帅是被自己的圣乔治战舰击落的。

显然,巴尔博元帅几乎每天都飞越敌方领土,从亚历山大进入埃及,已经为各方所知。我们还听说墨索里尼将巴尔博元帅派往利比亚战区是因为他不认同法西斯观点。

我很天真地写信给父亲,告诉他关于伊塔罗·巴尔博元帅是被自己人炮舰射杀的真相。父亲几乎没有回复过任何一封我的来信,但是当收到我的这次来信,却急忙回复一信,告诉我巴尔博是在与英军的空中鏖战中英勇就义的。由此,我开始厌恶,不仅对法西斯生厌,也开始憎恶自己的国家任意改变真相和历史的做法。

我们驻扎在托布鲁克六个月。水源情况获得改善，但是仍然不容许我们尽情地洗个澡或洗衣服。德尔纳德瀑布可以流过我们的嘴唇，但是我们的衣服仍然需要在汽油里浸泡，杀死虱子的努力也徒劳无功。食品也难以下咽，仅够维持生存。每一顿饭都希望能发现一头骆驼并杀死它，骆驼肉可以用来做意大利肉面。每周一次，由军官负责分发给每人一张逛托布鲁克当地军队妓院的通行证。意大利军队允许部分妓女到每一处驻地囤营。无论如何我们都要在真正见到女人出现之前在那里排队等上几个小时，而这也是离开枯燥的军营的一个很好的消磨时间的方式。至少，我们可以在等待的时候，喝上一些水或饮料，这无疑是中了头彩。

1940年12月，我们转向埃及边境卡普措准备进攻埃及。黎明伊始，我们试着用老式的澳大利亚步枪射击，一边扫射一边行进，深入埃及领土15至20公里，我们像孩子游戏似的漫无目标地扫射，前方也无目标。第二天的早晨，意大利的报纸上披露出，英勇无畏的意大利军队在埃及战胜了大英军队，这将是终结大英帝国的开始。报纸上还说，在稍作集结和整编后，我们还将行进并夺取埃及。

1941年1月3日，英国军队开始了他们的进攻。一支装备精良的纵队，深入到距海滨西腹地约10公里处，并向班加西压来。他们的任务是切断意大利军队的补给。与此同时，另一支纵队在前，正面进攻我们。不几日，数千意大利士兵投降了。面对英军的摩托化装备和他们无处不在运转自如的坦克，我们交出用瓶子装的汽油和箱子里的机械。据我所见，整个利比亚战役中意大利的坦克不过50辆。这是显而易见的证据，我们根本没有机会能够打败装备精良、组织有效的英国军队。我们曾经说"意大利肉搏血拼英国钢铁"，这一下子士气大跌！所有的一切就剩下如何在这无法相信的法西斯主义梦想中存活下来。

我所在的炮兵营被遭撤退，合并到从的黎波里向班加西进发的德国军队。在撤退的过程中，飞机在头上轰炸我们，后面是迫击炮追击溃散的意大利士兵。在喷火式战斗机的进攻下，我们弃路而逃，连同卡车一起藏到草丛里面。我最好的朋友瑟维欧和我将头藏到卡车底下不同的位置，我们竟然没有意识到卡车上装载的是弹药。开始，喷火式战机用前炮射击我们，幸运的是，子弹没有击中，它俯冲过去后又用后炮开火，这第二次扫射击中了瑟维欧，他不幸受伤瘫倒在卡车下我的身边，正好掩护了我免受轰击。

整个炮营仅剩 20 辆卡车，我们继续探索着去接上德国军队。我们在夜里成功地撤退到了班加西，后面的几天里没有遭遇英军，我们以为这下子可安全了，英国军队还没有来得及到达班加西海滨以切断我们的后路。但是，希望很快化为泡影。

当英军的坦克和摩托化战车开始在路的那一边向我们开火，我跑到卡车后面去卸掉炸药和两只容量为 44 公升的圆鼓鼓的汽油桶。我可以看见曳光弹向我们溃散的卡车飞来。奇怪的是它是可以看到的，我将我的头放进两个桶之间，竟然睡着了。几乎是同时，卡车被炮火燃点起烟幕，瞬时，我们的卡车冲向了前面车的后部，我又醒了过来。我们在公路大约距离英军制造的绞肉场 20 公里处，但是我们的散热器已经损坏了。司机从驾驶舱里出来，挂上钩子来拖拉发动卡车。我们拉了 100 米左右，最终停了下来，在恐慌中逃跑。司机无可奈何地将我们放逐在公路上，我们是最后一辆逃亡车队里的人员。

1941 年 2 月 7 日黎明，司机、我本人，还有另外两名士兵，决定步行赶到艾季达比亚，希望能够在那里与德国隆美尔将军的军队会合，估计他们已经在这个时候抵达了市镇。一路上，我们可以看到卡车被烧的余烬，其他一些军需用品四处丢弃。显然，他们遭受了猛烈进攻，被摧毁在英军的喷射机下，上千的士兵都光着脚。沿着海滨是阿拉伯人，正向他们射击，杀死他们就像灭掉虱子，遍地都是千疮百孔的尸体，私人物品被偷走，甚至连衣服也不剩。我们决定就沿着公路走，直到抵达艾季达比亚。我们发现了数百士兵，他们将一个装满食品、饮料和衣服的仓库砸开。我们在艾季达比亚的头几个小时，就靠这些，我们吃啊，喝啊，试图忘掉所发生的一切。一些士兵试图用军服去换取市民的衣服。但是下午英军就抵达了，他们很快捉住了我们。我们大多数身穿军装，被告知要缴械，自此分成三或四人一组，由卡车载着被送往班加西，在那里我们加入到有四万意大利战俘的营地。

从艾季达比亚去班加西的行程大概是我被囚禁在利比亚时的一个亮点。与其他两位意大利士兵一起，我们与三名苏格兰士兵被安置在同一辆车上，他们反复公开地说，墨索里尼、希特勒和丘吉尔都不好，是他们想要这个战争。他们与我们分享任何吃的喝的。他们也可以轻易杀掉我们这些还没有登记的战俘。据我们所知，法国军队有许多不同，他们也许不习惯抓捕意大利士兵。法国军队会让已经缴械的意大利战俘站成一列，双手上举，由行刑队射杀他们。我开始在心里升起对这几个苏格兰士兵的敬意。经过两天一夜的行程，我们抵达了班加西。

英国士兵在班加西战俘营的四周站岗。这是第一次在现实的营地里有了自来水，尽管食品不足，但还是满足了我们的生活所需。健康的食欲会让我恢复得很好，我提醒自己我需要对我的朋友们说，我们要回到家乡去。"吃得少，干得多，活得长。"但是无论怎样努力，我的胃口都得不到满足。我们被要求列队等待分配食品，我贪婪地快速吃掉我的配给，然后悄悄溜到队尾等待另一份配给。但是，我太过匆忙以至于让当班的士兵从几百人中发现了我，他跑过来用刺刀直刺我的肚子，只差几寸，我迅速脱逃，这士兵寻找我十多分钟才回到原先的岗位，我的眼睛追寻着他并看着他被换岗。

第二天或第三天后，我们作为战俘被登记了，但是在班加西战俘营的八天里，每个晚上都是一场噩梦。我不敢闭上眼睛，更别说睡觉了，因为一些澳大利亚士兵因酗酒造成的严重影响，会经常进入我们的帐篷里搜寻任何有价值的东西，尤其是手表和金戒指。我记得有一晚，一个战俘丢掉了手指，另一个人失去了左手。英国士兵负责增加了四周的看守。我必须坦白地说，英国军人是模范的士兵，他们在职责内外都有纪律和基本的操守，是一流的军人。

1941年2月18日，我们坐上荷兰船离开班加西去往亚历山大港，到达那里后我们由火车送往伊斯梅利亚和穆斯塔法营地。在整个列车旅行中，我意识到了埃及人是如此憎恶英国人。由于列车行驶缓慢，女人们从家里出来羞辱英国士兵。有一次例外，一个英国兵受不了侮辱，开枪射杀了一名妇女。一些士兵开枪向平民扫射。在穆斯塔法营地的四十多天里，我们看到了英军的另一面。配给的食品仅仅够生存下来。

最后，消息在营地流传，我们将再次被遣送，传言中目的地是澳大利亚。在目睹了班加西战俘营的暴行后，澳大利亚无疑是我们的厄运。直到一天，我们被命令收拾好自己的东西，列队向玛丽女王号进发。在炎炎高热中我们登上船，仍然穿着那一身沉重的意大利军队的冬季棉装制服。

当船起航后，一些战俘仍然不知道目的地。当最终知道我们将被送到澳大利亚，我敢说在2000名战俘中大约有100人晕厥过去。我们都害怕到达澳大利亚后，永无返回家乡的机会了。进入玛丽女王号后，所有的英国军人被澳大利亚士兵代替，我们甚至不敢看他们的眼睛。

几个小时后，澳大利亚看守变得非常友好。事实上，他们非常友好，这令我们费解为什么会有这样神奇的变化。整个旅行过程中，我们很少看到看守，但是食品却十分充足。船上有2000名战俘，还有少量澳大利亚士兵负责遣送。玛丽女王号是一艘战舰，可以容纳八千到一万名士兵，我们有了一次意义重大的旅行而最终抵达悉尼港。（玛丽女王号在改行为战时部队做运输工作前，与它的姊妹号伊丽莎白女王邮轮是由丘纳德运行，它们曾经是世界上最大的豪华客轮。）

玛丽女王号进入悉尼港

1941年5月28日,悉尼港全景映入眼帘。这是一片如此美丽的土地,玛丽女王号正好停靠在悉尼大桥前。我们的家?即使很短的时间却看起来很近了。下了船,我们又径直乘火车穿过悉尼,火车沿线,有很多好奇的脸从自家的后院里冒出来张望我们。又经过两三天的火车慢行,我们终于抵达新南威尔士西南弗赖纳德地区的海伊。在海伊镇,有三个营地,每一个都设施完好,包括厨房、军营餐厅和军营淋浴设备。我们甚至有自己的足球场,每一个营房可以安置1000人。

意大利战俘营定名为6号、7号和8号营地,6号营地距其他营地有一点偏远,还包括百余名被拘禁的平民。很快,我们依据澳大利亚当地驻军的条例,开始自行组织管理。每天两次,中队长在翻译、军士长和两名卫兵的陪伴下,在营地点名,检查卫生,包括厨房情况。他问询负责我们的军士长任何有可能出现的问题和有没有抱怨。最初的抱怨是食物里有太多的羊肉,但是没有意大利面,于是,这个问题迅速解决了。看来只要有理由,我们可以得到我们想要的一切。

有 10 位意大利战俘与卫兵一起做军士长，我是一个小队长。我们负责采集烧火用的木柴和菜园外面院落里的一些差事，除此以外，真的没有什么事情可做。我们基本上是玩足球、打牌或在营地外面长距离地步行。所以当有工作做的时候自然是很高兴的。对我们劳作的回报是一天有 15 便士的收入，外加 7.5 便士和 36 支烟或 35 克烟草的周津贴。营地的小卖部储货丰富，可以消费掉我们所拿到的津贴。我们的现金是一种铜铸的中间有孔的硬币。唯一缺失的是对战争进程的新闻了解。我们中的一些人被派到营地外面出工，偶有机会就偷偷地拿到一页报纸带回营地，最重要的新闻会由翻译在晚饭后给我们念出来。一个声音响亮的喇叭安置在我们的营地，连接着指挥部办公室，嘈杂之中，不论谁值班，当有新闻的时候都要关掉声音。每天晚饭后七点钟当广播新闻时，播音喇叭就被关掉了。我们的翻译决定爬到桌子上将耳朵贴近喇叭，这样就可以获知一些新闻，然后将全部内容翻译出来。

有一个早晨，我们发现大约 10 米远的门岗卫兵正在读一份报纸，泪水从他的眼睛里流出来。很快卫兵将报纸撕碎了。我们不知道发生了什么让卫兵如此悲伤，直到晚上七点的新闻时间。原来，日本潜艇已经进犯到悉尼港。

在海伊六个月的拘留都很平静，直到某天早晨一队澳大利亚医生来到营地检查阿米巴寄生虫。显然，这种病症很容易相互传染，上厕所后不洗手就拿食物，这样轻易就沾染了阿米巴虫，细菌进入身体内部后直接让肠道溃烂，引发痢疾和疼痛，有几例因脱水导致虚脱。尽管我们这些人中没人遭遇阿米巴虫的病症，但是仍旧有 400 名意大利战俘从两个营地被集中起来，被送到新南威尔士西南斜坡地带的考瑞隔离起来。

考瑞有四个营地，一个军营和一个医院。我也是 400 名意大利战俘拘留在考瑞阿米巴虫隔离营中的一员。这个营地与日本战俘营是分开的。这里有一个意大利医生来照顾我们，他也是战俘。同样，我们受到卫兵很好的对待。中队长、军士长和翻译依旧每天两次来点名和检查。但是，他们很快就被操纵，也很容易被说服向我们提供一些基本的食物成分，用来酿造了格拉帕，一种比伏特加还烈的饮品。那些成分是干梅、葡萄和当地的水果。它们经过发酵，很快就能酿造出来。卫兵或军官在检查过程中，会品尝我们制造的格拉帕，尤其是晚上点名后的品尝，卫兵们会在酒精的影响下跑到营地外面。

我们与很多军官建立了友谊，他们经常受邀到我们这里吃晚饭，分享我们组织的游戏，最受欢迎的演出是歌剧《茶花女》。我们对卫兵非常友好，卫兵也信任我们，回报以同样的友谊，意大利战俘从未给他们制造过麻烦。

在1943年4月，有4666名意大利战俘到达澳大利亚，到了1945年，这个数字扩大到17000名。另外的在1943年10月拘留在印度的意大利战俘，遭受了疟疾和营养不良。当澳大利亚人在海外为自己的国家服役的时候，有这样多的意大利战俘闲置在这里。战时内阁采用了一个建议，同意农场主可以雇用战俘而不用卫兵监管。

先前，有4110名战俘被派到私人农场做工，到1945年3月，人数达到13000名。

考瑞的阿米巴虫隔离营

在考瑞的阿米巴虫隔离营，让我们难受的是遭遇自己人的黑手。他是一个在战争中被俘的意大利牧师，亲保皇党的神父福斯蒂诺·伦蒂。1940年12月10日，他在利比亚被俘。他是1941年10月15日乘坐伊丽莎白女王号来到悉尼的。牧师是一个身材矮小的极端分子，作为对士气一种鼓励的示范，他以自残的方式将7公斤重的钢铁砸在自己的脚趾上。从那时起，他以铁拳统治战俘。他要求意大利战俘每晚都参加他的弥撒，正像家乡令人恐怖的"黑衫党"。牧师有他自己的巡逻团伙，他们暗中集结以确保每一个人都参加晚上的聚会。如果有人拒绝，最终将会招致他的报复，以"营地无法接受"为由被转移到维多利亚州某一个地方。

受过良好训练和排练传道，牧师伦蒂每个晚上都卖力地对他的俘虏听众进行洗脑，使得他们对他崇拜不已。尽管他是营地里最遭人痛恨的人物，但是，我对他的痛恨很快超越了个人，以致对各种宗教牧师的陈词说教达到了极度厌恶。主教代表在战争期间也在澳大利亚，他由我们负担经费来营地做了一次访问。他要求我们在足球场游行以庆祝他的到来。主教代表与中队长、军士、翻译，还有牧师伦蒂一起检阅了我们。他用意大利语作了简短的说教和演讲，然后赠给我们军士长一些意大利文的书籍。与此同时，他手里却拿着一本封面是澳大利亚国旗的书呈现给摄影记者，这张照片即刻被印在报纸上，而在当时，并没有见到他手里的那本书，可见是他拿着做样子给官方和媒体看。

主教代表的演讲在营地惹起议论，很多战俘认为他不是意大利牧师，理由是如果他是，要么他害怕与我们一样被拘禁，要么他是反意大利甚至是反法西斯主义的。在我的先前理念里，任何宗教领袖，按照日内瓦国际公约都应该是中立的，不应该涉及任何一种政治性战争。在我囚禁的早期，尽管受过法西斯思想的灌输，但是，在利比亚的经历已经让我充分理解意大利军队最终的命运都是注定的。盟军的力量在多方面处于优先地位，也传言德军入侵俄国的速度神速，轴心国将赢得战争的推论被普遍认可，战俘们仍然保持高昂的士气。

牧师伦蒂变得越来越令人无法忍受。我已经不能承受他的任何灌输和说教。在另外十二名战俘的支持下，我决定站出来去面对他。一致行动的结果，就是晚饭后这十二位被叫出来要转送到新南威尔士中部瑞弗瑞纳的杨科。

我们被告知杨科营地有二三百名战俘，他们为一个可灌溉的种植蔬菜的农场做工。营地的头头是一个意大利卡拉布里亚人，任下士。在海伊营地，我知道他们像多米尼克人一样。在我们这一批人里有一个军士长也是卡拉布里亚人，我也是军士长，军衔都高于这个卡拉布里亚人。自打我们到来，澳大利亚管理方就按军衔高低安排我们负责。很快，那位卡拉布里亚下士走到我面前说："我知道你，我需要警告你别想取代我的位置来管理营地，因为我要保住这个权力。"我对他说，我对此没有兴趣。我从自己的经历中知道卡拉布里亚人的野心是靠刀柄来证明自己。"头衔留给我！"他说着就离开了。

军士长负责管理军营和小卖部。这里的小卖部看上去也是由多米尼克人掌控的。这里没有营房,只有帐篷,我们十二个从考瑞来的新人被分配在两个帐篷里。很幸运的是,那个军士长在另一个帐篷里。

第二天凌晨,我们被军士长所在的帐篷传来的尖叫声惊醒。原来在他睡觉的时候胸上被尖刀刺入而亡。经历了这样的惨剧,我们很难在夜里进入睡眠。我感觉我必须做一些什么以便我们被再次转送到其他地方,哪怕那个地方就是维多利亚"不受欢迎的营地"。有一天早晨早饭后,我发现,一个地方医生时常在九点钟出现在营地。我告诉我们那个帐篷里的六个伙伴说,现在是我们一起去看医生的时候了。"听着,伙计们,我相信我们能够一起到那个房间去看医生,我先去,你们一定要听着我怎么说。"这天早晨刚到九点钟,我们都一起在那里等医生。我第一个去跟他说话,我那蹩脚的英语已经足够表述出,我们一行来自考瑞阿米巴虫隔离营地。我告诉他,我们中有三人目前腹泻,症状很像阿米巴虫痢疾。医生立刻后退几步,告诉男护士马上安排这六名战俘去医院。很快我们被转往新南威尔士州南部高地的古尔医院。

我从未想过澳大利亚的天气会如此恶劣。气温竟然骤降至零度,又湿又冷,风中夹带着雪片。我们一到医院就被限制在病床上不得离开,接受观察,仅能供给流质食物。所有的一切都很完美,只有流质食物不怎么样。这个也必须调整一下,所以当护士离开我们视线后,我们的人偷偷溜进厨房去帮助做饭、削土豆或洗碗洗盘子。厨子不知道我们是接受观察只能吃流食的,就回报给我们一些吃的东西,然后我们的人再偷偷带回来,躲在毯子下面大吃。正是在医院的短暂逗留,才让我发现三年以来我们从没有接触过异性。每天早晨,护士到来后都要先拖地,转动我们的床以便擦净床下的地面。第三天早晨,我们仍然被限制在床上,当我看到女护士艰难地在我的身边推动床，我难以控制自己的感受，忍不住在毯子下面放声大笑。其他的人也受到感染，与我一样躲在下面笑起来。这位女护士恼怒不已，她命令我离开床，自己来推拉移动床铺。我们偷偷去厨房吃固体食物也被发现，几乎是第二天，我们被再次送到牧师伦蒂的考瑞营地。

伦蒂不愿意看见我们出现在他的视野里，我们也不愿意。我开始担心早晚有一天我们会结束在维多利亚那"不受欢迎的营地"。我被告知那里有许多狂热的法西斯主义者，他们受到澳大利亚当局良好的对待。他们没有遭受粗暴的虐待和欺凌，只是不获信任。我们与卫兵以及军官建立了友谊，但是那里没有。自从我回到考瑞营地后，我与澳大利亚军士长相处得很好，他是友好的家伙，拥有常识和理解力。

意大利战俘被容许在农场劳动

之前,在考瑞营地,战俘曾经被派到卡如娃萨山去采集木材。现在,战俘申请到营地外面的农场劳动的机会来了。好消息从农场雇用的回到营地的战俘那里传来,报名的人大约要等待一个月。我不能等待如此长的时间,所以决定去找军士长,强烈要求被安排到农场务工的行列里。我的朋友很失望,因为我会离开营地,但是也很理解我,知道我害怕被随军牧师伦蒂遭送到"不受欢迎的营地"。他最后还是递交了我的申请,并尽量插到排队等待的前面。这一天刚刚递上申请,下午就要我离开营地前往一个农场。一个月后,我才从一个伙计那里知道,就在当天晚上,我和另外一个战俘的名字被喊出来,将要把我和他送往维多利亚那个"不受欢迎的营地"。我松了口气,感觉为自己的生活赢得了此次战役。

我与另一名战俘路易吉一起被送到莫斯谷军营中心,配备了中尉翻译贝雷斯福德和一个司机,他们每周寻访在各处农场务工的战俘。他们的卡车上还备有一个库房式的小卖部,我们可以在这个流动的商店里买到生活必需品。

1944年4月27日，也就是刚刚过了我的22岁生日，路易吉和我来到了我们的一个新家。这个地方叫伍贡昂巴拉。主人是雷伊·巴杰瑞先生和他的太太。农场坐落在新南威尔士州南部高地的萨顿森林区。雷伊·巴杰瑞先生是一个高个子的结实男人，四十来岁，看上去有点像大名鼎鼎的电影演员埃罗尔·弗林。巴杰瑞先生领着我们到了木棚子下，先道歉说，我们临时的住处是在后面围栏的木屋，可以移动到距离他们家园比较近的地方。晚上，巴杰瑞先生邀请我们与他一起用晚餐，并告诉我们他的太太去悉尼了，要晚一些回来。第二天早晨七点钟，路易吉和我一起到了巴杰瑞的家园里，巴杰瑞正在挤奶。我们的工作是劈开圆木做木柴，码放到平台那里的箱子里，然后等待他给三头奶牛挤完奶。战时，牛奶、奶油和牛油都非常短缺。事实上，任何东西都是配给，如果没有购物券，你不可能买到吃的和穿的，汽油、轮胎，任何东西都买不到。当巴杰瑞先生向我们介绍他的太太时，我发现她是一个很有吸引力，并且脚踏实地的女人。

每天早晨，我们与巴杰瑞夫妻一起在厨房吃早饭。早饭后，我清洗盘子和碗，巴杰瑞夫妇在旁边擦干然后摆放好，这成为我们之间最好的交谈时刻。然后，路易吉和我随同巴杰瑞一起干活，从早晨九点一直干到大约十一点半喝茶的钟点。午饭在一点钟就准备好了，然后，我们一起吃饭，洗完碗大约下午三点，我们又跟上巴杰瑞在地里转着干一些重体力活，这样就到了五六点钟吃晚饭的时候。到哪里能找到如此棒的生活！巴杰瑞夫妇是很善良并且知识丰富的人，他们试图让我和路易吉理解认识任何事情，从繁重的奶牛劳作到政治生活。我开始喜爱这样的生活方式以及所有的一切，对巴杰瑞夫妇的爱戴与日俱增。

我唯一的抱怨就是活儿不够多。我一直享受劳动，越繁重越好，我总是能发现一些工作去做，而路易吉是能偷懒则偷懒。路易吉对我热情干活的愿望不很满意，要求去其他农场，他的要求在1944年6月5日得到批准。

路易吉之后，尼古拉加入到伍贡昂巴拉与我共同劳动。巴杰瑞倾向于两位战俘一起劳作，这样不至于有孤独感。尼古拉也没有待多长时间，他想单独为某一个农场干活，所以也转场了。尼古拉被送到巴杰瑞妹妹丝比尔小姐的农庄靠近埃克塞特的红房子。巴杰瑞家族在这个地区拥有巨大的财富和广阔的土地，也是最早落户的居民。我暗自希望巴杰瑞夫妇不要再申请其他战俘，我喜欢巴杰瑞，也喜欢农场生活，喜欢这里的牛羊，还有13只狗，喜欢这里的一切，希望自己成为对他们有用的人而不想打扰他们。尼古拉离开后，巴杰瑞告诉我，他们不打算再申请其他人来农场，只留下我一个。我记不清我是怎样回答的，但是，我很高兴他们的决定。现在，我能做的只有好好劳动，唯一牵挂的就是巴杰瑞夫妇让我做的事情。我的英语程度难以满足表达，而不能避免做错误的事情。每天我写下20至30个英语单词，然后求问巴杰瑞先生正确的发音，每天晚上洗完了盘子和碗，巴杰瑞先生留在厨房里教我英语。

在伍贡昂巴拉住了三个月后，这一天我们开始将围栏后面的木屋移动到靠近他们的家园里。木房檐下是一个有三间睡房的木屋，还有一个阳台。自此我像任何一个拥有新房子的主人一样，心中升起了骄傲的满足感。

很快，我又开始沿着木屋建了一个花园。不幸的是，泥土贫瘠，几乎没有土壤敷过地面。花园与巴杰瑞夫人的蔬菜园连接在一起。菜园施肥很好，土壤肥沃，产量不低。当然了，我想自己种植一些蔬菜，超过巴杰瑞夫人的。得到巴杰瑞先生的许可后，我利用空余时间开始了自己的蔬菜种植。在羊圈里有很多羊粪，我记得在意大利羊粪是价值很高的肥料。征得巴杰瑞先生的同意后，我将羊圈下面的羊粪铲出来混合到土里，并请求他不要告诉巴杰瑞太太。巴杰瑞先生说这是一个好主意，这样巴杰瑞夫人就不会处处炫耀自己是种菜高手了。土壤和羊粪产生的肥力很好，我种出来的椰菜花又大又好吃。我的菜园子美丽而高产，我引以为傲，巴杰瑞先生

瑞克和巴杰瑞的狗

也很高兴，他们夫妇甚至在周末带朋友来参观我整齐的小木屋和漂亮的花园。

我心里知道巴杰瑞先生是一位非常情绪化的人。举例而言，有一次我试图用一把老旧的扳手旋拧一个螺丝钉，但是把扳手弄断了，他的脾气就爆发了，然后又好转。尽管巴杰瑞从没有虐待过我，但是他非常容易发怒，然后又自言自语。还有一次，他足足有两周不与我讲话。我们一起出去修理栅栏，他只顾自己干活，却不让我插手做任何工作。这是一个真实的雷伊·巴杰瑞，这样的情况经常发生，他会几天不讲话，然后等他自己心情好转了就恢复如常。而巴杰瑞夫人却是一个难得的和善的女士，微笑常常挂在脸上。

巴杰瑞先生，一个勤劳的男人，一个可敬的师长

　　每个星期五的下午，通常是巴杰瑞夫妇一起去莫斯谷采买的时间。这个时候我就带着巴杰瑞的13只牧羊犬，除佩吉、斯尼珀外，去三四公里外的围场放牧。巴杰瑞的牧羊犬对他本人十分忠诚。

　　仅仅带着一把斧头，我们就可以猎获很多兔子，然后背回来。这是我的最爱。我用斧子将圆木凿出洞，狗就能将兔子追逐进洞里，这样就能捕获它们。一个周五，我猎获了32只兔子，背着这些兔子回到小木屋已经十分疲惫。兔子多得成了灾，因为到了傍晚，洞里可能藏着六七十只。记得有一次，仅仅一个晚上就在100个陷阱里捕获了198只兔子，清空洞穴花了两天工夫，一次弄到半夜，一次弄到黎明。

　　随着时间的流逝，我的英语进步很快，巴杰瑞告诉我他年轻时在昆士兰做股票经纪人的经历。他的最大兴趣是政治。就此，从他这里我获知了很多关于澳大利亚的情况。感谢巴杰瑞夫妇使得我也拥有了这样的生活方式并保留至今。从另一方面来说，我也知道了有一些澳大利亚民众不同意政府安排意大利战俘去农场务工的决定。一些雇用了战俘的农场主为此失

去了当地的朋友，巴杰瑞先生也饱受批评。但是，作为一个人，他有自己的主意和信仰，这些朋友的偏见并没有影响到他。

一天下午，他带着我去莫斯谷，因为我需要一支牙膏。在回家之前，他说我带你到莫斯谷酒馆喝上一杯啤酒。他说服我，他就是想让他的邻居和朋友们知道他想做什么怎么做而不受其他人左右。我吓坏了。酒吧里满是人，当我们走进去的时候，所有人的目光都投射过来，充满了惶恐不安。在这里，巴杰瑞先生向一个身着制服的意大利战俘敬酒，他在囚禁劳动中享受此刻时光，而他们的父兄朋友正在遥远的前线与敌人作战。酒馆里的人彼此没有搭一句腔，他们知道巴杰瑞会毫不犹豫地向任何人开战。感谢上帝，这样难以置信的事情仅仅发生了一次。

巴杰瑞先生最大的热忱是对马匹的爱好。他总是保有一匹好马留备骑用。悉尼每年有一次纯种马拍卖，这是一个备受爱马人买卖双方欢迎的卖场。赛马、已经退役的赛马和受训良好有潜力成功的马匹都可在此挑选。巴杰瑞先生决定再买一匹好马，以便留在农场里骑用。他专门安排了一次去悉尼的行程，但是他没有在第一天的早饭后就买下，而是到了第二天纯种马拍卖时才断然出手。他给我解释所有买马的细节，那是一匹已经骟了的六岁公马，曾经赢得几次马赛，名字叫做"关照"。当"关照"最终抵达伍贡昂巴拉的农场时，巴杰瑞先生请了他所有的朋友来迎接。"关照"享受着所有来宾的称赞和美誉，人们都说它是他们所见过的最好最纯正的马。巴杰瑞先生不停地谈论另一匹叫做"班伯瑞"的马，他说班伯瑞体格巨大，但是飞奔起来犹如芭蕾舞者，它在昆士兰有过短暂的赛马生涯，并且赢过几次大赛。巴杰瑞先生说，卖场里所有人都知道它的故事，最后主人决定将它卖到悉尼，后来它在一次拍卖中被悉尼的餐馆老板罗曼诺先生以1890澳元拿下。

日本战俘突围战俘营

1944年8月5日,我从巴杰瑞先生那里获知,一个日本战俘从考瑞战俘营逃离。那是早晨八点钟,巴杰瑞一边挤奶一边说:"考瑞的日本战俘从地狱里爆发出来了。"

这个营地紧挨着我到伍贡昂巴拉之前所在的营地。巴杰瑞继续说,日本战俘试图从营地里突围,有许多战俘被射杀。从营地突围意味着穿越双层带尖刺铁钩,外加带刺铁丝环圈的围栏。但是,这个消息并没有让我惊讶。从日本战俘最先抵达考瑞营地开始,我就隔着铁丝网与他们谈过话,他们没有想过遣返日本的那一天,他们没有任何期待。每天点名时总有一两个日本战俘缺席,原来是在居住的小房子里上吊自杀了。他们中的大多数期待着死亡而成为英雄。他们之所以成为俘房,只是因为受伤或没有工具、没有力气自杀。我们在实际中了解到了日本文化,他们认为向敌人投降是辱没了家族和国家。巴杰瑞先生每天告诉我考瑞营地发生的事情,最终日本战俘突围成功。围捕最后的战俘用了9天时间。其结果是,大约231名日本战俘被击毙,4名澳大利亚卫兵被刺死和棍棒打死,有107名日本战俘和4个澳大利亚人受伤。

在我与巴杰瑞夫妇生活劳动的日子里，我感觉自己已经变成了他们的家庭成员之一。1944年4月23日，在我23岁生日的时候，他们给了我一个巨大的惊喜。巴杰瑞夫妇发现我没有钟表，就在我生日的那天送给我一块腕表，这块表让我珍藏多年。

星期日，战俘被允许去莫斯谷的教堂，大多数人借此去市镇里逛逛或会一会其他战俘。巴杰瑞先生问我是否愿意去教堂与其他战俘相会，我想至少应该去一次。于是，我就骑着自行车去了。但是，身着栗色军服参加这样的聚会并未让我感到兴奋，而且嘈杂之中简直是苦役。我决定再也不去了。我非常喜欢每一个周日的早晨围着木屋工作或清理花园，我也喜欢受邀与巴杰瑞夫妇一起去他妹妹家吃午饭。巴杰瑞小姐照看着三名从英国来的孩子，他们为逃避德国轰炸而来到澳大利亚。这些孩子是乔治·斯芬克斯和他的两个姐妹，爱瑞斯和乔安娜，年龄在10岁到14岁之间。他们是很好的孩子，很有规矩，对巴杰瑞小姐很尊敬。我喜欢与这些孩子玩，巴杰瑞小姐对他们倾注了爱，培养他们具有真正的英国品格。

巴杰瑞先生在伍贡昂巴拉和莫斯平原喂养牛和羊，两处地产相距几公里。我在这里学会了骑马还有做股票。巴杰瑞的牛是大个头的短角牛，但是很快他就改换了品种，从南澳的蒙达内畜场购买了另一种短角公牛。当公牛从火车运抵埃克塞特，我和巴杰瑞一起走了12公里将它们牵引到伍贡昂巴拉。这头公牛有两岁了，与巴杰瑞过去的牛相比腿很短，但是肥壮有膘，它不停地舔食青草，不停地吃贯彻了一生。巴杰瑞先生从南澳买来公牛的时候恰是澳大利亚畜牛业开始的节点，刚刚开始推广紧凑型、小体格的公牛，我很快知道，趋向是越来越小，几近侏儒形态。

1945年5月8日，欧洲战事宣布结束。我们在伍贡昂巴拉举杯庆祝这一历史性时刻，享受巴杰瑞夫人烘烤的晚餐。此时，日本战事仍在进行。

不久，日本广岛被投掷了第一颗原子弹，我们都意识到事关重大。事实上，没过多久，也就是在1945年8月16日，我们开始庆祝第二次世界大战的结束。慢慢地澳大利亚军队开始回到家，工会开始反对任用战俘在农场务工，因为返回的士兵很难找到工作了。

但是，考瑞营地得到澳大利亚军营队长很好的管理，我们也对营地对待战俘的方式充满尊敬，我们与管理方有良好的关系，尽管受到过伦蒂牧师的干扰。

这本是一个很小的世界！大约50年后的一次纪念活动中，在考瑞当年日本战俘突围的现场，也就是阿米巴虫隔离营的旁边，我决定探访一下老地方，期待遇见那时曾经相识的人。肯·斯帕克是为2UE电台报道当年事件的人，他在儿子詹姆斯的陪同下来到这里。我向肯和詹姆斯介绍自己时，发现他的面孔看上去似曾相识。那次的相会是一段情谊的开始，这在今天已经很少有了。我问肯是否可以用笔将我们的聚会描述下来，肯总是这样慷慨仁慈。下面是肯的文字：

1994年8月4日，我一早到达了新南威尔士州瑞沃尤的圣伊格内修斯学院，来见我的儿子詹姆斯，他在那里是一个寄宿生。寄宿生负责人彼得·鲍斯曼克服了种种障碍，安排詹姆斯与我一起参加考瑞战俘营暴动50周年的纪念活动。鲍斯曼先生意识到詹姆斯的祖父杰克·斯帕克曾经在突围时期进驻考瑞战俘营，他驳回了家庭法庭的裁决而做出了决定，让詹姆斯同我一起参与这一历史事件是非常重要的。所以行程开始的时候就充满戏剧性。抵达考瑞的时候平安无事，我们定了一家旅店等待第二天的庆祝活动。

我也是为2UE电台报道事件而工作，我想让詹姆斯看到生活。

广播在进行中。这是一个寒冷的早晨，青草在我们脚下嘎吱嘎吱作响，我们向一个小山坡上走去，在这里可以俯瞰当时的战俘营。我连接了在悉尼2UE电台播音室的约翰·克瑞，下午两点钟，即1944年8月突围的时间，探照灯亮了，军号响起来，约翰和我现场直播了这一历史时刻。在现代战争中，这是一次最大的逃亡，1064名日本战俘一起袭击武装的澳大利亚卫兵，杀死了4位勇敢的在岗位上的战士。有一位名叫拉尔夫·琼斯的人被私下杀害，他配备的维克斯机枪螺丝被卸了藏起来，从而救了无数的生命。其结果是，有234具日本战俘的尸体被发现，其余逃到澳大利亚丛林的人在后来的10天里被围捕。

我母亲丝蒂勒·玛瑞和姐姐逖亚，以及我的妹妹帕梅拉和我本人彼此交谈过日本战俘突袭的事件。日本士兵的凶悍令人恐惧。现在更多的人意识到日本士兵的暴行，不仅实施于澳大利亚人，还有其他民族，比如在马来西亚和缅甸。很少有人知道逃亡的日军头目也曾下命令不要伤害平民。在另一区域的14720名意大利战俘没有参与突围的事件，他们也做出了决定：当战争结束后，也不能与日本人为伍。

我父亲杰克·斯帕克准尉和我姐姐逖亚与意大利战俘有过相处的时日，帮助过他们准备战俘营地的音乐会和表演，提供剧场用的道具和服装。我仍然保存着一个那个时期的咖啡桌，那是意大利战俘用多块木头拼接而成的，还有一个木头的坦克，刻有炮塔和第二次世界大战的缩写。这是他们赠给父亲和姐姐的，象征感谢的姿态。

詹姆斯和我意识到会有意大利战俘来到此地，但是我们完全没有预料到将会遇见一位并且后来成为很近的朋友。

第二天一大早，我们重新参加一个特殊的集会，然后去一个公园吃早饭。在餐点进行中，我注意到一个有浓黑头发的男人盯着我们，最后他走到我们的桌前自我介绍说是前意大利战俘瑞克·彼萨特若。他打量我的儿子然后说："我认识你！"我说："不可能，詹姆斯以前从未到过考瑞。"瑞克继续说："但是，我认识这张脸。"经过一段时间的交流，我们认同詹姆斯长得很像祖父杰克。瑞克仍然留有对我父亲的印象，说他是那样一个澳大利亚军官，常常戴着有棱有角的有一点角度的军帽。至此，我知道了瑞克见过我的父亲，他总是直着戴上帽子，然后用手指头弹出一个角度，这样可以解释为他是澳大利亚军官，而不是英国军官，后者总是正正经经直着戴上军帽，并紧贴着他的眼睛。

詹姆斯又是如何记得那一天的呢？

作为一个少年，肯定没有多大热情参加一个由悉尼去考瑞的长途旅行，然后又步行加入到战争纪念的集会里。我做到了，无论如何，我为父亲做了一次重要的旅行。

我们醒来得很早，天依旧寒冷，空气新鲜清冽，雾气笼罩山谷，像一张白色的布片铺展，使得那里看上去有一种怪异的感觉。爸爸安排我走进家族的历史，去了解我从未有机会见面的祖父。

黎明的那一刻，雾霭飘浮，此时此刻，家族的历史，其重要部分就在此地向我敞开。

我的祖父杰克准尉曾经驻守在考瑞，那个特别的晚上，日本战俘冲破了防守，我的祖母与父亲还有他的姐妹们都居住在距离战俘营咫尺之远的地方，一旦不测发生在那个早晨，那么今天我也不可能站在这里了。

当号角响起，在最后的嘹亮声中，我感到真是十分荣幸与父亲出席并体验这里的一切，来祭奠那些为保护我们的国家，而将自己的生命牺牲在那场突围事件中的澳大利亚士兵。感谢上帝让我的家人在那场战争中经历种种磨难依然存活下来。

集会过程中，有一位绅士向我父亲和我走来，他自我介绍并说我的面孔对他来说很熟悉。最后我们都承认，我继承了祖父的长相。他是彼萨特若先生，他讲述了我的祖父如何善待意大利战俘，祖父对战俘也是尊重的，而他本人的衣着和举止总是令人无可挑剔，充满自豪。

彼萨特若先生能够在多年后仍然记得住相关的事情，这真令人难以置信。他给我一个重要的启示，也教诲了我的父亲，为此我永远感激他。今天，我叫他瑞克，视他为我生活中重要的一部分，并珍惜他的友谊。

这就是詹姆斯与瑞克相会的过程。自那以后我们结下了友情，经常有一些社交聚会，我们都钦佩他。瑞克的故事仍在继续，那是更加丰富有趣而又令人惊喜的，他是我十多年来世界各地旅游和媒体生涯中所见到的最特别的人。

瑞克是一个与父亲真实的连接，因为父亲是在1967年去世的。我与瑞克相处得十分愉快，我们分享会议中的每一时刻，交谈养牛业，家庭，生活中好的与不好的事情，分享共同的对中国的一份钦佩。我们在上海喝酒聚餐，然后再回到悉尼，下次可能又到北京聚会，去见他那些娱乐界的中国朋友。

谈论一位非意大利的意大利人，瑞克认为澳大利亚才是自己真正的家园。称颂赞慕这个意外所获，如同飘落下的一顶帽子。他的慷慨大方不同寻常，同样，他的生意感觉才是惹人羡慕的。难怪他现在被视为澳洲养牛业的创新专家。我想起读过一篇在2000年某日《悉尼晨锋报》上的文章，作者是杰奎·旦斯，标题为"士兵的好运"。无论如何，瑞克的经历超过一个士兵的好运，他的每一步成功都付出了艰辛的劳动，他是一个脚踏实地的人，就像你在养牛业见过的一个伙计。

对我而言，那个早晨，即1994年8月5日，将永远铭记在脑海里，也正是那一天，詹姆斯和我遇见了瑞克·彼萨特若。

意大利战俘遣出农场

  1945 年 11 月，所有在农场务工的战俘都被撤回营地。我离开伍贡昂巴拉那天是很痛苦的，不仅是我，巴杰瑞夫妇也很难过。他们告诉我说，未来任何时候如果我想要重返澳大利亚并落户在这里，都会受到回家一样的迎接。我们接到通知，在回到原来的营地之前，要先到利物浦区的一个营地待上一到两天。

  直到抵达利物浦后，我获知需要一些技工和司机去悉尼北部的圣艾芙小营地。在那里，每天由机动车载去 20 公里以外的北莱德区的公园营地。圣艾芙的营地接近莫那谷路，但那个时候还没有铁丝网围住我们，当然我们也不允许离开。为了确保我们一百多名战俘都在场，每天要点名两次。

  这里有一个修理卡车的技工小队，每日工作。大约有一万辆机动车，其中三四十辆卡车还在工作状态，剩余的车辆被集中送到营地。我在这里依旧与一些澳大利亚士兵和守卫友好相处。

  在巴杰瑞的农场劳动了 18 个月，我从他那里学到了很多关于马匹的技巧，尤其是马匹种类和马赛赌博。仅仅是为了乐趣，我与巴杰瑞夫妇经常各选一匹马比赛，而往往是我赢。在莱德营地，战俘们有时赌马，那个时期香烟是很稀罕的，我将配给的香烟卖给卫兵，要他用这个钱去帮我赌一票赛马。我记得巴杰瑞先生的叙述，并强烈迷恋那匹叫做班伯瑞的马，我要卫兵去把赌注押在它身上，倍率是 5∶1。卫兵笑话我，说班伯瑞不值得下赌注，也因为回报太少了。班伯瑞没有在它的第一赛胜出，它受到了干扰，这样我也失掉了我的第一次赌注。尽管如此，我仍然下注班伯瑞，在后来的几次马赛里，它连续赢得 15 场比赛，在马赛场地得到了国际上的好评。班伯瑞最后一次出场已经 16 岁了，它在墨尔本考菲尔德杯马赛场上久负盛名。

它的骑师是阿瑟尔·穆雷。穆雷改变了班伯瑞习惯的战术风格，在初始，让它落后，而临近终场的结果就是它已经无法追赶上其他马匹。穆雷惩罚班伯瑞直截了当，狠狠地抽打，它跑出了光电一样的速度，在如此难以置信的情形下，仅仅再过 50 米就可以看到它赢取马赛。而最终，由于班伯瑞受到穆雷凶猛的鞭打，在赛场上，它直接就垮了。

1946年墨尔本杯马赛

仅有一匹马给我带来金钱上的回报，而且也让营地的卫兵大为惊羡。

我看好一匹名叫卢西亚的马，幻想这匹六岁的马能够赢取1946年的墨尔本杯马赛。这是一匹备受喜爱的澳大利亚名马。它在墨尔本大赛异常惊人的表现，引起了整个营地的兴奋。自儿童时代起，我就让信念扎根于梦想。整晚，我都在用分配的香烟与同伴玩扑克。第二天早晨，我卖掉了所有赢来的香烟得到两先令，我已经做好准备，让卫兵帮我下注到那匹叫卢西亚的马身上。这名卫兵说："它不可能赢，即使让它现在开跑，提前24小时跑到明天，比赛里也赢不了的。"但是我坚持着，他也就服从了。卢西亚的赌金比率是16∶1。结果，我赢取了32先令。新增加的财富给了我一种自由的欢喜。我有了自己的钱就可以做一些改变了。所以，我要把利益最大化。还有什么比自由更好呢？钱可以助我成功。我决定卖掉配给的香烟，再加上每日津贴15便士就可以买更多的烟。这样来来往往一直到我积累了39英镑（约60澳元）。在维修部与澳大利亚士兵一起工作，我学到了很多东西，我们几乎很亲密，工作也很有意思。

自从来到考瑞隔离营，我玩过足球，还练过跑步。我与一群营地的朋友一起训练，来保持身形的合适与标准。在训练的过程中，我发现原来我可以在百米比赛中胜出。事实上，我曾经多次将几个被征入军队的前奥林匹克集训队员比下去。在一次点名后，队长发布消息，我们营地将要在两个月后受邀参加利物浦运动会。为了准备运动会，我们被允许到营地外约一公里的运动场做练习。在没有教练和跑鞋的情况下，我决定参加，于是就安排了训练的时间表。我很快被安排与负责的军士谈话，他给我找到了一双网球鞋。

运动会的那一天终于来临。100米竞赛中，尽管我起步晚了，仍然以11秒赢得了第一名，而其他人被远远甩在后面。我完成得非常出色。那时的百米世界纪录，比我的11秒，仅仅是好一点。我的成绩实在是很好，没有受过正规训练，也没有短跑钉子鞋，只凭着一双滑溜溜的网球鞋。最后一场比赛安排在大约三个小时以后，我又热又饿又渴，抑制不住诱惑，我吃了半片三明治，喝了半杯咖啡，结果是不长时间后，又开始最后的比赛了。这次，当起跑的枪声响起，我像飞一样弹起来，难以置信的是我是一个领跑的人，起步和中场都在前面。突然，我的胃部就像灌注了铁铅，我无法像往常那样加速完成动作，那半片三明治和半杯咖啡就像20公斤的重物，我仅仅跑了一半而没能再次赢得比赛。回到营地后，当班的军士长在点名时对我在最后比赛中的表现很失望，但是，他仍将一块银质奖牌发给我，他说我的百米赛跑11秒的成绩很接近世界纪录。从那以后，我被允许在营地两公里开外的一处学校的跑道上做训练，每天早晨六点，我步行到运动场地，然后再回到营地。我已经开始打探营地四周做着逃跑的准备。

军士长杰克与另外两位军士是让人愉快的人。杰克·加德纳和那两位来自新堡城的，我都喜欢与他们相处，我知道他们也喜欢我。他们让我与他们一起在吉普车里工作几个小时就是为了聊天。我也被军官派去送几乎崭新的卡车，用电动升降机装卸，更换新的轮胎和其他配件，或者给新吉普车加汽油。这样的事情一周会有两三次。这些卡车停放在事先准备好的空地上，在晚上或者早晨，带刺的铁丝网会打开让卡车驶离。这些东西，如轮胎、电动马达、配件工具和汽油看上去依然是配给制下的管理，我确信这些东西在黑市上一定值不少钱。举例来说，当一排卡车排队等待机修，我被派去给每辆卡车加油，油罐有时半满有时全满。在填写再次加油的单子时，我被要求填上所有的油罐都是空的。这样，当油罐车进来补充地下储油罐里的油，会将多出来的负荷卖出去，我猜想，这可能在黑市里出售。

这样的事情多次发现，我装着什么都不知道，卫兵也对我很好，我想这不是我的责任，我也不负责检查和汇报。我只做交给我的事情。但是一旦时机到来，我需要他们回报我要做的事情。我不管其他，只做他们要求的。事实上，我要求那位替我下注两先令赌马的卫兵和他的朋友，为我买市民的裤子和一双鞋子。他们都大笑不止，问："你到底要做什么？"我立即回道："我要逃跑！"他们仍然大笑不止，去买了裤子和鞋子，然后他们说："好吧，看你有多么勇敢！"

我的逃跑计划盘算了很久，最终一切要归结到找一个澳大利亚人帮助我。如果我逃脱了，我需要一个确定的地方藏身。有一天晚上，我悄然离开营地径直向特瑞山走去。一些战俘说过，在那里有一位嘉丁纳先生开的水果铺子，卖一些水果和软饮料。我走了四五公里，每当有车辆从公路上驶过，我就跳到草丛里躲藏，最后终于算是发现了一个水果摊。我买了一瓶柠檬水和一些水果，并攀谈起农场和家畜。嘉丁纳先生对于我从巴杰瑞那里得来的知识定是印象深刻，他看上去也是很好的人。在之后的一段时间里，我每周来这里两三次。

有一个星期天的下午对我很特殊，一辆车停在了营地边上。司机竟然是意大利人，他在战争爆发前移民到这里。他有四个女儿一个儿子，都是在澳大利亚出生的。儿子随同澳大利亚军队出战而阵亡。奇迹也就此发生，这个名叫迈克·德西托的意大利男人竟然是我的同乡，出生地离我家乡圣杰罗的阿利弗仅仅几公里，事实上他还记得我父亲和我母亲。就在一个星期天下午点名后，我又悄悄溜出营地跳到他的车里，他用毯子把我盖住将我载到他的家中，我见到了他的太太露西亚和他的四个女儿。我们这样来来往往数次，这也促使我下定决心尽早脱离营地。而每次的开溜，都是我让一位朋友在队列里迷惑点名的军士，好让他没有注意到我的缺席。一切都进行得很顺利。有一次，德西托夫妇还有孩子们带着我去博宾海角野餐，午饭后我们租了一辆电动船在河水里游玩。那真是个风和日丽的下午，天高云淡，水面宁静。突然，厄运袭来，打破了这样生动奢侈的逡巡。德西托先生在转向时，华丽的船遭到撞击，大面积破损。船的主人很难过，但是也控制着保持平静，他与德西托互换了地址，待日后交涉维修事宜。我得知损坏的修理费大约为3000英镑，这在当时是很大一笔钱啊！

越是看到澳大利亚人的生活，我越是喜爱这里！这里的土地，这里的人民，还有他们的生活方式，都是我向往的。而我想要的这迷人国度的一切都有一个前提，那就是获得自由。我决定开口向嘉丁纳寻求帮助。

刚刚天黑，我就蹑手蹑脚地溜出营地，沿着莫那谷公路向特瑞山急奔。莫那谷公路尽管是一条主路，但那时还是在荒漠之中，晚上偶尔有少量的车驶过。我刚从营地出来不过百米远，一束车灯光就从转弯处照过来，我急忙跳进草丛里，但是已经太晚了，那辆车快速驶来并停下，车里的人叫我出来，我只好从躲藏之处出来。车是一辆敞开的卡车，装有梯子。一个司机和另一位都身着蓝色的工作服。其中一个问："你是从战俘营里出来的战俘吧？"我说："是的。"他们告诉我他们是电工，正在帮助搜查一名谋杀了一个女孩子的杀人犯。谋杀事件发生在几天前的一个森林区。这是一个相当冷的夜晚，他们邀请我坐进驾驶室，我们大约聊了两个小时，我确信他们是警察。但是，不管怎样，我很高兴能与他们谈话，尽管这天晚上的意外使得我放弃了去嘉丁纳先生那里。每一天，我都在积累着决心开口向嘉丁纳先生寻求帮助。没有自由的生活已经持续六年之久了。

艰难地等到又一个夜晚的到来，这次，我要确信不会被任何人发现。我沿着公路向特瑞山方向走，几乎都是藏在草丛里面前行。等我到了嘉丁纳先生的水果摊，他看上去心情不错，甚至可以说是因为这一天收益很好，卖掉了很多蔬菜，所以人也很愉快。经过长时间的交谈，他同意帮助我潜逃，但同时，他指出，我的浓密的黑发需要戴上一顶帽子，因为澳大利亚人没有这样的头发。我们列出了我已经准备好的东西，还需要一顶帽子、一个箱子、一件夹克衫、一条领带，当然还有到里斯莫的火车票。我之所以要到800公里以外的里斯莫，是因为在与营地卫兵的交谈中得知，那里有一个很大的人数不少的意大利人社区，他们在山岭的两侧无霜冻的土壤里种植香蕉，距离市镇也很近便。随后的晚上，嘉丁纳先生给我归拢所有要去里斯莫火车站的事情，票价如何，还有衣服、手提箱等等。我现在已经记不清大体的数字，但是我们决定从二手店买夹克和手提箱。嘉丁纳先生帮着买的夹克实在很大，上面还有一个大油污点子，而那个手提箱也是补丁擦补丁。我手里的钱有限，但是我还是很高兴听到火车票的价格，这样还能余下几个铜板。我的所有结余都是从打扑克赢香烟得来的，外加墨尔本马赛赌回来的一笔。

适合我逃跑的日子确定了。与此同时，那位替我买市民裤子和鞋子的卫兵，几乎每天早晨都对我说："嘿，怎么的，你仍然是一名战俘啊！"我会说："时间快到了。"我确信不会失手，我能够看见自己最终像自由人一样享受澳大利亚的生活方式。

这一天终于来临。当我与一起工作的伙计们到了莱德机动车修理中心，士兵看着我笑，因为我仍然与其他战俘一起从卡车里下来。我小心着不回应他，明天早晨，他们就不可能笑了，因为我已经消失了。

这天晚上，我与嘉丁纳先生在七点钟碰头。火车将要在八点钟从霍恩斯比车站驶出。

我仔细地准备好手提箱，几天前我便将它带进营地藏在床底下。我将一个枕头放进床上的单子里面，这样看上去我仍旧在睡觉。我的计划是差15分钟七点的时候溜出营地。我依旧穿着制服，怕卫兵或队长看见，他们就住在营地边上入口处的军营里。我走出营地约半公里，在觉得安全后才将市民的衣物换上，将制服扔进草丛里。这时，我听到一辆车过来，然后停了下来，我认出是嘉丁纳先生的老福特工具车。我快速跳上，然后绝尘而去。从营地到霍恩斯比车站大约13公里，这需要我们花上40分钟，尽管是一辆慢腾腾的老福特车。半道上，嘉丁纳先生决定去看一下他的姐姐，只在土阿玛瑞停留几分钟，这样我们的行程就短暂地延迟了，但是再次回到车里的时候，福特车竟然打不起火了。我们又花了二十多分钟才算是将发动机发动，但是已经太晚了。等我们赶到火车站的时候，车已经驶离，我又错失了一次机会。我不知道如何是好，只有再次回到营地，然后明天再试运气。

嘉丁纳先生到车站办公室去确定车票明天是否还有效，得到保留到明天同样时段里有效的认可，他又将我拉回营地，在我上车的地方打发我下来。那天晚上，乌云密布，天很黑，很难看见我的制服，我大约找了三个小时才终于发现。回到营地的方式比出来还难。队长好像有访客，不知什么缘由他们在外面待着，我开始绝望了，已经深夜一点钟了，事实上我也累极了。

我非常沮丧，竟然功亏一篑。原来如此接近自由，但是现实却仍然遥远。我冒着被抓回来的风险，一瞬间，我觉得我必须采取行动，因为我无法忍受被抓回营地的想法。我抓起花坛边上的半块砖头向对面扔去，两三个穿军服的人即刻出现跑到对面搜查,在这个间隙里我迅速溜进了营地,安全了。悄然回到我的宿营地,只见另一位战俘军士正在沉睡,在确信他没有发现我的逃离的踪迹后,我直接跳到了床上沉睡过去。

自由的滋味

第二天晚上,我们又重复了前一晚的一切。这一次,我留心将脱下的制服放在一个有标志的地方,以免再次节外生枝。嘉丁纳先生又要在土阿玛瑞他姐姐的家停留一下,待回到驾驶室点火,又是没有动静。汗水滴滴答答流满了我的面颊。我们双双跳下车开始用一只手柄摇动车辆,一次次喷发点火,终于启动,我们朝着霍恩斯比行驶,不敢再有差错。在恐慌中,我们肯定又耽误了许多时间,到了火车站正好火车刚刚进站。在街上甚至能够看到站长一手拿着旗子一手将哨子递进嘴里,还一边看着台阶上是否有乘客。他正要吹哨子向火车司机发出启动的信号,嘉丁纳先生已经踩上第一级台阶,一边招手一边大叫着:"等等,等等我的侄子!"站长已经认可了请求,示意机车等待。我从街上冲向台阶,嘉丁纳先生办了票,我即刻高举着车票,三步并作两步跑过来,我甚至能够看到站长渐渐失去耐心的一张脸,还差几步就听见他冲着我叫喊:"你以为你是谁?是澳大利亚总理吗?为什么让火车等你这么长的时间?"我一边说对不起,一边疾步跳进第一节车厢里。

车厢里仅有一半乘客，于是我在一扇窗户边坐下，装作很快睡过去。我寻思着这下子坐进车里了，已经逃离战俘营，我真应该是一个自由人了。但是，我依旧感觉有一条锁链捆着我的双脚，只不过是从一个营地转往另一个营地。我试图在晚上睡上一会儿。不久，到了早晨，火车停下作补给。至此，我感觉到些许自由。混迹于乘客之间，我在餐台用我珍藏的澳大利亚银板儿买了一杯咖啡和几片三明治。

我的眼睛急速在地图上搜寻，借此可以看到从霍恩斯比到里斯莫的全部行程，在里斯莫前面的一个小棚屋就是我要去的地方。我问巡查员是否可以在地图上里斯莫前面的小站停下，因为我要访问住在那里的香蕉种植园的意大利朋友。巡查员看了一下地图，然后说如果有乘客要求在那里下车，我们会安排火车在那里停一下。

在自助餐车里吃了一顿美味午餐，就开始看到丘陵地带的香蕉园。火车慢慢地停下来，我抓上手提箱准备下车了。车刚刚停住，我就一个箭步跳到了木屋棚下的站台。这时，火车很快驶离，留下我孤零零的一个人。我向着不知深浅的橡胶园走去。

在第一处农场的信箱前，我停下来，看到的是一个意大利的名字，于是决定进去问一下有没有工作。一位绅士开了门，他看上去很和蔼，有着意大利北方人的口音。我用意大利语开口，他要我进来说。短暂的交谈后，我向他解释了我是一名逃亡的意大利战俘，正在寻找工作。他的脸上立刻充满了担忧。我们的交谈卡住了片刻，然后他告诉我在他农场做种植的人需要一个工人。他给那个人打了一个电话，然后说有一份工作给我。我的雇主大约比我年长10岁，他和妻子以及妻子的父母住在一起。我被简短地介绍给他的所有家庭成员，老板本人，他的妻子，妻子的父母，还有他们的孩子，一个14岁的女儿和一个大约18岁的儿子。

我被带到打包装的棚子里，一个担架样式的架子是我睡觉的地方。我被告知，我只能享有一顿晚餐，当然早晨有几杯咖啡，中午有几片三明治。我的老板拥有自己的橡胶园，距离我居住的打包棚子有几公里远。每天早晨，天一亮，我们就得给两匹马备上鞍子，然后骑着它到其他的农场去，包括周六。在那里我们或者用尖嘴锄刨开陡峭的山坡，或者深挖处女地准备种植新的香蕉。在山脚下，我的老板建有一处木屋。这里的夏天是我在澳大利亚体会到的最炎热的。食物总是不够，我在战俘营的食量是这里提供的三倍以上，还不用做什么重体力劳动。我的雇主在后来几天承诺，每周支付给我三英镑，但是我却始终没有得到。劳动是艰苦的，饭少还不可口，天气热得出奇，蛇出没在草丛里非常恐怖。但是，无论如何，我要保住这份工作，并要为争取自由付出任何代价。我鼓励自己面对一切，我应该感到满意，尽管遭受到奴隶一样的对待。

每个星期天，我在大盆里洗着衣服并休息一会儿。这里没有什么去处，也无人可期遇。一个星期天的下午，一个女孩子，就是我刚来时见到的雇主的女儿向我说："你好！"话音刚落，她的父亲就跑过来羞辱我，不管你相信还是不相信，这位父亲吼着女孩说远离这里，不许她开口与我讲话。我吓坏了，但是我理解他的担忧。我是一个25岁的被关在战俘营6年的成年男子，我猜想他们一定会认为我有可能奸污任何一个接近我的女子。三周后的一个星期天，我帮助雇主和他怀孕的妻子搬到他们新的木屋里。在新的农场里，他们给了我一间房子住，只是因为还没有建造好棚子。

我没有对未来的打算。我手里的钱很少，最要紧的是赶紧挣钱，并在有限的时间里学习不同的生活方式。我感受到这里奴隶一样的生活和劳动，但是这没有困扰我，因为我知道更好的澳大利亚和更好的澳大利亚人的生活方式。不幸的是，我没有选择，唯有在这段时间里保住这份工作，无论价值几何。也就是在住进新屋子后的四五天，我的老板说他要到市镇里去。他的妻子从未与我说过话，我感觉她并不害怕我，反倒是恐惧她的丈夫，

瑞克逃出战俘营，1947 年

我对她说的仅仅是"早晨好！"和"晚安！"当他去里斯莫的时候，告诉我到中午时像往常一样回来吃午饭，那天是 1947 年的新年前一天。

中午时分，我走回房屋，老板的妻子已经将两片三明治和一杯咖啡为我准备好，放在桌子上。在我吃饭的时候，她开始向我发话，问我战俘营的生活，还问我为巴杰瑞夫妇在农场务工的生活。我有许多巴杰瑞为我拍的照片，有我最喜爱的房子和那带着去打兔子的 13 只狗。我有许多狗和兔子的照片，她看着看着，竟然将照片一把丢在桌上，转身到窗户边生气。我没有问她任何问题，只是将照片放到一旁，继续吃我的午饭。不一会儿，老板就回来了，他被妻子快速拉到厨房，他们短短交谈后，老板跳出来，恼羞成怒地问我为什么把一些不体面的照片给他妻子看。我不知道他是什么意思，要求他进一步解释。他告诉我不需要解释。我被他激怒了，我拿出那些照片连同给他妻子看到的狗的照片都让他看，而他说我给他妻子看这些照片就是向她展示优越感。我仍然困惑，但是，他说我必须立刻离开他们的房子，不然就报告警察，然后又加上一句，他不会按原来的承诺每周支付我三英镑。

我不能再浪费时间了。我拎起手提箱离开屋子，朝一个月前下车的铁路方向走去。站前木屋大约有三公里远，时间是刚刚下午两点，而去悉尼的火车大约到三点才有一趟。我有的是时间，但是我也不敢耽搁，免得他叫来警察。没有时间刮胡须，但是我觉得需要刮，与意大利男人一周刮一次胡须相比，澳大利亚男人每天都要刮。我总是小心留意自己别被人发现。在香蕉园与铁轨之间有一条小溪，我决定在火车到来之前先给自己刮一刮胡须，没有镜子，一不留神，我割伤了自己，血滴在了白色的衬衣上，我又担心或许这血迹会更加引人注意。我错过了火车。在车站的木屋下有一个桶子，里面是水，我决定先好好洗一洗衣服，把自己弄干净，在车站待一个晚上。我从四周拽来一些干草，铺在站台的木板上做了一张床，睡上去很舒服，这一晚很快就过去了。

1947 年的新年

  1947 年 1 月 1 日是美好的一天，我醒来后，已经做好开始新的冒险的准备。这一次，我要试一试大城市了。火车在早晨八点钟的时候开来，我拼命地摇动着一面旗子向火车示意，然后火车终于被叫停。这样的小站，这样的时分只有我一人乘车，车长打开门向我致意："新年快乐！"我告诉他，我误了昨天的火车，他表示遗憾说先来吃早餐，然后再说车票的事情。
  快乐的新年就这样开始了。我快速地走过几节车厢，找到一个座位，然后就去寻餐车吧台。美美地吃罢了早饭，我回到座位上，车长问我要去哪里，这样他就可以为我补办一张车票。我仅仅知道一个叫玫瑰谷的地方，那是悉尼的一个区，靠近我们曾经的战俘营地圣艾芙。车长看着他的手册，没有找到玫瑰谷的线路。我坚持说玫瑰谷仅仅离悉尼几站之远，火车一定会经过。后来我才知道进入悉尼大区的首站是霍恩斯比，然后是悉尼中央火车站，而玫瑰谷是城际区间车站，我曾经由史卓菲站去那里，而史卓菲站既是由北边跨省而来的州际火车停靠大站，也是悉尼城区通勤的车站。但是，列车长不是悉尼土生土长的人，他对悉尼的地理也不熟悉，于是，

他就为我补办了到悉尼中央火车站的车票。尽管列车长确定火车不经过玫瑰谷，我仍然张望着寻找，直到火车完完全全停靠，列车长说火车已经到了终点站悉尼中央火车站，所有的乘客都要下车。我没有选择，只好下车，看怎样才能去玫瑰谷。当时，如果我知道只要下了楼梯，转到电车线，仅花几个便士就可抵达就好了。这也会降低我被捕的危险，并节省下珍贵的铜板。

我只能去找一辆出租车了。我走进出租车站台，要一位司机载我去玫瑰谷。他看着我说道："我不能送你到玫瑰谷，因为我是市里不能跨区的出租车，除非你能得到警察的许可。"我问他怎样才能得到许可，他说："看见那个指挥车辆的警官了吗？去问一问他，给一个紧急的理由，他或许会同意。"我无法回绝司机的建议，害怕他察觉到什么，我也同样不敢面对警察，但是，我又必须去做。我走向那位在繁忙时刻指挥交通的警察，举步时刻，我想到了要编一个紧急的理由。正当我接近他的时候，他大叫起来："你要做什么？"我说，我刚从里斯莫回来，因为接到我妈妈的电报，我父亲昨晚心脏病发作，"他快要死了，我必须赶到玫瑰谷的家里，请求你允许出租车载着我跨区行驶到那里。"他四下里找寻，看到了出租车司机，然后大声叫道："带他去！"对他而言，比任何事情都重要的，是赶紧将我打发出已经混乱不堪的车辆交通线。我回到出租车司机那里，但是又面临新的问题，他说我必须付双倍的价钱才行，因为他是出了悉尼城中的区域。这可难住我了，我想现在我兜里只有三块半英镑了，我被吓住了，喏喏地问那得需要多少钱。他拿出地图看了看后回答，要三英镑。我的心如同点亮的蜡烛一样明快。好吧，就这样了。我坐进了出租车，一直驶过悉尼大桥直至德西托家。他是我到圣艾芙营地后认识的意大利朋友，我不知道自己是否会受到欢迎。

迈克·德西托的水果店就在火车站附近，我曾经去过几次，所以不难找到。我付了出租车费，然后走到前门。商店还没有开门，看上去黑洞洞的。我敲门，德西托先生前来应门，当他看到是我，很是吃惊也很担心，这个时候去庇护一个逃亡的战俘，并且他的儿子还死在了与轴心国战斗的战场上，实在是难为他了。但是，他还是让我进到屋子里，他的妻子和孩子都在，他们急促地问了我好多问题，最不可理解的是为什么我瘦得这么厉害。他们问我吃了没有，因为他们刚刚坐下来准备吃晚饭，要我一起吃。我已经饿极了，意大利面和西红柿牛肉酱的味道击中了我的胃口。

德西托先生是一个好心眼的男人，他的太太露西亚与他一样好。他们的四个女儿，玛格丽特 20 岁了，其他三个还都年少，她们都是很可爱的女孩子。他们能够听得懂意大利语，但是，我认为她们不会说。德西托夫妇可以讲支离破碎的英语，他们的生活方式还是意大利风格的，而女儿们接受的教育是澳大利亚式的。一顿美餐之后，我又在舒服的床上美美地睡了一觉。第二天早晨，德西托先生开上他的卡车去城里的市场，为他的铺子采买水果和蔬菜。他回来的时候为我带来了帕那佐太太和约翰·卡纳尔先生。我被介绍给他们，他们很愿意接受我去他们那里的农场工作，并说在圣艾芙的菜园有活给我干。那水果店距离我曾经的战俘营竟然只有几公里远。

不久，我获知几乎所有的战俘包括在圣艾芙营地的都已经被遣返，大概就剩下我了，但是我也不担心。事实上，我早已经发觉我是想要留在澳大利亚成为一个自由的公民。很多人承认这点或许会感到羞愧，像我这样远离祖国，做了六年俘房，不想着赶快回到自己的国家与亲人团聚，是多么羞耻。

不，我不觉得羞愧，我得承认直到现在我依然不觉得羞愧，我对澳大利亚的爱是无限的。我发现这片土地是我想要落户下来的。尽管我在这里也有过不好的体验，尤其是在里斯莫意大利人家的经历，但是澳大利亚的思维方式和生活方式都是我的希望所在。我现在还在这里，几乎所有的战俘都已经被遣返，除了少数逃亡在外的人，包括我，我想待下去成为澳大利亚的一部分。

我的家庭成员当然希望等到并看到我的回归，我也想念他们，但是我必须先考虑我的未来，如果我的未来能够有所作为，那就只有而且必须是在澳大利亚，我产生了这样的信念。

第二天，我被帕那佐太太和约翰·卡纳尔先生带回了他们的农场。他们有10英亩菜园。菜园属于帕那佐太太和四个女儿，工作收益与约翰·卡纳尔先生五五分成。如果要来描述一下帕那佐太太的话，我只能说，她是一位51岁的充满爱和理解，并且脚踏实地辛苦劳动的母亲。约翰也是少言寡语卖力工作的人，他有一颗金子般的心。他的太太离他而去，我相信他心中的伤口一直没有愈合。

农场里的房子很旧，但是收拾得很舒适。加出来的洗衣房后面另有一间房子，大约三平方米，这里就是我的卧室，床铺非常舒服。我遇见一对17岁的双胞胎姐妹芭睿娜和芭安卡。尽管是双胞胎，但是她们从长相到性格到行为方式都很不一样。芭睿娜有强壮的体格和能担当责任的外貌，几乎每天早晨随着满载蔬菜的卡车到各处市场，取代了死去的父亲的位置；同时，她还有一副柔软的慈悲心肠。芭安卡更像一个精致的女孩儿。最大的一个女孩子叫米瑞拉，23岁，非常纤细，做活有些慢，但是更加多情而有吸引力。另一个姑娘娜若21岁，在城里做打字员，周末她也在农场里帮工。她活力四射，时常装扮出美丽和动人的样子出门。我感觉自己已经与这些美妙的女孩子们擦肩而过。另外两个成年的女儿已经出嫁，生活在乡村的橡胶园，偶尔到访这里。帕那佐太太是一个称职的母亲，而约翰·卡纳尔先生则是一个很勤奋的工人，也是一个好男人。

浪漫从未出现于我的大脑，我的最爱已经锁定了这片土地，那就是澳大利亚。我想要生活在这里，有一天获取成功——这是我的雄心壮志。每天早晨七点钟，在饱餐一顿后，约翰和我到田里开始干活，从清除杂草到整理归拢等等。农场最繁忙的时刻是周末采摘和打包装，为周一供应到市场上做准备。我据此相信，果蔬店里最好的购买时机是卖掉了周末剩余后上了新货的周一，周末加班的工资也不会加到周一的市场价里。农场里最糟糕的工作就是在雨中采摘豆角和豌豆，但是幽默风趣的姑娘们往往把这样的时分也变得明艳和快乐了。

悉尼的舞场

我听说特罗卡德罗舞场是在悉尼的乔治街上,在那里可以通过跳舞结识很多年轻女子。这是一个很棒的地方,年轻的年老的都可以在此旋转,绽放激情。很多年轻人到那里跳舞纯粹是为挑上一个姑娘。当然了,你要正点到那里,先跳舞,然后才能挑选。

特罗卡德罗舞场大厅

每个星期天,在悉尼伊丽莎白街上的澳大利亚大厅有一个意大利舞会。姑娘们在这一天需要抓紧干活才能尽早结束工作,在平布尔搭乘火车前往舞场,每晚八点是备受欢迎的意大利舞蹈的开始。在参加了几次悉尼这样的舞会后,我觉得自己需要学习一些现代舞,16岁时在家乡学会的那些舞蹈已经不适应这里。我决定到皮特街上的舞蹈学校,去学现代爵士舞和华尔兹,这是在当时十分流行的社交舞。我在舞蹈学校里登记,还买了一双黑色的舞鞋。后来这双鞋子被我带回意大利,我妹夫看到后竟然取笑我,说这与意大利习俗中给棺材里的死人套上的鞋子一模一样。

我与几个女孩子有过跳舞的接触。一个16岁留着马尾巴长辫子的姑娘,每周日晚上在她妈妈的陪同下从鲍曼来跳舞,她是我最心仪的。不幸的是,我不知道鲍曼到底在哪里。经过几个周日一起跳舞后,有一天舞会结束时,我决定陪同她和她母亲一起走到公交车站。在走了约200米后,她们停下来向一辆空载的出租车招手,为此我很紧张,不知道该怎么做。我只是想与她们做一般朋友,但是没有准备获取其他任何机会。女孩的妈妈问我在哪里住,是否拥有一个水果店,正像悉尼几乎所有的水果店都为意大利人所拥有。我几乎窒息了,我不知道怎样回答,一方面我不能撒谎,另一方面我又不能说出实情。我说我们有自己的水果店,还没有来得及说出我的冗长的故事,出租车已经在路边停下,我打开门让她们母女上了车,示意司机开走。我能看到也能感受到她们的惊骇,也许她们希望我护送她们回鲍曼。出租车飞驰而行,我放松地大出一口气,因为我没有撒谎,可是我又有些难过。我真心需要朋友,但是,我的雄心和对澳大利亚土地的爱,值得为此做出任何牺牲和奉献。

我向悉尼的市政厅火车站走去,令人沮丧的是最后一趟火车已经离开了,下一班是四小时后,我只好走下台阶在站台等待早晨的第一趟火车。等到了平布尔,时间还太早,没有出租车,这样我又走了大约10公里。当我回到菜园的时候，帕那佐太太正好开始做早饭，也没有发现我。帕那佐太太和约翰去了市场，姑娘们还在睡觉，我自己就到地里去干活了。大约九点半钟，我推着轮车向坡地上密集的草丛走去，一个声音从大约20米远的地方传来："嗨，你！"我转过身去，大吃一惊，看到一个高大的警察盯着我的眼睛。我向草丛里望了一眼，但是发现已经不可能以冲刺般的速度消失在那里，我几乎举手投降说出："好吧，那你这就把我逮捕呗。"但是，警察先于我开口道："你知道住在那里的人家叫什么名字吗？"他指着另一旁一个小木屋，那是一个从军队回来的男人和他的女人还有孩子们的住所。我迅速从惊惧中恢复过来，说："我不知道，长官，我所知道的就是他们不在家。"警察礼貌地说："那就谢谢了，伙计。"然后他拔腿离开。这是在我近一年的潜逃中受到的唯一的一次惊吓，我以为这次就要被捕了。

当我将此经历告诉姑娘们，她们大笑不止，我也一样。但是，当时我的确吓得几乎屁滚尿流跌落地狱。自那以后，我意识到自己的处境是如此危险，随时可能会被拘捕。我时常是下午被允许去市里，每周的工资是三英镑，外加包三餐，这样过得很好。我有足够的钱买衣物，去跳舞，并且积攒下来一些。事实上，我在平布尔的联邦银行以理查·罗西的名字开了一个账户，里面的数字逐渐递增。

有一天，我请了半天假。首先，我去了平布尔的联邦银行，将加班费存进去。然后，我去了瑞士领事馆询问关于逃跑战俘的相关规定。我希望我能够留下来，或者未来回到意大利作短期访问。但是我得到的回复非常明确，根据日内瓦公约，任何战俘都必须遣返，没有留下来的可能。我一直都在想，如果回到意大利，我就再也没有机会回来了，也没有信心去实现我的梦想。无论如何，一定要做出改变。为此我寝食难安。一天，我在平布尔没有买火车票就上了火车，我想在文雅火车站，也就是刚过悉尼大桥一站的出口补票，就说是在车士活站上的车，这样是原车程的一半，可以省出几个便士。在文雅火车站，我对检票员说："对不起，我在车士活匆忙上车，没有来得及买车票。"对方说："你是说你在车士活上的车吗？"我回道："是的。"然后就被带到了车站办公室站长那里。车士活车站是全封闭的有检票员的车站，但是平布尔站没有，所以他们问我没有车票是如何进来的。我快速回答："我很遗憾，但是当时的车士活车站口是没有人看管的。"这样，我付了通常的票价，然后就离开了。

在农场务工的时候，我就想我应该有一本驾驶执照，于是我就着手学习书本上的交通规则，然后开着农场的卡车到霍恩斯比警察局申请驾照。但是，我告诉负责办证的警官，我在农场开了很长时间的货车，所以觉得现在是申请驾照的时候了。警员跟着我开了一会儿车，问了几个问题，就给我办理了驾照，名字是理查·罗西。这提升了我的信心，有这样一个身份证明，就应该算是一个自由民了吧。

有一天，我正在菜地里干活，偶尔抬头张望院子那边，我惊奇地发现，帕那佐太太正在与一个意大利牧师交谈。我不能相信自己的眼睛，希望她没有把我的情况说出来。我快步走过去，牧师正好去了厕所，我问帕那佐太太，她说没有提及我一个字，并说牧师来这里是找几个男人帮助他清理自家后院。她提醒我牧师可能会找我去干活的，于是我马上退回地里，开始清除菜地里的杂草。岂料，牧师真的就走向了我，他没有自我介绍，用一种尖酸的口气说："我需要两到三个男人来清理我的院子。我认识帕那佐太太，她会同意下周日你来我这里干活。"我感觉到他那种居高临下的姿态，但是我的回答还是客气的："我恐怕无法服从你的命令，因为下周日，我有许多事情要做。"他毫不犹豫地大声说道："我为在澳大利亚的意大利人做了这么多事情，我不允许有人以任何借口拒绝帮我打扫院子。"这一刻，我想起来，原来我是见过他的，他就是那个到考瑞战俘营的意大利传教士，他曾经许诺会送来一些意大利图书以帮助我们阅读，但是，以后再也没有下文。我禁不住也向他吼去："我早就知道你是一个骗子，你的所谓道德，帮助意大利人的承诺，从来没有真正兑现过。"他也被激怒了，变得气急败坏，跑回了房子的阳台，问帕那佐太太我是何人，竟敢顶撞他，他要向警察报告我羞辱了他，让他们逮捕我。帕那佐太太是一个明白人，并爱所有的人，她为我向他道歉，解释说，我是一个刚从乡下来的男孩，有失礼数。我很高兴和庆幸她让他息怒并离开了。事实上，我也很骄傲，我决定去悉尼走一走。

这天下午，当我走在悉尼皮特街上，一个看上去绝望的男人朝我走来，问我是否会讲意大利语，我说是的。他看上去是一个意大利人。他似乎很激动，指向不远处一个二十来岁，着黑色紧身裙装，几乎暴露前胸的女子对我说："那个漂亮的女人是我的妻子，但是我不知道她是不是妓女，所以请你过去问她看她是否会跟你走。"那个女孩子看上去很可爱，但是我不喜欢这个意大利男人的猜测与考验的方式，所以我告诉他还是去找别人吧。当我走开一段距离后，远远地我看见他还真的又找了两个男人，人家也是毫不理会地走开。我随即向市政厅方向走去。没过一会儿，我被一个有些焦虑的人叫住，他将双手放在我的肩上喊道："嗨！瑞克，你过得怎么样？一切都好吗？"这太出人意料了，那是战俘营的卫兵，就是那个为我买市民裤子帮助我潜逃的人。事实上，他以为我仅仅是开个玩笑，并不会真正逃跑。我面对着从前的监管者，不知道说什么好。他已经离开了军队，身着市民的普通衣装。我能够记着的就是他给人的愉快。他打破尴尬，拉着我走向一个饮料吧，还给我买了一杯奶昔，并不停地说很高兴看到我成了一个自由民。我们很快喝完了饮料，他说："我得赶紧走了，不要让警察看到你和我待在一起。好的，瑞克，祝你好运！"他迅速地在人群中消失了。这次相遇，对我来说就像一个很棒的示意，这位年纪不超过25岁的前卫兵更增加了我的热望和决心,这就是一定要将澳大利亚变成我的家园。

时间过得很快。我有一些廉价但崭新的衣服,银行里还有70英镑,我觉得我应该改变些什么。在外逃亡的11个月里有10个月是在帕那佐家的农场务工。我获知有一艘船,下周一从墨尔本出发,将有35个战俘离开澳大利亚,其中一些是逃亡后被捉回的。这些战俘被拘留在距离墨尔本30公里的战俘营。我感觉自己的时间到了。我意识到成为一个自由人几乎没有机会,于是我决定离开,去墨尔本赶上那班遣返战俘的轮船。周五早晨,我乘火车前往墨尔本。帕那佐太太给我预定了周五晚上包餐的旅社。与姑娘们说再见是很伤感的,还有帕那佐太太和约翰。但是,不得不离开了。到了墨尔本的旅社,那是一个很不错的地方,报出帕那佐太太的名字后,给我开了一个房间,还得到优惠价格。第二天,我赶上一班区间火车,在下午四点钟到了墨赛弗特,我慢慢走向战俘营地。坐落在山脚下的营地附近有一个酒馆,一些士兵在这里匆忙地进进出出,我的脚步停在酒馆的前面,能看见士兵们在里面喝酒。我想或许可以趁机先去问一下有关遣返的事情,于是就拦住了一个军士,问他是否知道这营地的意大利战俘将要在下周一被遣返。这位军士看了我一眼说:"你以为你是谁,竟然问我这样的问题,澳大利亚总理吗?"随即匆忙走进酒馆,给我一个背影。我不敢再拦截任何人去询问,就向山坡上的营地入口处走去。就在我将要进去的时候,我觉得有些不对,我恰好就站在营地前门的公交车站牌前,对面约百米处就是办公室。我发现我需要的就是在我放弃逃亡之前,确定意大利战俘是否会在下周一被遣返。我朝办公室走去,在最后20米才满怀自信地走到那门口,敲了门,一位负责的队长打开了门。我快速并且肯定地向队长说:"我叫理查·罗西,从悉尼来。昨晚我听说我的一个名叫文森特的表兄,昨天早晨逃出这里,他是一个在逃的战俘,因为获知下周一战俘将要被遣送回意大利。"队长仔细听完,然后说稍等几分钟,他返回办公室,将我一人留在门外。数分钟后，他又折回来说："是的，文森特是逃跑的战俘，但是他还没有被捉回，也没有自首。"同时，他走向我上下打量，以一种不确定的表情问："你自己不是逃跑的战俘吧？"我快速回道："如果我是逃亡战俘，怎么会愚蠢地走进这个营地？我在七岁的时候就来到了澳大利亚，我仍然记得我的表兄，我曾经与他一同上学。好了，我希望在下周一船开往意大利之前他能够回来自首。哎，船是下周一开出港口吧？"队长道："我们还没有确定，但是明天也就是周日早晨八点将会定下来。"我问："你是否可以给我一个你的电话号码？这样我明天就可以在墨尔本的旅馆给你打电话了。"他再次走进办公室又返回，递给我一张有电话号码的名片说："明天八点以后打这个电话。"我谢过他，说明天一定给他打电话，然后就离开了。

他不断地看我的手提箱。我认为他不能很快确定我为什么提着一个手提箱，或许，他怀疑我是刚从悉尼的战俘营直接过来的。在离开的时候，我故作镇定，像一个不会出错的男人一样走出那里。我回到维多利亚旅馆，幸运的是，还有一间房子——那时住所很紧张。

第二天早晨，刚刚过了八点，我走到一个公共电话亭。我不想用旅馆的电话，以免被队长查到我的踪迹。对话简短而明确。传来的正是前一天与我对话的队长的声音。我问他是否有我表兄的消息，他回道，他还没有回来自首。我继而问战俘是否还是在周一回意大利，他回答说计划改变了。我再次问什么时候战俘将被遣返，他说没有人知道，但是你在哪里？他终于醒悟过来是怎么回事了，但是已经太晚了，我很幸运，只说了声再见就挂断了电话。

回到帕那佐家里

我支付了住宿的房费,没有片刻耽搁,立即离开了旅店,打出租车赶到火车站,乘坐第一趟火车赶回悉尼。

当我出现在房间里的时候,帕那佐太太、约翰和姑娘们都不能相信自己的眼睛。我告诉他们仍然不能确定最后一批战俘被遣返的时间。

我回到了自己的房间。我的生活和工作又像过去一样继续着。

两个月后,大约是1947年10月27日,报纸上登出了移民部长阿瑟·凯德维尔的讲话,要求所有意大利在逃的战俘必须在1947年11月15日之前,向就近的警察局或联邦移民局办公室自首,因为最后一趟自由轮是为美国海军服役的海茵策尔曼运输舰,它将于12月初由西澳的弗里曼特尔港口出发。在凯德维尔先生的陈述里,将来任何战俘都可以被允许再次进入澳大利亚,所有欧洲先前的敌对国要申请来澳大利亚的人都要有一份个人简历。但是,在11月15日之后没有自首的,将被取消成为澳大利亚移民的资格。

尽管移民部长宣布了战俘自首的最后期限,但是,我还是想要确定万无一失的方案。我发现凯内布拉号直到1947年11月24日才会离开悉尼港,在西澳的弗里曼特尔港与海茵策尔曼运输舰会合。这样，我就可以尽量晚地去自首，以便应对在开船前再次发生变化的可能。

家园的边界

　　终于到了我不得不离开澳大利亚的时刻,这是我所爱的国家,我渴望她成为自己的国家,尽快地回来。在我内心深处,我希望有一天成为这里的自由公民,并且享受这个伟大国家的福祉。最终,我将移民部长阿瑟·凯德维尔的话当作福音,并坚信我的未来全在这个人的陈述里。

　　1947 年 11 月 23 日,我再次打点了行装,但是这次是十分不情愿的。我宁愿这不是最后的告别,所以对姑娘们只说后会有期。帕那佐太太、约翰·卡纳尔和米瑞拉陪着我,一直将我送到坐落于帕丁顿的维多利亚军营门口才道别。凯内布拉号将于 24 日起航,我必须提前一天自首,以便于勘查并遣返,以便于有一天作为自由民重返澳洲。

　　当天下午大约四点钟的时候,我在帕丁顿军营的大门口吻别了米瑞拉。当我在走向卫兵的时候被问道做什么,我告诉他自己是潜逃的战俘,是来自首的。卫兵非常和蔼地说:"是这样啊,我最好带你去办公室。"负责的队长问过我的名字,说明天你将与其他一些战俘遣返。这次我被带进一个大约四平方米的狭小号子里,仅有水泥地板和一张毯子。那是最长的一夜，我感到日子到头了。从这里逃跑已经是不可能了，万一权威机构又在最后一分钟改变凯内布拉号去西澳与遣送战俘的邮轮会合的决定呢？不论怎样，我说服自己还是听天由命，这是我能够作为自由民回来的唯一途径。

经历了水泥地上痛苦的一夜后，我熬到了天亮。填写了一些表格后，我们被带往凯内布拉号停靠的码头，上了船。经过舷梯的时候，我注意到一些记者在拍照，这是最后一批战俘将要回家了。我把自己的脸遮起来，我不想让那些在悉尼的熟人认出我，尤其是那些与我一起在澳大利亚大厅里跳过舞的姑娘们。

从悉尼到西澳的弗里曼特尔港的旅程是非常艰辛的。事实上这次航行比我乘坐玛丽女王号抵达悉尼的时候要糟糕得多。在抵达弗里曼特尔港之前的整个行程中都没有见到一个看守。自由轮海茵策尔曼运输舰在码头上等着我们，倒换了船只后，我发现不仅仅是战俘，还有一些需要遣返到埃及和意大利的非法移民。这艘船让人愉快。我们在甲板上打牌，互相说着逃亡中各自的经历。说故事的人很是得意，但我只是一个听众。与其他人不同，我的故事是一个秘密，它在我未来的人生中尤其重要，而且它仅仅是一个开始，还没有结束。

返回故乡

  邮轮越来越接近祖国了，那不勒斯湾突然就出现在眼前，维苏威火山也显露出轮廓。这样的景象应该带来一些乡愁，我知道就要回到父母和家人身边了。但是，我却若有所失。我不知道回到那不勒斯是高兴还是忧伤。很快，船只抛锚了，我意识到父亲和兄弟们在码头等待着我的到来。我的哥哥迈克站在一个漂亮的身着裙子的优雅女子的身边，他介绍说，那是他的妻子瑞娜塔。迈克已经是一名律师了，与他的太太和儿子布鲁诺一起住在那不勒斯的一个公寓里，我们去了他的家里，吃了一顿很好的意大利午餐。

  午餐后，我们租了一辆车去圣杰罗的阿利弗市，我的出生地，距离那不勒斯90公里。我的母亲站在门旁的台阶上，泪水像断了线的珠子不停地流下来，十多分钟说不出一句话。几乎所有住在阿利弗的人都赶来向我致意，欢呼我在多年的失踪和杳无音信后能够安全地回到家乡。我这才知道，原来对我还活着的期待已经十分微弱。事实上，家人以为我在战场上失踪了，但是又没有官方的死亡通知。每一个人对我来说都是陌生人，村里的，外面的，任何一个人。我无法想清楚事情。我的未来仍然是七年前的老样子，我加入军队以期待高远的前程，但是现在又回到了原点。

我父亲清楚我的抱负，在我回到家后就开始热切地许诺要给我一些房子旁边的土地，那土地在我离开的时候就确定了。他想要我去建一所自己的房子开始新的生活。我听着父亲的说辞，兄弟也要帮助我，但是说归说，实际行动起来还很遥远。任何事情在我眼里都很渺小，街道是狭窄的，屋舍也很陈旧，需要粉刷。与我年龄相仿的男人从早晨到晚上都是那么几个人。做生意的人相互都认识，姑娘们也一个接一个地因为出嫁而消失了。这里的一切都需要重建。

我觉得母亲和父亲对我有亏欠感。我试着在财务上和道义上去理解父母的处境。我的父亲在战争期间，成功地扩展了乡村的业务，买下了更多的橄榄树园和葡萄园。但是，没有考虑过我以什么为生，甚至，我想找一份工作都不可能。意大利在财富上、结构上和道德上被毁坏了，但是，看上去每一个人都很快活，没有人想着要去找一份正当的工作。年轻人穿着美丽，到处都是聚会，没有人担忧世界的未来。有迹象显示很多人在美国占领期间变得富裕了，我猜想那是得益于在黑市上倒腾紧俏商品。

我不明白为什么这些人没有了在生活中进取的雄心。从担当一种工作开始，并顺着梯子一步步攀登，至少要去尝试。我父亲和其他一些土地所有者，都不断抱怨他们找不到劳力来胜任农场的活计。橄榄油已经十分昂贵，但是没有充足的人手去采摘橄榄，尽管工钱提得很高并按日支付。谷物和水果收获的季节也同样招不到足够的人手。年轻人都想上学，但是一半以上的大学毕业生找不到工作，只有很少一部分有对口的职业。另外一些，只要能够被叫做医生、律师或工程师的人，都是整天在街上转来转去。当然，大学头衔还可以购买下来，很便宜的。事实上，喧闹充斥于各处，尤其是世界闻名的那不勒斯。与澳大利亚不同，那里人们在交往中互相称呼名字，熟悉之后也各自直呼其名，而在意大利总是先介绍自己的姓氏和头衔，交谈的内容是要先确定职业和头衔，你只有听人家姓氏的份儿，很难知道名字。所以，所有的意大利学生都喜欢被称作医生。事实上，经过两到三年的大学学习就可以被称作医生了，很多学生就是为了得到这个头衔才进的学校。

一天又一天，我感觉十分失望。我想离开这个地方，我不能忍受这样的生活。我想要工作，因为我想生活在另外一个地方。我的哥哥奥格斯托与他的妻子玛丽亚，还有他们的两个儿子文森扎和派尼西欧都生活在这里，我的姐姐玛丽亚和她的丈夫路易吉，还有他们的两个女儿克拉瑞和孔切塔，两个儿子文森扎和帕夸里也生活在同一城市。我的另外两个兄弟阿兰朵和迈克都是律师，他们与自己的家人生活在那不勒斯。

我感觉自己想要远离意大利，越快越好。尽管如此，我问父亲什么时候能够给我一块地，好让我来建一所房子。回答是肯定的："任何你想要开始的时候，我已经准备好了。"我想要找一个离开意大利的理由，就这样挑战他的极限。我要父亲将那一块土地改到我的名下，这样我就可以开始经营计划了。但是，父亲回答说，他会在遗嘱里写下那块地将属于我，但是在他活着的时候，不会将任何地契改到我们任何子女名下。好吧，既然如此，我也必须离开这个国家了。但是，我并不确定是否能回到澳大利亚。我很快递交了一份澳大利亚的落地申请，然而被告知我的机会很小，因为只有澳大利亚居民的亲属才有可能移民。

不能确知如何才能回到澳大利亚，但不顾一切要前往的心思一天比一天强烈。为了保有一个职业，我甚至申请了一个射击执照。野外射击的游戏比如猎获野兔、狐狸或者飞鸟对生活不能有所帮助，战后野外射击项目已经不存在了。任何猎手如果能够保持12个月内猎获一只野兔都将成为英雄。甚至鸭子，大一些的鸟类，连麻雀都消失了。进退两难的另一头是，我设法得到一只猎犬，它能够半夜帮助我发现野兔或狐狸的踪迹。我花费了好长时间训练它，让它听命于新主人，但是无计可施，也很不成功。喂养这只狗的人，住在几公里以远的乡村，他给了我这只狗。每天早晨四五点钟，我将它放到山里去。我们在山里转上个把钟头，然后这只狗就回到它原来的老家。在走上数公里后，我很是丧气，有时也就是追逐麻雀，放一枪。这只狗只是给我一些乐趣，我的所有意愿就是离开意大利。当我在澳大利亚伍贡昂巴拉巴杰瑞先生的农场做工的时候，我不需要一杆枪，就能够在很短的时间里徒手追获一打兔子，而在这里，我拎着枪在一周内甚至看不到半打麻雀。主人要牵回那只狗了，我的侄子文森扎走了十多公里去送还。于是持续了几个月的狩猎也就放弃了。

我必须集中精力想办法离开这个国家。多次咨询后，我发现也只有作为旅游者进入美国，然后再转道才能回到我热爱的国家——澳大利亚。一天，我给在那不勒斯的哥哥迈克打电话，要求他帮助我作为旅游者，去美国访问我的哥哥乔和他的妻子蒂娜，还有我妈妈的兄弟马歇尔一家。迈克在那不勒斯是一个人物，不仅因为他是商业界的著名律师，而且他还是意大利年轻诗人中一个很棒的代表人物。迈克给美国领事馆致电，说他的兄弟要申请美国签证。在当时，美国签证也非常难获得，除非你有实际的特别的商业理由，于是我的申请也没有成功。我感到非常失望，至此，我的双亲也意识到了只有澳大利亚才能让我的生活感到快乐。

同时，在我们的小镇，我遇到一位名叫丽娜的姑娘。她在那不勒斯大学三年级念语言专业。我并不是真心想要一个女朋友，因为我知道我不会永远待在意大利。相处几个月后，丽娜知道，如果留在意大利我是不会与她结婚的。令人惊讶的是，丽娜居然答应，如果我要重返澳大利亚，我们可以在出发前结婚。

现在我唯一的希望就是给澳大利亚移民部长阿瑟·凯德维尔写一封信。

我问他是否还信守自己向战俘做出的承诺，我作为一个前战俘，正是看到了1947年10月27日报纸披露的他的言辞，才向当局自首而离开了澳大利亚，并且我还提到了我在巴杰瑞农场劳动了18个月。我的信切中了要害。四个星期后，我收到了巴杰瑞先生的来信，说前后接到过两次有关人员的电话，问我是否符合澳大利亚公民的条件，还问如果我被许可移民澳大利亚，他是否可以做我的担保人。巴杰瑞先生回复有关当局道："我愿意为他返回澳大利亚做任何事情。"我回信感谢巴杰瑞先生的仁慈，并告诉他，我准备结婚了，问他是否能够继续雇我在农场工作一段时间。不久，我收到巴杰瑞先生的一份登陆许可，并且附有两张付了款的开放式船票。这一切发生得太快了，我不知道第一步该怎样做了。我必须据实向父母交代，丽娜也要面对自己的父母。我的父母尽管很难接受，但是他们早就预料到有一天我会以自己的方式回到澳大利亚。丽娜的父母为此狂怒，把我当作毒药。当他们最终意识到无法扭转女儿决心嫁给我的局面，也勉强答应下来。结婚两周后的1950年1月，我们在希腊西西里首府巴勒莫搭乘上一艘希腊船。终于，我作为自由的人与我的新娘一起前往澳大利亚。

　　海上的旅程枯燥而且漫长，整整行驶了28天，我所能想到的就是怎样重新开始工作。

　　最后，在一个晴朗的早晨，悉尼港大桥整个映入眼帘。壮美的景色再次扑面而来。此次，它比我第一眼所见，即数年前作为战俘乘坐玛丽女王号初到澳大利亚的时候更加美丽壮观，因为此刻，我感觉自己是澳大利亚的一部分，并希望有一天我能够给这个我选择的国家做出贡献。

回到梦寐以求的国家

登陆后,经过海关申报,巴杰瑞先生出现了。他拥抱着我,就像是失散的儿子与父亲的重逢。我向他介绍了我的妻子,巴杰瑞上上下下地打量她,然后与她握手。

汽车去伍贡昂巴拉用了两个小时。我终于又回到我梦寐以求的地方,在这里我了解了澳大利亚,也知道了澳大利亚人的生活方式。巴杰瑞太太正忙着准备她最拿手的澳大利亚式的烘烤晚餐,这次我们一起围坐在正式的餐厅桌子旁享用晚餐。丽娜能说一点点英语,她在那不勒斯大学学习过,她明白我们相互之间对话的内容。晚餐后,我们一起回到我的木屋,那是巴杰瑞先生和我一起在后面的围场重新建的,距离巴杰瑞的屋子有300米远。尽管我告诉丽娜所有我们的未来,但是她很难安下心来。每天当我出门与巴杰瑞去劳动,丽娜往往是在门口唠唠叨叨起来。每月我们安排一次去悉尼的旅游,但是她仍然不满足。她想要我们居住在悉尼,说在那里我们可以共同工作,并存下钱来。尽管我觉得我们可以那样做,但是首先,我们得让巴杰瑞先生满意才好。

我逃亡期间为其工作的帕那佐太太，现如今在悉尼北部查斯伍德区的维多利亚路上买下了一个水果店。她为我提供了一份工作，早晨与布瑞娜一起进货，然后在水果店工作。帕那佐太太还要为我们提供住宿，说我们可以住在水果店楼上的小单元里。这是一个很好的安排，我们就都有了挣钱的机会，连丽娜也可以在水果店里工作。我是想不论早晨还是晚上多干活，多多地挣钱攒钱，有一天出人头地。但是，也只有这一件事让巴杰瑞先生和太太失望了。我的妻子不能在他的农场里安心生活，她说得出来也做得出来。我十分不安，也能够看得出巴杰瑞先生和太太的忧虑。

　　这天早晨，巴杰瑞先生给奶牛挤奶，足够我们还有13只狗吃用的，我在烤面包片。他有气无力地说："瑞克，你来到这里已经六个多月，我想你或许应该到悉尼去了，你妻子可能更喜欢那里。"我突然觉得释然了，他所说的话是我不敢说出来的，但是，我又感到伤心，并且高兴不起来。我仅能够说出来的词语就是："好吧，巴杰瑞先生。"

　　第二天早晨，巴杰瑞先生开车将我们送到莫斯谷火车站，去搭乘由墨尔本开往悉尼的列车。一到悉尼，我们就直接去了帕那佐太太在圣艾芙的农场，看一看她曾经许诺的工作安排是否还有效。此刻，这个身形巨大的女士拥抱着我说："那当然了，我们需要你和我们在一起啊！"

　　一切都安排妥当后，约翰·卡纳尔和他的侄子斯蒂格要安排在一个周四开着卡车去拉回我们自己的物品。行至巴杰瑞的宅基地时，我几乎要倒下哭了。在装载好物品，就要离去的时候，巴杰瑞先生说："记着常回来看看我们，任何时候这里都是你的家。"他们的恳求声几乎让我的泪水流了出来。我之所以要离开他们去悉尼，是因为那样可以尽早地接近成功，但是这里又让我难以割舍，而他们非常理解这一点。

　　卡车行驶了整整三个小时，最终到了查斯伍德水果店，我们安顿在了楼上的小单元里。我没有与帕那佐太太商议工资的事情，我无须担心。我知道只要我尽量地多出力多干活，就能够得到相应的报酬。我每天都工作至少12小时，一周六天，周日工作到中午。周三有半日休息。帕那佐太太每周支付我6英镑，外加包吃包住。丽娜也很快在一家工厂找到了工作，每周挣5英镑，这样我们每周可以积攒10英镑。我只享受了第一个也是最后一个周三的休息。我把这个时间也利用起来，在几公里外的玫瑰谷菜地找了第二份工作。我会问每一个来商店采买的女士，她们那里是否有活要做。这样的薪酬也很不错，半天有30先令，又增加了我们的储蓄。

几个月后，帕那佐太太和约翰决定要出售水果店，这意味着我们不仅要找住处，还要重新找工作了。住处非常难寻，租一个房子或单元公寓都超出了我的能力，所以我必须找到一处能提供住宿的工作。两个星期后，我发现了在悉尼东区肯辛顿有一个又黑又脏的房间出租，那里有一张双人床，一个柜橱，一张小桌子，还有一个煤气炉灶和淋浴间与他人共用。租金也非常贵，一周要支付5英镑（10.50澳元）。这样，第一份到手的工作是在通用汽车霍顿的组装线上，每周的薪水是11英镑。丽娜也找到了另一份工作，能挣到5英镑。肯辛顿的小屋竟然如此破烂，晚上甚至有老鼠跳到床上。房东是一位俄罗斯女人，每天晚上九点多都有一个醉汉在这里，开唱歌曲直到半夜。

我仅仅在组装线上忍耐了两周。我不喜欢这个工作，因为它只是从早晨七点半钟开始到下午五点钟就结束了，没有加班的时间。这份工作也很简单，不是我想要的。事实上我喜欢劳动强度大的工作，老板欣赏你的工作，并且支付相应的酬金。在找寻新的工作时，我必须先集中精力找一个好一点的住处。在《悉尼晨锋报》上，我看到一则广告，是一家在帕丁顿的澳大利亚人出租一间屋子，主人是怀特先生和太太，还有他们22岁的儿子弗瑞德，要与主人同住一个屋檐下。他们一家人都是很好的人，房子是老式连排两层楼，允许我们在晚上工作回来后自己做饭。自给自足的单元住所超出我的财力，这让我紧张。所以，我必须找到报酬更多的工作来做。每天，我都不停地翻看报纸广告，直到有一天，我发现了在莫斯特市瑞克特大街的一份工作。

英国制箱公司需要一个运货司机，同时还能够在车间里工作，制造包装用的木箱。没有犹豫，我周五留给霍顿公司一个口信，然后又回来签字。我的行为都是积极的，任何相应报酬的工作我都会去获取。所有这一切，就是准备着尝试任何有所激励的工作，我之所以回到澳大利亚就是期待着有一天走向成功。这天，我离开霍顿装配线后，径直来申请英国制箱公司的工作。老板麦克颇森和他的太太在一间小房子里面试了我。环顾了四周后，我看到这里的后院有一些制造工，他们热情高涨。他们夫妻俩都是生气勃勃的人。工厂就坐落在院子后面屋舍的右边，屋舍也是他们居住的地方。面试看上去不错，我承诺会加班加点地多出力多干活。我是一个好的劳力，我甚至不能等到下周一才开始上班。

七点钟我已经很焦虑了，所以早晨六点钟就到了工厂。在火车停的地方还要走至少四公里的路，但是我以步行代替转乘公交车，尽管公交车就停靠在工厂的外边，这样每趟就能节省下两便士的车费。每次乘坐火车的时候，我都在车上去寻找别人丢下的报纸，这些丢报纸的人或许只对运动感兴趣，这样，每天我又节省了 8 便士买报纸的钱。

老板"麦克"，我们都这样称呼他，每天都在早晨六点开始工作。他的第一件事就是将六辆卡车开出院子，这些车在晚上泊在院子里面。油罐在出口的边上，每次他都检查油箱，装满汽油，将车辆备好以便司机们一小时后上班。他示意我在门口站着待命。我发现他做任何事情都急急忙忙的。很快，他意识到我还在那里站着等待，就叫我过去帮忙。这是一个很好的开始，我必须配合他的速度和节奏，我提早一小时来，就是为了这个。从那以后，我每天都坚持六点上班，超时超量地工作。第一天，我就领教了他的效率，他开汽车如同一个疯子。我也很快知道了战时他是一位飞行员，在路上他能够及时准确地反应任何事情。那时木材十分紧缺，他必须买来一些使用过的大箱子，贮存在距离工厂不远的地方。一组工人要拔掉钉子，摞起来，然后再用背面打制成小一些的盛放陶瓷瓦片的箱子，或其他用途的适配包装箱。麦克先生很快就安排我做任何事情，但是每天他几乎都带着我外出去一些地方，有时还对我讲起雇员谁谁是怎样的懒惰。

某种程度上我成了救援人员。任何时候任何部门急需人手，我都会被安排过去帮忙。我与干活的伙计也都相处得不错。工厂里有三四十名员工，他们互取外号，叫我"飞奔的意大利佬"，实际并无恶意，仅仅是开玩笑。领班叫亨利·凯，他是一个比老板沉静得多的人。老板与几个姑娘在办公室工作，时常走出来检查钉钉子的、锯木头的或驾驶人员。领班亨利确实是一个好人，他理解老板，同样也体谅工人。我甚至认为老板的成功离不开亨利·凯的尽力。他从不在老板这里偷工减料，既是一个有才智的人，又是一个努力工作的人。而其他的雇员仅仅是拿工作当作糊口手段，没有想要从工作和老板那里获取个人的进步。而我恰恰是需要这些的。第一周，麦克支付了我11英镑，然后是12英镑，外加我每次的加班超时费用。

在木材车间，一些大的箱子被拆开，按照小尺寸重新切割组装。一些工人用锤子和钉子敲敲砸砸，按合同计件加工支付酬劳。我问老板我可不可以在下午五点下班后也按合同计件加工箱子，他同意了。几天后，我就成了使用锤子的高手，一直干到天黑。这样，我就能够获取双倍的收入。但不幸的是，工厂在周六和周日歇班，我的周末因空闲而感到无聊。

我得发现一种使用得上力气的新工作，两天无事可干真是浪费。于是，我又开始看《悉尼晨锋报》上的广告，找周末任何可以干的事情。我发现了一个周末在玫瑰湾花园的工作。我立即乘公交车前往，经过打听找到所在地址。麦基太太向我展示了她的有半英亩的大花园，四周丛林环绕。住宅是一所巨大的府邸。我愿意在此工作并试图得到这份工作。麦基太太问我需要怎样的回报,我说我先干着,你看我干的活值多少就是多少。另一个园丁正在干着一些活儿,向我布置清除那里的杂草,铲除一些灌木。我用两小时完成了所有的工作,于是我敲了敲门去问下面的工作。周日下午四点半钟,麦基太太支付了我6英镑,这大大超出了我的预期。她还告诉我,如果我愿意可以来看护她的花园。我为未来前景和所获得的待遇而激动。但是另外一个园丁被解雇了。我无须担忧任何事情,只是积攒下收入。

我每周工作48小时,报酬从12英镑提升到18英镑,另外加上每天早晨提前一小时的回报。每天我都要在下班后开始钉箱子,一直干到晚上天黑后,周末在花园里继续干活。在这样的工作节奏下,我每周能够积攒20英镑。转眼我已经在箱子厂工作了12个月之多。我的存款也很可观。为了能够保持住我在工厂干活的有效时间,我需要买一部车子了,于是花了100英镑从箱子厂的朋友手中买了一部辛格跑车。工厂的工作很好,时常增加薪水,但是我仍然在找寻一些薪酬更高的工作。每天在乘坐火车的时候,我都注意浏览《悉尼晨锋报》上的广告,每次我总能够找到一个。一天早晨,我在一个投标栏目里看到高嘉华市的圣乔治医院管理部门张贴的投标,要沿着医院修建一个一英亩大小的花园。唯一的问题是设计和报价要在一周内提交。圣乔治医院距离箱子厂不远,于是,趁中午吃饭的时间,我过去了一趟,并见到了秘书。他向我介绍了实际的场地。我那天回到家干了一个晚上,设计了一份平面图,标示出哪里是玫瑰花,哪里是灌木丛,哪里是播撒种子的草坪。第二天午饭的时候,我又去见医院的秘书,并且提交了一份规划,并附有详细说明和报价。这位秘书没有打开我的图纸,只是说将会通知我规划是否被成功采用。

我几乎忘记了还有这件事情。两个星期后,一封信寄到了我手中,是通知我去见医院的秘书。我唯一能够去见他的时间就是中午吃饭的时间,这次我被引进他的办公室。他的脸上呈现出一种担忧:"是这样的,孩子,医院董事会都喜欢你的设计还有足够详细的说明，但是你的报价是1150英镑，比别的投标人低了1000英镑。"哦！我不知道该说什么，只是恳求他将这份工作交给我，并承诺我会成功地完成这项任务。在我的一再要求下，他同意了，说："好吧，这项工作归你了。如果你不能照你的设计和说明来完成任务，赶快来见我，我将照顾你。"

我已经事先招募了两个工人，预备着万一中标可以马上开始工作。一个是专门使用旋转锄的，另一个与我一起用耙子平整土地。我应允每周支付每人20英镑，另加10英镑租用旋转锄具。周一的早晨我们就开始了工作。我没敢告诉木箱厂的老板，我又找到一个能干几周的工作，只好撒了谎。事实上，我曾经多次罹患偏头痛，当头痛袭来的时候，有两三个小时看不见也不能讲话，同时，右半个身子开始麻木。当麻木消失后，疼痛延续两三天，然后又渐渐缓解。尽管多次发生，但是我没有放弃厂里的工作，以至于同伴们说应该送我回家休息。

我们开始像魔鬼似的疯狂工作。医院的秘书和园丁经常用老鹰一样的眼睛看着我们。一个星期后，整个花园都被锄头和耙子平整了一遍。这天早晨六点半钟，我正在医院花园公路一侧平整花圃的基床，突然听到紧急的刹车声。我转过身去，发现是木箱厂领班亨利·凯，他从车里钻出来大声地喊："你这个杂种，我以为你病在床上，为什么会在这里？"我平静地说："我没有你的本事在厂里拿这么高的工资，这不，我得到医院一个合同，做一个新的花园，下周就可以结束了。"亨利问我支付给两名雇工多少钱，我说每周20英镑。他说："你有给我留下什么工作吗？无论怎样，赶紧完成，回到厂里去，我们需要你。"事情就是这样的，设计和完成这项任务整整用了两周，可是净利润是800英镑。医院秘书对医院的新花园非常满意，高兴地说即使我开价三倍以上也会支付给我的。我已经得到了高回报，这个数目在1950年对于任何一个人来说都是不小的。

拥有人生中第一所房子

　　拥有了一笔大钱,我就开始为我和丽娜寻找一处房子,但是看来看去,似乎没有一处让丽娜满意的。我们在几个区看房子,直到有一天午后,我来到马立克维尔的一家房产公司,老板尼尔森向我展示一座开价1100英镑带全家具的木屋。没有犹豫,我向木箱厂老板告假,然后直接来到银行与尼尔森会面,签订了购房文件并拿到了钥匙。我拥有了属于自己的家!天啊,我还需要详细解释一下前因后果吗?

　　第二天回到木箱厂,老板见到我说:"亨利告诉我你还是一个花园设计和修建者,那么这两周到底挣了多少钱?"我据实禀告是800英镑。他回道:"太棒了!"周五发薪水的时候,老板亲自支付给我三周的工钱,而我的实际工作时间只有一周。我不知道说什么好。他看着我说:"我们不想失去你,仅此而已。"说着就走开了。

　　一次,与工厂里的一位同伴闲谈,他说自己的愿望就是有一天到乡村去居住,当然,还要带上自己的母亲。我们说到他现在居住的房屋。那时几乎所有居民的房子都是从州政府公平交易局那里租用的。不仅租金是固定的，而且不能随便驱赶租客。我说你必须先做好一些合适的准备工作。我可以出100英镑，让你来腾空房间，并买下房屋的产权。他说这房子售价1250英镑，下班后可以随时来查看房子。唯一的问题是不是空屋产权，况且还不能撵走租客。

那所房子坐落于达尔维奇山市的布鲁瓦达街，是一座别墅砖房大屋，长宽各28米，占地2500平方米，相当于麦基太太的那所玫瑰花园大屋，并且还多出400平方米的玫瑰丛。别墅大到几乎无法围着绕一圈。这是大萧条时期为新南威尔士铁路局局长修建的无可挑剔的靓屋。我的工友和他妈妈问我，如果我诚心要买下这座房屋，是否同意出100英镑作为腾空房屋产权的费用，我爽快地答应了。当时，我并没有细问他们的卖价，准备借钱买下。转眼之间，我们刚刚搬进马立克维尔的房子，就马上又放到市场里了，竟然卖出了1500英镑，有了400英镑的利润，这也足够买下这座靓丽的大屋了。

这便是我充满希望的划时代的开始。自此，我想到我应该不断地买进并卖出。我马上开始给房子粉刷油漆，并且整理花园，让它看上去完美无比。没过多久，这所房子就有人出价5000英镑买走。

我拿到了钱，只花了2500英镑，在皮德什姆买了一座两层楼的房子。没有犹豫，我开始在市场上四处寻找可以用来出租的房子，买下以后出好价钱让租客搬出来。

为了走进地产业，我也申请了房地产经营、股票经营和房屋营建许可证，它们可以公平地拿到执业手续。我每隔一周的周末依旧到麦基太太那里去看护花园，她发现了我的原始积累和在地产上的收获，她的丈夫麦基先生也乐意长时间与我交谈。在一次闲谈中得知，原来他竟然与巴杰瑞先生是表兄弟，他们曾经在年少的时候一起度过很多时光，当年巴杰瑞先生帮他舅舅干活的时候还是一个新手。麦基的父亲老麦基先生畜养了很多赛马,这些赛马喂养在新南威尔士州斯昆,他的众多农场的一处。每一次,如果他的马赢得了比赛,他就会给我二三十英镑,说这是马赢来的一点小钱。我越来越喜欢麦基先生,甚至圣诞节、复活节的周五和周日,只要周末有休息日都来他家干活。很多情况下,他们坚持让我在午饭后就收工,可是照旧支付给我一整天的薪水。这花园太大了,我要用心保持它的美丽,他们也很欣赏我的劳动。

房地产的诱惑

最终,我没能够坚持每到周末去麦基太太家维护花园。房地产的生意诱惑着我,我也期待着在周末房产交易中斩获更大的幸运,但是我还不敢辞了木箱厂的体力活儿。当我主意已定并准备告诉麦基太太,好让他们另择园丁的时候,我接到了麦基太太兄弟的电话,说她由于大面积的心肌梗死而丧生。这个时候我不能轻言离开麦基先生了。又过了几周,我直言相告,麦基先生说他并不惊奇,他说他知道总有一天我将成为自己的老板。

在我第一次的周末房地产生意广告里,我在报纸上发布了"买有租客的房产"的信息。我接到一个女士的电话,说她是一个有三个卧室的别墅里的租客之一,房子在兰德维克市。我看了房子,售价1800英镑,她需要迁出费300英镑,并提交到房屋公平交易部门。当局同意了她的申请,允许她拿到300英镑的"搬家费用"。提交到房屋公平交易办公室的申请是一份简单的文本,但是也包含了是否有家具,是否涉及房产交易。其主要的目的在于帮助租客获得迁出的补偿,或帮助他们开始自己的置业购屋。在交易一幢有租客的房屋时,租客首先要获得补偿给付,他们提出的款项是不会被拒绝的。在购买房子签合同前，要首先考虑是否有租客，是否支付了租客的迁出费，这要得到房屋公平交易办公室的一份文字批复后才能生效。我要准备一份申请，附上租客的签字，即承诺搬出房屋的字句，提交到房屋公平交易办公室。这像一个链条产业，但是这一切都要与租客一起保守秘密，不能让卖方知道，因为当这一切都办妥了，卖方在没有租客的条件下卖到市场的房价是现在的两倍以上。

我买下了第一处转手房子，房产落在丽娜的名下，又在一周后以2100英镑卖出，几乎已经是双倍的利润了。生意是如此成功，但是，丽娜却对澳大利亚厌烦了，她执意离开，要回到意大利。

当时，我没有足够的现金去买多处房产。我能够看到地产业有无限的机会。与其为丽娜的离去担忧，不如投身面临的众多商机里面。最终，我放弃了英国制箱公司的工作，全身心地投入到房地产交易的执业生意中。在挂出几处能够商业提成的销售房屋后，我又发现了投资购买的现金问题。我认识几位律师，他们专门提供资金支持，前提是要有20%的头款存放进来，这可以从人寿保险储蓄或其他方面找来源。我碰到的问题是，卖方在房屋上还存有贷款。这样，交易由一位年轻的律师诺兰·丹尼斯经办，同时，他还为买方提供资金贷款。交谈中，我问，如果我来买一所还在贷款期的房产，同时我又要转手卖出它，我也仍然背着贷款，行不行。他回答我说："我看不出来不行。在签合同之前提供你的按揭贷款，目的是将地契转到你的名下，随后地契再转到买家头上。"这样，在12个月内，我在悉尼大区，以按揭贷款的方式前后买下18处房产，又换手转贷卖出了它们。我的投资是如此成功，直到我被丽娜回到澳大利亚的消息打蒙。自打丽娜回到意大利，我就顺风顺水取得巨大利润，但是，她这次回来是要分割我的财产。我通过朋友找到一位律师，通过律师与她的律师交涉，经过几个月的谈判，终于达成协议支付一笔可观的钱给她，这也就意味着她要永远返回意大利了。

到1953年与丽娜在财务上彻底算清并分割后，我手上留有不多的现金。我仍然不停地买进和卖出房子。贷款利息要6%，购买要先支付20%现金，其余都靠借贷，而我尽力在卖出房子时，要买家先支付10%的现金才签订合同，利润能够达到80%～100%，而我的贷款利息达7%～8%之多。

自从离开巴杰瑞先生的农场，我仍然与他们保持联系。我记下我的所有活动并想着经常去农场看望他们。他们非常愉快地接待我，并且总是与我讨论我正在努力推进的项目。每年到了剪羊毛的时候，我都会放下手头所有的工作，抽出几天时间去帮助他完成。这些不仅让巴杰瑞先生心存感激，而且，我也有一种回到家里的感觉。

地产生意是如此活跃，在购买的房子提交再出售前，我很少进行粉刷，只要在市场上挂牌一两周，就能卖出。我甚至还买了在曼雷的一所板房，仅仅用了1200英镑的现金。当时，我没有时间前去看房子，只是听那边的房产代理叙述，他们对我说，这所房子再次出售的话，只要预付500英镑，可以卖到2500英镑。这天的傍晚，我接到这家房产经纪的第二个电话，说我们不得不接受500英镑的预付，现在又以2500英镑卖出去了。这交易也太快了，我甚至没有看一眼房屋。

我的流动资金仍然不够充足。与我交易的律师尼尔·丹尼斯和他的合伙人约翰·沃尔顿大律师为我提供了一份工作。他们两个在我开始地产生意的时候也开始了专项生意。操作上是由他们的太太在家里面的办公室工作。我接受了这份工作，每天的开始就是从《悉尼晨锋报》上看广告，发现合适的房子就打电话过去问。我们之间的协议是，只要是我看上的房子都可以买入，只要能够接受价位。为了现金持有的最大化，我又将皮德什姆的房子卖掉了，搬进悉尼北区维勒比市的一所包吃住的房子里。房东是一对很善良的老人，这里距离沃尔顿的家庭办公室也不远。

这期间，我遇到了一对荷兰夫妇，肯和考瑞·格尼曼，他们住在阿特曼区。与两位律师的合伙生意，在我的买进卖出中，业绩攀升得很快。每所房子的收益都有 40%～50%。我建议他们再雇一个男人，我来传帮带。于是肯·格尼曼就被招聘进来了。接着，又在丹尼斯的家开了第二间办公室。我在此工作了几年。在我受雇于丹尼斯和沃尔顿期间，看到了一所占地 5 英亩（2 公顷）的房产。房子在悉尼西部的普拉姆顿，是一座休闲式的澳大利亚殖民地时期的大屋，要价仅有 1100 英镑。因为我需要一所自己的房子，就买下了。房子是如此漂亮，四周是宽敞的大露台，是由一个英国人海特用雪松建造起来的，总共有四间卧室，还有超大的起居空间。格尼曼夫妇还有他们的孩子与我一起搬入这所房子里。花园里杂草丛生，但是，房间是带家具的，而且都是古董家具。起居间还有一套古董套装家具。不幸的是，这所房子曾经被洗劫，里面混乱不堪。我每天晚上或者白天，任何可以自由支配的时间都用在收拾这所房子和整理花园上。我粉刷了室内室外，使它变得如此完好和美丽。住进来后，每一个周末，我都在重新修建花园，铺设路径。这所屋宇在两个月内，增值至少三倍以上。

我的最好的一处投资就是坐落于国王十字街区，若斯顿大街的 12～14 号，整栋楼一共有 48 套单间公寓，每套公寓在市场上出售要 2000 英镑。拥有人是罗瓦斯顿先生，他是一个狡猾的投资人，买下整栋公寓的时候是有租客的，但是现在收支无法持平。他现在的麻烦是无法摆脱一些现有租客，去改变出租的服务方式，因为不符合公平交易局的规则。当我去查看这个有四层楼的单元公寓楼时，这里仍然有一些公租房客。我当然没有 96000 英镑买下整栋楼，但是我想，或许我可以买下其中 36 套单元，建立一份特别的房契。出价包括事先提供 4000 英镑的头款存入。问题又来了，每套公寓的制冷和热水供应都由地下中央管道整体提供，无法分割。这样的问题虽然可以克服，但是仍然难以达到满意，于是，罗瓦斯顿先生

最好的商业投资,国王十字街公寓楼,1961年

决定将余下的单元也一起出售给我,还是每套 2000 英镑,但是无需再付预支款了。

我又雇用了考瑞来做半日的工作,替我继续寻找合适的房地产。她的丈夫肯·格尼曼仍然为丹尼斯和沃尔顿工作。我已经退出了与他们的合作,专心经营自己的买卖业务。

结果是,这 48 套在国王十字街的公寓让我十分繁忙。我的第一步是着手处理一个死赖着不走的房客,她一周仅仅支付一套公寓 25 先令,对比一下另外四个女子,她们共同租用一个单元却支付 10 英镑,尽管由我提供床铺,这是因为要符合政府公租房的规则。经过几个月的磨合,由我出钱成功地请出去了一些租客。但是,有一个女房客拒绝接受任何出价,于是我们只好在法庭上解决。这位女士陈词道,她在国王十字街的帕莫街有生意,在这附近再也找不到能够直接走到生意店铺的住所。我开始变得好奇,因为这是最后一个钉子户了。我想知道她究竟有什么样的生意,就走到帕莫街,但是怎么也找不到她所说的 1 号。

一天早晨,我决定跟随她去看一看她做生意的地方。每天的早晨大约八点半,她会从公寓里出来,我就专门在外面等待和观察。向右就是帕莫街,整条街几乎都是色情场所。为了明确知道她所从事的行业，花掉我几个早晨的跟踪和调查，我甚至派了一个男人进入她的生意场合。原来她是非法妓院的老鸨。非法妓院一定是受黑社会保护的，清理掉她要十分谨慎。

这女人六十岁开外，我知道这样的女人见过世面，不是一个容易对付的人。考虑到自身的处境，我决定亲自面对她。这天晚上，看到她独自一人回到公寓，我深深地喘了一口气，然后叩响了她的门。她对我的到来显得客气和惊奇。我开门见山地说："我意识到出任何数目的钱都不能让你离开此地，不幸的是，现在我已经知道了你所从事的所谓生意的细节，为你自己着想，请尽快离开这里。"她用难以置信的眼神盯着我说："好吧，我看怎样对付过去。"我道了声晚安旋即离去，她用温和的言语回道："晚安！"

我的选择是什么？我必须将每一步都归纳到适合的范围，让每一处单元的进项能够对冲它的支出才行。所有这些进项到最后只给我留下不宽裕的资金。这还不包括改换热水系统为油气系统，或用来养护楼栋所需要的修修补补的费用。当然了，我有大约60个阶段性合同，每周都给我带来可观的收益，但是，我还有一些贷款要不时地偿付出去。我与那最后一位女房客交涉仅仅两天，她就自行退出，给我腾出了公寓。

我感觉自己快活得要飞到天空中。我赢得了职业生涯里关键的一步。现在，我已经没有障碍了，并且自信可以加快步伐向下一个目标行进。尽管我的资金有限，我已经买下并再出售超过40所房屋。

激发我热情的是不断回忆来自母亲的故事。在我还是个孩子的时候，她告诉我关于眼跳动的暗示。的的确确，每当一件大事要发生的前一周或当天，这样的暗示就开始跃动在眼帘，有时事情甚至还没有出现在眼前。举例说明，当我开始要查看一所房屋，当我确信，我捡到了便宜，我会马上开出支票支付押金，我的一侧眼就开始跳动。据此，我就会知道这笔交易是否会发生，而且，只有当真正捡到了便宜，眼帘这样的跃动才会发生。当然，我还会担心好事没有落进我的口袋里，只有当相互交换了合同后，我才确知没有失掉机会。

在悉尼内西区的萨摩山市，我买下过一处木屋。中介是著名的埃里欧特，卖价不错，但是我的目的是再转手获得利润，就必须要先有预付款进来，才能平衡账目。我有几个物业就像这个一样，但是都不能要价太高，而使买家不能接受。我向中介讲解了我的问题，他说："你为什么不能让城里的律师丘奇和格雷斯的公司代理呢？用现金支付房贷可以有贴现。"这是一个好主意，我马上去落实。

当然了，利润会减少许多，因为贷款贴现占到利润的 10% ~ 30%。无论如何，我要试一试，结果办成了。我见到了丘奇先生，发现他是一个知识全面、真诚的人，而且他们的资金量巨大，提供的议案对每一方都公平合理。自那次与丘奇先生和他的合伙人格雷斯先生会面后，我的所有法律工作都交给他们处理，后来是丘奇先生的儿子约翰代理。没有他们的帮助，我在财务和学识上的长进就会终止。

每一个周一，我都是从拜访丘奇和格雷斯的办公室开始的，它坐落于悉尼皮特大街 33 号。在每周的约会里，我要签署很多文件，制定买下物业的财务管理计划。丘奇先生、格雷斯先生和我甚至形成了一个每周一上午十点半钟的茶点例会，就在距离他们公司不远的咖啡馆。他们俩有如此这般好的智力上的互补。丘奇先生是个金融奇才，他还是他自己财务和投资公司的负责人，一些多元的公共公司，像弥尔顿集团有限公司都在其中。但是，他首先是一个正直的人，一个真正的朋友，杰出的顾问，一个我能够不断从他身上学到东西的人。他的常识也是最棒的。尽管格雷斯先生还是一个年轻人，但他是一个才华出众的律师，以难以置信的热诚致力于法律事务。无论在哪里，只要一提起他的名字，都会获得称赞。正像丘奇先生一样，我不仅仅把格雷斯当作我的律师和顾问，还把他当作一个真正的朋友和个人方面的帮手，他也具有非凡的知识。在我们的咖啡时刻，我们讨论任何上手的生意。我认为自己是非常幸运的，有这样一些高水准的朋友，我的成功也应该归功于他们两人。

最后一个"公租限价租客"离开后，我的下一步就是着手卖掉国王十字街的四层公寓楼。这栋楼有48个单元公寓，住着不少于188位女性，也包括我雇用的房屋管理人员麦奇先生和他太太，他们负责收租金，还有一个女士负责清洁。尽管单元公寓内部需要修缮、粉刷，首要的还是清洁。我与前面那四位姑娘有一个有酬劳的合约，请她们分别清扫单元和楼层。有人在值日的时候做得很好，有人却不尽职尽力。于是姑娘们之间也互相抱怨。每天早晨当姑娘们出门的时候，一个个都花枝招展，穿戴整洁，这与她们的室内情况简直不可同日而语！房间里，床铺是不整理的，衣服随意丢落，垃圾和废品堆满了角角落落。

有一天早晨与丘奇和格雷斯喝着咖啡，我道出我的一些思虑，住在那里的姑娘们虽然也照看单元公寓，可是一些男人也在她们的公寓里进进出出。我发现帕莫街区是悉尼最大的色情场所，去那里工作的一些女孩儿就住在我的公寓里。我感到总有一天会招惹上麻烦的。我真正想要的房客是结了婚的夫妇，不用给他们提供住宿服务，少了很多琐碎的工作。但是，这又违反政府的出租规则，不能只招结了婚的人进来。讨论来讨论去，他们两位律师给我建议，将一个一个公寓以单元方式卖出去，我做了决定。

当我买下这所公寓楼的时候，格雷斯先生建议我成立一个公司，将公寓楼的所属权放在公司名下。他问我是否有什么名字上的偏爱，我也想到一个适合的名字，这是伊因·匹瑞尔，他是一个交易员，为我代理过所有的交易过户，他住在茅斯曼，有一个街道名是"曼德龙"，我喜欢这个名字，就命名为"曼德龙公寓有限责任公司"。但是当格雷斯的秘书被叫过来，打字并注册的时候，漏掉了"公司"两字，这样就成了"曼德龙公寓有限责任"。曼德龙这个名字一直扩展并延续使用在多个商业领域，它一直使用到现在。曼德龙公寓有限责任设计之初就是为了买卖，组合为股份形式，每一个买家为 24 个单元的一股份，分别标价为 5000 英镑是无景观的公寓，5500 英镑是有景观的公寓。

我在《悉尼晨锋报》投入广告后的第一个周六就收到了 8 套公寓的预付款，两周里售出了一半。但是我还不能为他们做交割，一要等到全部售出，二要在预付款的 30 天后。就在这个时候，公平租房的法律改变了。居民租房的交易可以不受住房公平交易局的掌控，中介交易登记，只要符合法律条款中的 5A 部分就行。这是首次开放租房市场。情况变化了！我现在可以只放租给结了婚的人，我不用为他们提供房屋的其他服务，不用担心事故发生。经过与丘奇和格雷斯律师的商议，我决定退回收到的预付款，从市场里撤回了所有的销售。

再次放出的广告是招租，仅仅用了两天就全部签了新租约，一所空置的单元都不剩，不得不赶紧撤下广告。清洁、粉刷和重新安置家具开始了，积累的垃圾堆成山，令人难以置信。我雇用了在战俘营里认识的前意大利战俘杰罗·纳图罗，由他来清理公寓，每天用一吨位的卡车拉两趟垃圾。整整用了三个月，所有的单元都清洁过，粉刷过，更换了家具，按照新的租户条款迎来了新的房客。

新生活的开始——结婚

  我每次驱车回普拉姆顿的家的时候,时常停在布莱克城去喝一杯卡布奇诺。布莱克城在那个时期发展很快,房屋到处兴建,四周都是地产的分割,再加盖新建。在布莱克城有一间意大利风格的咖啡馆,周围的工厂是意大利人兴建的高压变电站,意大利的移民雇工都爱光顾这家咖啡店。咖啡店的老板是两个意大利移民,年轻的弗兰克·洛伊和约翰·斯瓦驰。他们还拥有旁边的一间成品店。我在这间咖啡馆约见格尼曼,喝完了咖啡再开车约10公里回普拉姆顿的家。

  一个年轻的女孩儿在这里工作,她总是显得与众不同,不仅仅是不同,而是很特别。有一天,她站在柜台后面接待我,她实在是太漂亮了,表情就像蒙娜丽莎。每一个人都叫她安妮丽萨,但实际上她的名字是安妮路易斯。她看上去也就20岁,而我已经37岁了。尽管年龄有差距,我仍然每天在回家的半道上停下,就为到布莱克城这间咖啡馆,只为了享受一下这里提供的有家乡味道的咖啡。

  每天下午六点以后,咖啡馆的客人应接不暇。很难与梦中女孩儿有一丁点的时间闲聊。我决定下午提前收工，在布莱克城咖啡馆开始繁忙之前赶到这里。每天我都在大脑里与朝思暮想的女孩儿对话，这种状况持续了数周。这天，我安排得很好，当我们终于有了短暂的交谈后，我发现安妮路易斯比看上去的年龄要小很多，但是，我仍然认为至少她已经20岁了吧。

一天下午我又来到咖啡馆，发现咖啡机右前方有一个空位，就走过去，先将那48套公寓的钥匙链丢在柜台上来引发她的注意。"唔，这么多的钥匙，是做什么的？"她问道。我解释说，这是我拥有的48套公寓，我是地产业的商人。我告诉她，那个经常在这里与我见面的格尼曼太太为我工作。我指着格尼曼先生，说那是她的丈夫肯，那天，肯也正好与朋友在咖啡馆的另一边闲聊。这样似乎都清楚了，也解除了可能的误会，我期待的妻子曾经是格尼曼太太那样的女人。

在当时，所有的移民都被叫做新澳大利亚人，几乎所有的移民都不顾一切节省每一便士，为的是来买一小片地产。一些人已经开始有了自己的房屋，或一块地，都是先预付20%，然后再做6%～8%利息的按揭。那时候的我们真是先驱者。幸运的是，我已经过了语言关，而多数人还在语言上挣扎。激励着一些移民没白没黑地去辛苦和努力的，是能尽早拥有自己的住房，然后是投资项目。新澳大利亚人没有从政府那里获得任何帮助。我们尽管有语言的障碍，也必须自己寻找到自己的工作。并且对一些澳大利亚人来说，如果你在他面前用自己本国的语言，他会觉得受到了冒犯，尽管你可能根本不会英语。这样的现实帮助新移民努力进取，学习英语接受同化。而我相信，所有的新澳大利亚人在五年左右都能够接受同化，使用英语，除非他是出于其他目的移民，而后又回到本土，拒绝接受归化到澳大利亚的社会环境中。

一些移民通过艰苦的努力，金钱的成功来得很容易。举例来说，布莱克城这间我常来光顾的咖啡馆老板，是年轻的弗兰克·洛伊和约翰·斯瓦驰，这两个人后来成为澳大利亚当代史里最了不起的人物。弗兰克·洛伊后来成为澳洲第二号有钱人，并成为韦斯费尔德公司的头面人物，他首创的这个集团公司，现在已经是世界上最大的集中了精品店和大型超市的购物中心。

而我，转变了方向，由地产业转向农业土地经营，回到了我最初的挚爱。我的热情总是倾注在土地上。我的热情是增持农村的土地，这样当然偏离了地产带来的金钱成功。那时，我在悉尼地产圈子里非常出名，建立了自己的声望，在悉尼西部也开发兴建了一些房产。后来，发生过这样一件事情。有一天，我经悉尼海德公园的小路去看我在国王十字街的公寓，迎面遇见弗兰克·洛伊和约翰·斯瓦驰。弗兰克拽住我说："哈啰！"约翰问道："你最近在忙什么？"我还没有来得及回答，弗兰克就拉着他的胳膊说："我们走吧，这家伙比我们的钱多。"当时，我的投资公司排在前五名顶级的私人公司名单里。我没有马上反应过来弗兰克的话，但是听到这样高手里的"生意精"的话，我还是感到愉快，好像在地产界我已经达到云端。但是，由于我的爱好是在土地上并深受同行的认可，我不后悔我选择了改变方向。毕竟，金钱不能代表一切。

一天下午，像通常那样，在回家的路上，我为我的咖啡女孩儿在布莱克城停下。非常遗憾，安妮路易斯不在那里。但是，我不敢问任何人为什么她不在。我开始担忧她是否辞掉工作离开咖啡馆了。或许，我再也见不到她了！从这之后，一直到第二天中午，整个早晨都想着赶紧回家，我变得非常焦虑急躁。我只想知道安妮路易斯是离开了咖啡馆，还是一时有病缺勤。我本应该与杰罗打扫整个48单元的楼栋，但是，这一天却心神不宁。我将余下的工作都留给杰罗，下午三点钟就来到了布莱克城的咖啡馆，意外地发现，安妮路易斯正在柜台后面做咖啡！

她看上去光芒四射，甚至比我记忆中的更加美丽。她有了一个新的发

瑞克的第一辆 XKL120 美洲豹跑车

式,呈现蒙娜丽莎一般的微笑。我忍不住想要开口说话,未料到,她先开口问我是否愿意到她家里去,因为她向她父亲提起过我的一大串钥匙,并介绍说我在做地产生意。我当然明白,那是因为所有的新澳大利亚人都急于找到快速发财的门路。事实上她父亲想要见到我,从我这里获知是否有什么成功的门路。在她的邀请下,我很快答应下来,说今天就可以去,顺便开车送她回家。我让她先打一个电话给他父亲,叫他不要来接她回家了,由我在她下班后送回家。

我拥有一辆几乎全新的福特车,一辆一吨位开起来轰轰隆隆的卡车。卡车只用了65英镑买下,唯一的用途就是运输公寓的垃圾。另外,我还有一辆 XKL120 美洲豹,两个座位的敞篷跑车,所有看到过的人都羡慕无比,拥有美洲豹就像拥有百万金钱。但是,我是在清洁了国王十字街的48套公寓后,直接来到咖啡馆的,开来的车是运输炸弹一般的一吨卡车。我不是一个招摇的人,反之,给人的印象却是远远少于我实际拥有的。我想,这真是有趣,我坐在停放在咖啡馆前面的卡车里,等待着安妮路易斯下班,然后开着这么一辆破玩意儿去她的家。

终于到了她下班的时间,她从桌子旁穿过,迎着密集的年轻男人的目光,向我的卡车走来。我试着为她开车门,但是由于把手断掉了,就必须在车里面用力推开，这引起坐在咖啡店外面二十多位年轻人的取笑。好在这辆破车在第一次打火的时候启动了，这样我们颠颠簸簸到了她家。我在布莱克城见到过她的父亲母亲和哥哥们，但是从未与他们说过话。我们走进她的屋子，我被介绍给她的父亲埃尔莫·舒格和母亲安娜，还有她的四个哥哥埃尔莫、路德维奇、埃里克和弗瑞兹。安妮路易斯马上穿上一件围裙帮她妈妈做饭，我被邀请一起吃晚饭。她的父亲和几个哥哥火力密集地向我发问。他们告诉我，他们家买下一块两英亩的地，盖了一座大屋，其中有两间屋子用来制作饼干，然后卖给商店。那一晚，大家都很兴奋，我几乎没有与安妮路易斯说过一句话，一直到十一点钟我才离开。

我猜想可能赢得了安妮路易斯的一些好感。她是父母亲捧在掌心中的宝贝，我按捺不下去看她的愿望，甚至比前一天还要早地离开国王十字街的公寓楼。事实上，我赶在中午一点钟的时候回到布莱克城的咖啡馆，正赶上她结束工作将要吃自己的午饭。我约了她出来，我们一起去了布莱克城的购物中心，我甚至大着胆子用手搂着她的胯部，让我高兴的是她也接受了我的大胆举动。这是我们开始约会的日子。然而，我发现她才16岁而不是20岁，可是她看上去有成熟的样子，我想这正是我梦中的女孩儿。这是我们浪漫的开始，也是新生活的开始。

随着时间的推移，也到了出售那处在普拉姆顿的房产的时候，这次卖出了4400英镑，利润可观。安妮路易斯的父亲舒格先生向我提供了一间他们的房子出租给我，我惊喜并高兴地接受了。但是他反对我们走得太近，还时常与我争吵，说是我与安妮路易斯的年龄相差太大。尽管我已经37岁，但是我看上去并不显老，而且我非常有活力，也保持着良好的身材，我从未担忧过自己的年龄。

从另一角度看，我或许能够理解安妮路易斯的父亲舒格先生。作为一个匈牙利人，他曾经在本土生活得很好，但是来到澳大利亚后，他过得并

瑞克在普拉姆顿自己翻修过的乡村花园里

没有比从前好到哪里去。我猜想,任何干得比他出色的人出现在他面前,反映在他脸上,明显地就会呈现着嫉妒的条纹。舒格先生甚至不相信我在很短的时间里积累下如此多的物业。我拥有国王十字街的48套单元公寓,在悉尼中湾临海的位置还有4个单元的一栋公寓楼,另外还有散落在克雷蒙和茅斯曼富人区的20所独立屋。有一些,我在收到预付款后就卖掉了,每个周末我都有大量的按揭款项进账。舒格先生拒绝相信这些——他对安妮路易斯说,除非他亲自一一看到了这些房子——并认为我一定是全部贷款或者有什么不可告人的交易。我理解他的好奇心,那时一些人没有工作,等着澳大利亚政府的救济,生活得很艰难,而我已经积累下如此多的地产了。我接受了他的要求。连同安妮路易斯,她的妈妈还有他本人,我们一一探访了我的每一处房屋。最后我们来到在中湾路易威克姆路上的公寓楼,至此,他不能不相信眼睛,也吐不出一个字。与舒格一家居住了一段时间后,我决定搬出来,住进了中湾临海的公寓里。

与丽娜分手已经五年了,我还在等待获得一张离婚纸。在当时,离婚要有理由并且很难办理。申请离婚的明确理由是五年的分居。精神虐待等理由很难用文件证明，而且很少能够据此成功离婚。我只能选择等待了五年被遗弃这一理由。这意味着要到1958年，我才能与安妮路易斯结婚。最后我拿到了一个无争议的离婚理由，就是被遗弃。到了1958年，在我获得了一个有条件的离婚判决后，就到了与安妮路易斯确定结婚的时间了。

当我们讨论婚礼的时候，安妮路易斯的父亲变得难以商量。他甚至不想为他这个唯一的女儿在婚礼上花一个便士。当安妮路易斯确定了即将到来的婚期，1959年4月29日，她的家人一个一个都拉长了脸但被迫接受了。显然，他们担心的就是开销。当安妮路易斯告诉他们已经预定了悉尼的路德教堂时，他们觉得无所谓，但是当我提议搞一个婚宴时，却没有人想要一个体面的宴会。我们的宴会可以说是完完全全的家宴，客人仅仅是安妮路易斯的父母和四个兄长，还有我最好的朋友杰克·麦基和他的妻子玛瑞。

最后，在1959年4月29日，我们终于结婚了。婚礼一如安妮路易斯的计划在路德教堂举行，随后又在一家叫做法国森林的餐厅吃了顿很棒的大餐，安妮路易斯的大哥埃尔莫在婚礼的前一天下午支付了账单。婚宴后，舒格一家人按自家的方式准备乘车离去，此时，安妮路易斯的脸上呈现出非常有趣的表情，她对妈妈说："从现在开始我就不用跟你回家了呀！"在相处的两年里，我们从未被允许单独外出，总是被她妈妈看管着。我猜想这是安妮路易斯对她妈妈报复式的语言，从此以后，她终于可以按照自己的方式行事了。

最初，我们居住在雷蒙恩租来的公寓里。我又在圣艾芙的莫纳维尔路上买下一块地，花掉了1900英镑，建了一栋两层的房子。婚礼的下午，我就投入工作中，顺便检查一下在国王十字街的公寓。那时，建筑交易商很少，劳务市场上大多数是只能提供体力的劳动者，没有培训和技能。当然，新澳大利亚人能够开始从事任何工作。我把合同给了一个所谓的希腊人的专

瑞克与安妮路易斯结婚纪念日

业油漆技工,但是,当我出现在现场的时候,我不敢相信我的眼睛。他粉刷墙壁不是自上而下,而是先刷下面后刷上面,结果涂料沥沥拉拉从上面滴落到下面,将已经刷好的部分又都淋花了。当然了,我也不是专业建筑师,但是,我的常识引导我走向成功。我从事什么便着手学习什么,衡量利弊,从没有失手搞砸事情。或许,这里包含了幸运,不断增长的机会和勇于竞争助我走向成功。

最后,我们的新家,在圣艾芙莫纳维尔路 313 号的房子终于完工了。安妮路易斯干了一件漂亮的事情,她制作了窗帘,还买来了漂亮家具。

建造第一座屋宇

我感到建造自己的一座新木屋实在是很费劲的。我曾经在布莱克城建造过一座板墙木屋，那是一个实实在在的考验。很快我就发现了承包商的问题，他所能提供的建筑水准很低，但是还不至于比市场上的更糟糕。

尽管如此，我收了100英镑订金在建筑完工之前就卖掉了这座木屋。我的律师丘奇和格雷斯将为此完款500英镑。我知道必须在稀缺的二手房市场上成为一个赢家。

新澳大利亚人和地产商们也开始进入二手房市场。我的财务状况不足以让我买下带地的大住宅，以便于重新分割受让土地建屋，但是我必须发现一条通向这个回报丰厚的市场的道路。我研究了许多房屋设计，并开始了我自己的规划设计。我非常喜爱这样的设计，但是对板房却没有兴趣，而对单砖房情有独钟。在对建筑材料估价并考察了便宜的住宅用土地后，我想我应该与我的律师丘奇先生谈一谈，由他买下土地，再由我去完成土地分割，然后按出价建造房屋。丘奇先生决定联手试一试。我想在我们囤积大面积土地之前，应该先买一些小面积的，以便试一试身手。这样的买卖一如火种，迅速燃烧起来。我首先设计了两处单砖房子，完全按照我的点子，将土地的宽处使用到了极限，并且安装了入墙柜，这样建造起来的房屋，空间上比市场上的要大许多，也好很多。这个时候，我已经有了自己的营建商。潜在的买家在市场上看到我的在建的房子，也比较了其他新房，就向我的营建商询问我的电话。

结果是，我从来不需要做广告。我那时只需将房子提供给代理商，但是大多数房子是我自己卖出的。在这之前，我并没有联系过售房机构，但是非常重要的是当房子完成后必须留住我的营建商，其中包括木工、油漆工、泥瓦工等等。我们的目标是每周完成一所房屋。我这个团队实在是很棒的营建队伍，成就了我的建筑事业。我当时是从家里到不同的工地，我雇用了团队中的一名木工考·麦基做工头。每一个星期五，我穿梭在工地上检查，付给工人工资，还要向供货商支付货款。其结果是，我的工程从没有因为供货中断而怠工。有时材料上会有紧缺，但是我的服务很好，营建商从没有因为缺了供应而停工一个钟头。

直到结婚以后，我才将安妮路易斯介绍给巴杰瑞夫妇。之所以没有提前带她去见巴杰瑞夫妇，是因为如果那样的话，我必须带着她的妈妈一起去见他们。现在，巴杰瑞夫妇都很喜欢安妮路易斯，于是她也时常去农场看他们。

畜牛的梦想，曼德龙波尔短角牛的诞生

很快，我们的第一个孩子理查德在 1960 年 5 月 27 日诞生了。我在潘瑞斯的沃润敦买下了 150 英亩（607030 平方米）的低洼土地。

在沃润敦的土地上，我开始育种欧洲白兔，但是没有时间真正展开，于是便放弃了。然后我又买了一些商业性小牛，主要是小母牛。我想从一些小的肉食牛开始，因为这样那样的原因，我想要的是波尔种牛，最后确定了波尔海福特牛为最好的选择。我将决定告诉了巴杰瑞先生，他一点也不喜欢这个品种。巴杰瑞先生拥有的是短角牛品种，除此以外，他认为没有其他更好的品种。经过一些讨论后，他意识到我已经下决心畜养无角品种而不采纳他的建议畜养波尔短角牛。作为妥协，他建议我联系一下多格蒂储站的肯·阿姆斯特朗。几天后在与肯交换意见后，他安排了在新南威尔士州中西部的橙市考察波尔短角牛。

1961 年，我们一起开始了一次波尔短角牛的考察之旅。布鲁斯·格拉森给我们展现了两岁左右的小公牛。它们是一些很棒的小公牛，但是个头太小了。畜牛业自1950年后在澳大利亚开始有了变化，那些所谓的紧凑型纯种黄牛非常受欢迎。比较而言，大陆品种，像意大利牛，尤其是契安尼那公牛很容易就饲养到6英尺高。当我还是一个孩子的时候，在意大利我就非常羡慕契安尼那公牛力大无比拉犁耕地，相比之下，这种紧凑型的澳大利亚牛对我来说简直就是玩具。我甚至能够看到一种即将开始的远景，对畜牛个头、体力和结构的兴趣将会增长。

然后，我们继续访问罗恩·金汉姆的短角牛畜养站。一头罗恩公牛站在我们面前，高大的体格，坚实的红短角，令人印象深刻。罗恩告诉我，他是从别处购得的。尽管它才两岁，但是力气已经胜过一些母牛。虽然它长得很大，但是饲养标准比其他的品种要简单得多。

有了这头牛，我那畜养最大种牛的雄心，结合世界上最大的意大利黄牛，就有了归宿。肯出价630澳元，这个数目少于我的心理预期，很容易就成交了。现在这头很棒的公牛——莫瑞旺皇家格兰特牛已经是我的了。

格兰特一抵达我的沃润敦牧场，我就将它投放给20头小母牛来做蓄

莫瑞旺皇家格兰特牛

种工作了。大约一个月后，肯来了电话，在杰瑞德瑞的麦克拉特家族的朗和银松畜场有小母牛要出售。麦克拉特家族在短角牛的世界里享有很高的名望，因为独松牛是澳大利亚最早的畜牛，如果不是它，短角牛就是第一。我发现波尔短角母牛在体格上非常大，奶水足，母性十足。但是，我不幸在一个牧场看到过一些带有很小的角的母犊子。在我的脑海里，独松牛错过了哺育期的生长，这是因为它们的苏格兰顾问乔治已经被允许改良育种。无论如何，我买下了10头纯种的波尔短角母牛，它们已经可以立刻与小公牛一起投放在我的沃润敦牧场里。

在圣玛丽的弗瑞曼房地产公司经营商销售了我的大多数房屋，另一处名叫哈德雷的地产公司偶尔也售卖一两处我的地产。他们告诉我有一处在圣玛丽玛姆瑞路的298英亩的乳酪农场要出售。1962年5月27日，也就是我大儿子理查德出生后的两年，在同一天我的二儿子亨利也诞生了。三个月后，我买下了玛姆瑞路的乳酪农场，名叫贝丽公园。尽管乳酪制品生意不错，但是在我看来生意预期已经开始下降。我买下这处农场用了28000英镑，仅仅是为了给畜牛一个漫步的场地，并不指望奶酪生意。当然从财务上说，先保持一段时间的奶酪生意运转是明智的。而真正的用途是当我的短角种牛数量达到一定规模后，此处才派上用场。第一件事就是更改名字，贝丽对我没有任何意义，所以，我将它改成曼德龙公园，这与我的投资公司的名字一致。

我对畜牛的热情上升到新的高度。许多时候，当我一听到在斯昆的罗伯特家族的奥宾尼阿畜场，还有如斯里的弗莱明顿家族的畜场，麦考·希钦家族的畜场有母牛要销售，都会急忙赶过去。当然，沃润敦的畜场是我家里现有公牛的来源。我没有按照这些畜场的说法去买所谓的好样子的种牛，而是认同巴杰瑞先生的说法，就是花小钱买下看上去一般的母牛，最便宜的才62.5澳元。而这些便宜的看上去一般的母牛畜养起来超出预期很多，很好饲养。

有一天，我接待了一位著名的畜牛女士，她来自出名的畜牛站和畜产咨询处。就在他们来到曼德龙时，我正在将一头短角母牛从牛群里分出来关在一间小场地里，等着送到在霍姆布什的屠宰场，因为它的实际状况与预期相差太远。这头牛是很好，个头大，这个类型在哪里都可以赢得绶带。我的来访者说这头牛的样子完美无缺，问是谁将它卖给了我，他们无论花多少钱都要将它买回去。可是实际上，这头牛甚至没有产出多少小牛，它的两个女儿也没有很好地生产。尽管这样我还是按照我的方式无情地淘汰了它，而没有使我的育种数量减少。我给每一头牛生育的机会，甚至变换不同的公牛配种，但是结果是这样的，一旦母牛的产奶量降低，其生育能力也相应降低，于是这头种牛和其族类都将被淘汰。

1964年，我带着短角牛展品第一次参加了悉尼皇家复活节农业展。我准备了个人投标的小公牛曼德龙王子。在曼德龙公园，它符合在12个月以内的各种等级标准。它看上去超级棒。而评判员目测后，将它安置于15个月大的小牛场地。我为此振奋，因为只有大名鼎鼎的畜场有机会胜出，拥有这里的冠军称号在日后的拍卖中可以叫出大价钱。悉尼皇家复活节农业展出后，我想到要坚持参加这个项目，就雇用了驯养员比尔·高德波尔特。他是一个很专注的人，他与妻子一道搬入了我在曼德龙农场自建的木屋里。他们的两个儿子高登和肯也是澳大利亚有名的驯养员。这样，他们一家人都为我正开始注册的畜牛生意而工作了。

到了1966年的悉尼皇家农业展，参展的曼德龙王子是一头巨大的漂亮的两岁短角种牛。王子赢得了它这个等级两岁以下的桂冠，但是没有赢取悉尼皇家农业展的冠军。很多畜牛人过来长时间地观看它，但是在展览场地，它显然还像一个大孩子不愿意有公开的亮相。于是很多人在半夜悄悄过来一睹为快，那时场地里也没有那么多围观的人了。此后，在一个拍卖上曼德龙王子售出2100澳元，由迪克雷纳德畜场，昆士兰的古德威登购得，他们也是昆士兰州最早的建立莫瑞诺畜场的人家。

  我的房产生意也在继续扩大，不仅在营建上，而且在行销上也很不错。我只有周末有时间在农场里作业。为了减轻一些周末的劳动负荷，我雇了一位叫希姆的农夫。他周日在圣玛丽的弹药厂工作，周末到农场里干活。他一直干到退休后，还每周来我的农场两到三次，只是因为干农活能让他自己愉快。与希姆一起，我们为农场建了一道栅栏围墙，修建了供水系统和排水系统，并修筑了便于驱赶放牧牛群的栈道。同时，还由建筑商在工作场地与家庭住宅之间搭建了一个为牛群遮蔽风雨的棚子。我非常骄傲地向来访的客人和朋友呈现农场里的一切，并讨论和展望将来的变化。

  其时，我还在繁育短角牛，同时我还有少量纯种的波尔海福特牛，它为我在一些小型的展示里赢得了几次绶带，但是因为曼德龙短角牛的项目在进行中，我将此小众品种的牛售出了。

  如此多的快乐包围着我，我发现我钟爱的事情就是育牛，并且不能局限在一个品种上。牵住了我的注意力的是法国夏洛莱牛这个品种，它一向以提供精瘦肉而闻名，越来越被家庭主妇认可。夏洛莱牛还在饲养过程中，其饲料转化为体重的比率有最好的年龄段，因此，它慢慢地在世界各地被许多农场和企业所畜养。澳大利亚在海外的评审结果都要刊登在行业媒体的第一页。新西兰森楚伍德的杰克·M来自萨斯兰德畜场，首次在法国看到这种牛，就说服了英国政府引入种牛的精子到新西兰。杰克并没有在海外证明夏洛莱牛有比其他牛更具优势的方面。我急于看到这个品种在我那里落地，就在1968年，怀着特定的意图踏上了去新西兰森楚伍德的旅途。幸运的是，我得到了杰克整个行程的导览，他非常骄傲于纯种奶牛与夏洛莱牛杂交的培育经验，收获交配成功的夏洛莱牛令人印象深刻，就像一个梦想成真的事实，尽管从遗传学来说还有产犊的问题需要考量。

最终，新西兰政府批准了家畜从英国进口到新西兰，而澳大利亚海关也删除了限制引进种牛精液的条文。1968年6月，澳大利亚夏洛莱牛业协会成立，我本人是该委员会的发起人，此外还有新南威尔士州的利勒·戴维斯先生，维多利亚州的布雷斯·斯达瑞特先生。每人交纳会费100澳元，用于初创协会。申请加入协会的广告播送出去后，不久，澳大利亚夏洛莱牛业协会的会员就扩展到105位，包括16家来自维多利亚州的会员。最终，一批维多利亚州的夏洛莱牛爱好者又组织了一个协会，他们不知道在新南威尔士州已经成立了夏洛莱牛业协会。

同年，由维多利亚农业协会组织的会议在维多利亚展示厅举行，我和利勒·戴维斯先生受邀参加。会议形成了另一个协会。两个夏洛莱牛业协会相对独立，直到新西兰夏洛莱牛业协会统领了两者。新西兰夏洛莱牛业协会主席杰克先生，作为领导者说服了召集人威廉姆·甘恩爵士，将澳大利亚夏洛莱牛业协会总部设立在悉尼，并选举了第一任会长和秘书。首任会长是安东尼·霍顿先生，澳大利亚著名的牛业大亨，还有非常能干的秘书，头牌记者弗兰克·霍德先生。协会发展壮大得很快。

我们的孩子非常享受农场生活，他们在一个健康的环境里成长得很快。两个男孩子不仅喜爱农场的动物，还喜欢不断来访的客人。安妮路易斯和我都想再要一个女孩子，她甚至经常在儿童服装店流连，禁不住张望小女孩的衣裙。不久，一个异常美丽的女孩子瑞贝卡在1969年的2月25日降生。现在我们家庭成员都齐了，我们非常快活，也很骄傲我们的生活。

这段时期我主要是被金钱驱动着。我忙于建房的项目，土地分割，以便具备有吸引力的土地价格。这些是我唯一的财务来源。与丘奇先生的口头合约营建木屋也进行得很好。我也准备着拿出自己的钱去多建造一些房屋，并得到一些分期付款。我依旧每周一的早晨去悉尼皮特街上丘奇先生的办公室，然后与他和格雷斯先生一起喝咖啡，同时讨论正在进行营建项目的细节。我们集体决定在未来如何从这里或那里得到土地做出扩展和营建；我不断收到营建房屋分期付款给的支票。价格的裁定往往依据我的付出和支出，以及可能卖出的价格。我确知如果偶尔单就我的营建来看，利润没有多少的话，只要丘奇先生的贷款公司的利润是能够有保证的，这些项目就值得继续下去。此外还注册了一个三人公司——奇拉华房产有限公司，由三个经理人持有，分别是丘奇先生、尼威尔先生和我本人。我仍然不断地看房买房买地，分割地块后，再以可观的价格卖出。有一块在圣玛丽的五英亩的民居土地被我们买入后分割，我们把街道命名为奇拉华大道，其余的按照我孩子的名字命名为理查德大街和瑞贝卡大街。

珀迪教授宣布曼德龙波尔短角牛是独一无二的

随着时间的推移，我的营销团队进展良好，但是，遗憾的是评判员并不高看妙不可言的波尔短角牛。

1969年，一位来自美国宾夕法尼亚的教授，世界知名的育牛裁判赫尔曼·珀迪，在悉尼观摩并为波尔短角牛做出了公正的评判。我拥有无可挑剔、意义非凡的8头公牛和4头母牛组成的队伍。在我的印象里，它们在场地里十分出众，一亮相就盖过了任何品种的牛类，而不是矮小肥胖的短角牛。但是，评判员却不知道为什么看不到这一点，也不做出恰当的评论，这样你永远不知道他为什么举牌说你的牛好或不好。

在宾夕法尼亚大学，他们有两头纯种的种牛。一头是波尔哈瑞弗德牛，一头是波尔短角牛。一天，珀迪教授在展场的棚子里看所有出场的牛的品种。因为他的项目与波尔短角牛有关联，还想着是否可以丰富澳大利亚的品种。他步入了我的展场。后来他这样告诉我，当时的他就像被什么东西击中了似的，他甚至不相信自己的眼前站立着12头世界上最棒的极品牛。这是他多年来想要在美国努力培育的品种，并且他向美国的产业界龙

曼德龙大使

头极力推荐去改良波尔哈瑞弗德牛品种,"现在,你这个曼德龙投资公司竟然将我们梦寐以求的极品牛种类的波尔短角牛活生生地呈现在这个展场里!"

在这之后,无数人到波尔短角牛的棚子里来观看"极品牛"。我当时还没有意识到事态发展的实际可能,一直到销售日子如期而来。价格一飞冲天,小于12个月的小公牛卖到6500澳元一头,而另外的至少也要4000澳元一头,这在那个年代是很高的价格了。至此,我得到了短角牛饲养者和裁判的关注。

我必须全力准备展示和销售。我听说在新南威士尔州南部杨镇,有一个名叫弗兰克·伽德恩的短角牛饲养者刚刚离开他的雇主布鲁斯·沃尔克。我赶快找到他,他也愉快地接受了我的聘用,答应与比尔·高德波尔特一起为我工作。农场里没有多余的住房提供给弗兰克,于是我给他的妻子和两个孩子朱利和约翰提供了几公里以外的一处新建木房。大家都很高兴,孩子们也可以一起走着上学了。比尔和弗兰克两人很好地合作了一阵子。一段时间以后，很明显的是，弗兰克并没有将他的技能都投入到拍卖上，比尔也觉得受到了年轻的弗兰克的威胁。尽管比尔在饲养奶牛方面的能力绰绰有余，但是对肉食牛的经验不足。弗兰克年轻，活力四射，不仅在农业展上示范性很好，还能够出众地吸引裁判的注意力，他认为自己应该是经理，以便更好地备战农业展并很好地销售极品牛。而比尔无法争得这个位置，就决定离开。

来访者不仅仅是澳大利亚本土的，海外的参观者也蜂拥而至，纷纷观摩极品短角牛。我们为此决定建造一处办公室，专门用来接待参观者。当然，当来访者留下来吃午饭的时候，安妮路易斯的厨艺就展现出来。我们都喜欢接待朋友，况且在财务上没有障碍。成功水到渠成。我们当然也经常拜访巴杰瑞夫妇，他们分享我们的成功，也非常愉快地看到孩子们的成长。

1970年，我们又有了新的突破和进展。弗兰克为悉尼皇家复活节农业展准备了一个令人激动的团队。雷·斯达瑞特和他的儿子布鲁斯被叫到曼德龙。斯达瑞特家族在农业生产方面是领先的，他们在科尔索短角牛畜养方面成绩斐然。雷有两个儿子布鲁斯和伊因，他们有自己畜养的领先的短角牛，还有绵羊。科尔索畜养站是雷的父亲乔治·斯达瑞特发起建立的。我与布鲁斯成为好朋友，他是一个会分享乐趣的年轻人。布鲁斯像他的祖父乔治一样，他的知识量惊人并直抵关键之处，无论是批评还是赞美都直截了当。我很快喜欢上了布鲁斯，作为一个朋友，他能够在你需要的任何时候给予建议，并讨论畜养过程中的问题。布鲁斯与一个非常棒的女孩子结了婚，这不仅仅因为她很漂亮，还因为他们两个在任何方面都非常般配。在这次来访中，我向他们展示了一头一岁大的正与其他公牛一起奔跑的波尔短角牛——曼德龙大使。

"看那匹小牛犊，它会变成一头很棒的公牛。"布鲁斯说。他能够识别任何年龄段的小牛犊，时隔多年还能够记得住同一头，并且还能够说出来何时何地第一次见到它。他的预见性是显而易见的。

　　曼德龙大使各个方面的属性无疑在世界任何地方都是无可比拟地出类拔萃。我们将它精选出来参加农业展，但是又害怕不被裁判看中。曼德龙大使最有力的竞争对手是迈瑞曼家族的迈瑞威尔伯尔短角公牛，它上一年赢得过冠军，此次将再次出席展会。这头牛的级别高于先前所有的牛，并且已经有了声望。我担心它会将曼德龙大使比下去。裁判是汤姆·阿什比，一个非常优秀的裁判者，也是一个出色的牛羊畜养者。他的家族在澳大利亚南部，其成就在澳大利亚农业和畜养业方面也有重要影响力。当两头巨大的波尔短角牛步入圈子，等待阿什比先生做出裁定时，甚至可以听到滴答的水声。大使在我眼中无论是个头、重量还是外形，都在它的对手之上，但是那头公牛却有知名度，有望再次夺魁。但是，阿什比似乎没有任何犹豫，他将级别冠军给了曼德龙大使，并陈述这是他迄今所见最棒的牛，胜出其他任何品种。曼德龙大使荣登波尔短角牛冠军宝座。

　　只有很少的畜养人走过来向我祝贺赢取大奖，我也是头一次看到有这么多因嫉妒而拉长的面孔。

夏洛莱牛在澳大利亚创历史性销售纪录

  取得了短角牛的成功后,我现在该把精力放在夏洛莱牛身上了。在征询了杰克·萨斯兰德的意见后,我从新西兰森楚伍德进口了有四分之一血统的夏洛莱公牛和母牛。当时澳大利亚动物检验规定不允许第一代杂交品种的牛入境,因为是使用英国牛的精子在新西兰培育的,这些规定有所改变,允许引进在新西兰出生的畜牛的精子到澳大利亚。1970年6月6日,我们决定在曼德龙进行澳大利亚首次诞生的夏洛莱牛的销售。除了我提供的几头四分之一杂交的母牛,另外几头是新南威尔士州格里莫尔公司的,剩余的由萨斯兰德先生提供。夏洛莱牛将要出现在悉尼皇家农业展是令人兴奋的,我还准备了很多波尔短角公牛,很明显,我不能够在那个展场卖出全部的公牛。必须在曼德龙卖场完成销售。

  我决定修建一个能容纳1000位来宾的露天销售敞篷。场地当然是曼德龙公园,悉尼的西部,我的房地产和农场庄园所在之处。养牛人从四面八方齐聚悉尼,为的是悉尼皇家农业展,因此我必须将展览时间与我的销售时间衔接好。星期天是我的选择，因为，这正好在悉尼皇家农业展评审波尔短角牛之后。这就会给那些潜在的买家在评审场地观摩波尔短角牛的机会，然后他们再到我的卖场比较，经选择牵回所要的公牛。星期天正好也是悉尼皇家农业展结束之日，而皇家公牛的行销在周一，这一天乡里来的人无处可去。而我在过去这个时候的每一个周日都要接待60至80位客人，他们到我的曼德龙公园看牛。我想要在这一天尝试一下，开展我的销售。

在圣玛丽我有几座在建房屋。计划营建的销售敞篷必须在三个月内完成。但是，这个决定变成了噩梦。所有操作混装水泥罐的司机都参与罢工，工作停了一周。我的焦虑一天天增长。需要感谢与我合作的营建商所做出的努力，我们好歹尽最大努力，终于在销售的前两天完工了。

十分有趣的是拍卖会场空前地热闹，难以置信的是太多的人赶来参加。为了不造成混乱，采取了发售入场券的方式，营销敞篷只能够容下1200人，结果我们卖出了1200张门票。新南威尔士州副州长克拉克·卡特先生在下午一点钟宣布开幕，并由安东尼·霍顿先生和杰克·萨斯兰德先生讲话。此后，有一个为150人准备的宴会，其余的人就享受着露天的烧烤和无尽的啤酒香槟。显然，销售活动是成功的。

最终的销售结果出来了，夏洛莱牛二代杂交小公牛卖出4头，最高的5750澳元一头，平均价4312澳元；第一代杂交的小公牛卖出24头，最高价5000澳元，平均价2045澳元；第一代杂交小母犊卖出9头，最高价6000澳元，平均价4527澳元；四分之一品种的小母牛卖出5头，最高价3000澳元，平均价2500澳元；8头安格斯奶牛与夏洛莱牛交配成功已经怀孕的牛卖出1450澳元到881澳元的价格。总共卖出51头牛，共计126619澳元，平均每头2482澳元。此次销售的成功，显示了曼德龙公园是一个为牲畜准备的营销场地。

我最终也在1971年完成了我们新的住宅楼宇在曼德龙公园的建设，

那是一个舒适的家庭港湾。现在我们闲置了原来的小屋舍，安妮路易斯建议招租一对退休的帮工，于是阿兰·库珀夫妇住了进来。他们是一对非常和蔼的夫妇，只是库珀夫人不时地对安妮路易斯抱怨，说她自打住到这里就疏离了原来的社交生活，声称她的朋友圈子里包括前澳大利亚总理比利·麦克马洪的妻子。我们想她不过就是一个喜好夸张的人，要不断地给予关注。

有一天，弗兰克过来对我说："嗨！瑞克，你或许不会相信，阿兰·库珀多年前在新堡城是一个了不起的驯马师，我还是一个男孩儿的时候就在他那个马厩里干过活。"弗兰克对我解释说，阿兰·库珀是一个富裕的意大利男爵的养子，男爵去世后，他身后的财产留给了他的几个孩子，包括养子阿兰。这富豪留给每个孩子两三百万英镑。时值"二战"之后，这一笔财富简直是难以置信地巨大。阿兰似乎从此开始挥霍他所继承的财产，过着奢华的生活。类似的故事是，他花了大约42000英镑买下一匹叫"聊天"的名马，这匹马赢得过几次马赛，非常受赌马人的喜爱。有一天晚上，在新堡城的一个酒馆里，阿兰与另一个对饮者打赌，用"聊天"去对赌一英镑，结果他输了，"聊天"以一英镑易手他人。

赛马班伯瑞的故事

阿兰·库珀夫妇在曼德龙公园居住期间已经到了一文不名的地步。后来我了解到他的生活现状,以及他涉足赛马行业的情况。我决定去问一问他是否知道那匹著名的赛马班伯瑞。当我提起这匹马的时候,他的眼里闪出亮光。我告诉了他巴杰瑞先生告诉我的故事,这匹优秀的马如何被悉尼的餐馆老板罗曼诺先生买去。阿兰急促地打断我,说:"我不知道关于班伯瑞的任何故事。"而后,他竟然又叙述出另外一个版本的关于班伯瑞的故事。如果他所说的是真的,它当然应该排列在最棒的赛马之中。"事实胜于虚构的故事。"

按照阿兰·库珀的说法,班伯瑞并不是澳大利亚哺育的赛马,而是意大利出产的马。在第二次世界大战期间,确切地说是德国军队从意大利撤退的时候,他们掠夺任何可以带走的值钱的东西,包括马匹。而意大利冠军等级的赛马被深藏在草垛的尽头,以至于德军在仓皇撤退时没有发现。然后,美军到达了,一名美国飞行员发现了它,他熟悉马赛,毫不犹豫地买下了班伯瑞。很快战争结束了,这名美国飞行员安排了飞机将班伯瑞运抵澳大利亚，然后，欲将其送往美国。但是，这个过程中某个环节不顺利去不成美国了。这样，班伯瑞就被安排到了布里斯班，交给一个他认识的驯手。驯马师一见到这匹马，就说它很像我过去马厩里的那匹班伯瑞。那个时期，意大利的赛马并不出名，也没有产生过世界冠军。这匹经过训练的意大利马，被决定顶替那匹名叫班伯瑞的马，借它的身份和特征，而真正的班伯瑞必须销毁处理掉尸体。班伯瑞在实际比赛中的表现很温和，仅仅赢得了几次小型赛，并不出名。

当新的班伯瑞运抵悉尼后，传说中是卖给了餐馆老板罗曼诺先生，但实际上，班伯瑞从未易主，仍然归那位美国飞行员所有。班伯瑞在悉尼的驯手是哈里·勃兰特，也是班伯瑞最后一次参加马赛时的骑手，阿瑟尔·穆雷是计划中的一个关键。当班伯瑞赢得了15圈的第一后，在最后冲刺的关头，骑手猛烈地加鞭，它竟然轰然倒下，从此被退回悉尼，即它的原买家手中。班伯瑞最终还是被运送到了它的目的地美国。

我不能相信自己的耳朵并拒绝接受这样一个版本的故事。而阿兰坚持要带我去布里斯班丛林地带埋葬真正的班伯瑞的地方看一看。

我不能判断阿兰·库珀的这个故事真实与否，而且也不再保守这个秘密，无论真实还是虚构，这都是一个耸人听闻的故事。

班伯瑞总是在我的脑海里挥之不去。这样一个极品，独一无二地在澳大利亚马赛上创造了历史，令人难以忘怀的马匹。对我来说，这不仅仅是赛马场的奇迹，我不禁想起巴杰瑞先生对我说的话："看到这匹超凡脱俗的马被牵到悉尼去销售，就像看到芭蕾舞美人被带去搞营销。这是澳大利亚最棒的一匹赛马。"

班伯瑞被出售时因为它的财产拥有权引起了争议。它的前四个赛季是在土旺巴参加的，表现得有局限。自从悉尼的餐馆老板在拍卖场买下它后，驯马师哈里在瑞德维克跑马场的马厩里为它贡献过精力；在维莱比赛之前，它在悉尼最后一次比赛时遭到了骑手猛烈的鞭打而导致败局。

班伯瑞在维莱的比赛中轻易夺冠，并连续 15 次赢得比赛，包括 7 次小组接力赛。这个纪录保持至今。班伯瑞还赢得了 1946 年考菲尔德季赛冠军杯。班伯瑞令人难以置信地赢得多项冠军，但是最后被阿瑟尔·穆雷算计了，被制造出多重障碍和陷阱而淘汰出局。阿瑟尔·穆雷骑手的位置后来被比利·布里斯考代替。

悲痛啊！班伯瑞在转往麦肯锦标马赛的时候，一个小关节骨断裂，从而没有完成它的职业赛马日程。

班伯瑞的名字永远地留在了昆士兰的赛马场上。

第二次夏洛莱牛的销售

1971年3月31日,我们又在曼德龙公园组织了第二次澳大利亚夏洛莱牛的销售。这次我提供了第三代杂交品种的夏洛莱公牛,叫做曼德龙康达克特。这种公牛广受当地和海外买家的好评,尤其是法国夏洛莱牛的饲养者,说这正是他们要寻求的改良品种。康达克特品种非常有吸引力,因为可以产出很多瘦肉。因为这个原因,我的销售总是超出保留价位。这种公牛的保留价位是12000澳元。拍卖师起劲叫卖,但实拍到10000澳元的时候就停住了,而我拒绝低于保留价位售出。最后,在11000澳元的价位上流拍。聚集的人群里有一些失望的情绪,但是,我仍然没有做出让步。我担心康达克特被商业化之后,其母牛是否能够将强壮的肌肉遗传下去。销售取得不错的业绩,二代杂交品种的小母牛卖价每头4500澳元,第一代杂交公牛每头3200澳元,二代杂交公牛每头4000澳元,共计卖出27头,成交总价51640澳元。

我的成功不仅在澳大利亚畜牛的人群里引起了巨大震动,也引发了全球畜牛行业的关注。尽管没有获得其他更大的绶带,还是需要感谢珀迪教授几年前在悉尼皇家农业展上关于曼德龙波尔牛的陈述，也有赖于我随后及时的销售跟入。出产一个天下无敌的波尔曼德龙大使短角牛，还得益于有伯乐一样的评审员，如汤姆·阿什比，他的影响力胜过许多能够驾驭波尔短角牛的饲养者，尤其是，我还是一个新移民。

在戴上冠军绶带后，畜养站的养牛者源源不断地来考察我那令人难以置信的公牛。他们的夸赞像是虚幻，祝贺的声音一直不断。我的极品波尔短角牛引领了同类，也引领了畜牛业。

我们的展示队列里的其他波尔短角牛，如曼德龙皇家大卫，一种壮观的小红公牛，在12个月大的级别里，重量却达617公斤。这头小公牛不仅赢了它的同级别牛，还是标价最高的一个，即8200澳元。另一头曼德龙皇家塔瑞斯，也晋级在同一个级别里，重量达到629公斤，卖出了4000澳元。坚冰开始消融并被打破。突然，所有的买家都涌来了，这也表明了评审员的看重和认可。我又转向布里斯班皇家农业展，连续四年赢得冠军并取得最高销售业绩。

每年在曼德龙公园的夏洛莱牛销售变得越来越受欢迎。第三届澳大利亚夏洛莱牛的销售举办于1972年3月22日，一头七八分杂交的小母牛卖到了奇迹般的价格，达到25000澳元；一头纯种的法国小公牛卖到了21000澳元；第一代杂交的小母牛也卖到了6000澳元；44头牛共计入账202394澳元。

这一年，加拿大决定从澳大利亚进口短角牛。加拿大头牌畜牛界人士，像路易斯·雷特莫先生，卡尔加里的雷麦多畜牛站，都向政府施加压力要求允许贸易的展开。其结果是短角牛坐着喷气式飞机在加拿大的土地上落脚。这样一来，许多加拿大人和美国人开始到澳洲来观摩考察短角牛。按照出口指南小牛不能超过10个月大，这包括隔离在海关检疫的30天，还要加上运输的时间。就在要出港前往加拿大之前，我接到加拿大阿尔伯塔奥科托克斯的格雷·卡特博士的电话，他要购买最好品种的曼德龙波尔短角小公牛。也正好，我拥有此品种，可以提供给他。我已经检测了4头小公牛，6头小母牛，都在8个月大的年龄。其中有一头非常出众，是超级母牛艾丽斯·丹恩的儿子，体格巨大，有1108公斤。这头小公牛，曼德龙超级旗帜，各方面的特征都十分出色，能够在世界各地代表曼德龙畜牧场的实力和水准。小公牛的各项指标都打破了曼德龙最高纪录，以至于我舍不得出让它。这头8个月大的小牛在曼德龙皇家道格拉斯销售中的纪录是21000澳元，体重436公斤，从未有过人工喂养，事实上，到了出口的时节，它还一直跟随在母牛的身边。

我对格雷·卡特博士解释道，超级旗帜牛和其他三头牛在我未决定卖掉它们之前，已经打破澳大利亚纪录。我报价每头28000加拿大元，约合23793澳元。卡特博士明确表示一定要曼德龙超级旗帜，也要曼德龙皇家弗拉瑞，还有三头波尔短角小母牛。我恳请他一定要飞过来亲自看一下他的订货，但是由于他有职业承诺而不能成行。卡特博士确认他相信我所说的一切，没有任何担忧，不用到现场查验，而仅仅靠电话订货就可以了。我为此非常激动，又创造了一项新的纪录，但同时又担心万一我的牛不符合他的期待该怎么办。我同时也确信曼德龙超级旗帜是出口最好的样本，所以我将我的名声和荣誉都放在一起，并认可了交易。

曼德龙超级旗帜不仅是出口到加拿大最贵的小公牛，也是体格最大，十分出众的，当确知它被运载到了加拿大，我希望卡特先生在它到港后就能够看见。但是，不幸的是他还不能去见它，直到海关检疫期过后才放行。最终，我接到一封来自卡特先生的信，他说在北美作为曼德龙短角牛的新主人，他非常骄傲。我这才放下心来，并由衷地高兴。

1972年7月5日，新南威尔士州《乡村生活报》这样形容历史性的销售活动：

一头澳大利亚人饲养的年轻波尔短角公牛售得23793澳元,加拿大从圣玛丽的曼德龙投资公司曼德龙畜牧场引进了10头这种精良品种的牛。活力四射的主人瑞克·彼萨特若由于长年坚守在育牛行业,终于赢得与加拿大人分享他的成果。曼德龙波尔短角牛来自前40名的优秀畜牛场,将于8月份离开,空运到加拿大。这是澳大利亚首次向加拿大出口的活牛。

我与卡特博士和坎卢普斯的格雷·胡克斯完成了谈判,后者多年前曾经在悉尼皇家农业展出高价购买了曼德龙达哥拉斯。那时,进口精子还未获允许,现在越来越多的加拿大畜牛者来到澳大利亚的任务,就是购买曼德龙波尔短角牛和墨瑞灰牛。潜在的国内买家现在很是失望,因为曼德龙波尔短角牛快速地被海外买家购得。第二次的海外运输和销售有些令人失望,因为一些出口到加拿大的波尔短角母牛太小,这个类型不能被北美地区接受。我与他们交流后获知他们需求的类型,确认不会再提供这种类型的牛,也不会继续喂养。加拿大想要的完全是大个头的波尔短角牛,公牛可以长到超过1180公斤。

一年前,我有一头波尔短角公牛,常常被形容为"超级小子"。这种曼德龙布雷肯我曾经送至1969年的悉尼皇家农业展。但是它没有获得绶带,甚至没有机会展示给观众。我很是失望,为此几乎感到心碎。无论如何,几个月后,我决定带着它再战布里斯班展场。在那里它赢得了第二名,并创造了当时的销售纪录,售价为7750澳元。种种迹象显示,需求我的公牛的人越来越多,无论在哪里,甚至在著名的新南威尔士州杜波短角牛国家年度销售季节,我的牛也大受欢迎。

方向的改变

1973年，我在新南威尔士州中西部的莫朗买下了3000英亩（1215公顷）土地，这是我一生中最棒的农场，命名为莫朗郡。那是一个十分有名的牲畜畜养草场，也是一块适合种植多种作物的肥沃土地。我买下莫朗郡的唯一目的就是饲养契安尼那牛和夏洛莱牛，可以容纳800头之多。这里又成为我畜养第四代曼德龙优选品种的基地，它们已经被视为纯种。小牛在莫朗郡出生，生长率符合预期，它们拥有健壮的骨骼和完美的体态。

我将曼德龙康达克特公牛送到莫朗郡与40头母牛会合。康达克特公牛在200英亩的牧场里奔跑撒欢。让它与40头母牛交配还真是问题，因为康达克特公牛不能够奔跑得太远太久，它的块头太大，很容易疲劳。它不太能跟得上母牛的步伐。但是，谢天谢地，它仍然让母牛们都怀上了小牛。

我们需要两匹马来管理，一匹负责母牛，一匹负责公牛，因为公牛竟然跟不上母牛们的步伐。康达克特公牛变得很可怜，于是我决定把它送回曼德龙公园，专门给它进行粮食饲料的补给。

不幸，或者说是幸运，康达克特谷物中毒，竟然死掉了。

曼德龙康达克特公牛

最初几天，康达克特被喂食了超过它所能吸收和负担的粮食。所有牲畜超量进食谷物都是很不好的，对于肌肉发达的畜牛尤其不好。整个牛群，都怀有了它的小牛，要将它们一起运回曼德龙公园，还要给母牛一些特殊的关照以利健康。我们将85%的牛都运了回来，这对于我和经理弗兰克来说真是一场噩梦。

更严重的是母牛产犊的过程。最糟糕的是母牛的髋关节没有打开，小牛出不来。很多时候，我帮助弗兰克用一个绳拐子来拽出小牛，一些很成功，另一些则很不幸，就死在我们的胳膊上。我们尽力舒张母牛的髋关节，它也怒吼着要求我们更多的帮助，但是，仍然不能拯救新生牛犊的生命。

更为紧迫的是夏洛莱品种。因为我销售的康达克特牛，每头11000澳元。我理解的是，康达克特牛应该是在一个人工授精的中心做配种，然后将它的精子投放给市场。这样，产下的小牛大多数很健康，但是也有许多是矮小的侏儒，存在遗传问题。然而，我保存了两头来自第一代夏洛莱母牛的最棒的小公牛。这些小牛没有任何问题，像那种牛一样棒。它们有平滑的肌肉，结实健美的腿，完好的生长指标。它们生长得很棒。稍后，我将它们与商业母牛结合在一起。尽管它们的子孙证明不错，但也包含一些侏儒。有一次，一天之中有三头侏儒小牛出生。我将出生的健康的小母牛保留下来，五年里它们有的成为很了不起的抚育性母牛，其重量可达862公斤，但是，不再有侏儒产生。将这种大个头大体量的牛与我的牛杂交，解决这个问题需要两代以上的杂交或更多的时间，经验从不断的演练中获得，这是值得的。

自从购得莫朗郡，我又抓住机会买下一处相邻的地产弗兰顿克，所属的莫兰特家族曾经是很有经验的种植业农场主，拥有整个弗兰顿克地区1100英亩（445公顷）的土地。如果我想拥有自己的粮食生产供应我的畜牛业，我需要一个像罗恩这样的人。这样，除了购买罗恩的地产，我还雇用他继续在农场工作。罗恩也接受了我的计划，他和妻子玛维斯，还有孩子大卫、米歇尔一起搬到莫朗郡做经理。

我们的家庭成员成为好朋友。罗恩是一个任劳任怨、充满智慧的人，他将我的远景在莫朗郡和弗兰顿克都一一实现。我们马上开始沿着巷道从中央为农场重新修建围栏，并给每一处牧场修建了供水网络。用巷道系统来开辟供水管道，容易引进水流并灌溉到各处。

水的供应非常充足，这要感谢此处地产的特性，每五英亩都有一处水眼机井，并且在公路沿线的地段有一个小的服务站和木屋。莫朗郡的水眼开始变得发咸，不适应我们日益增长的需求。质量好的水井里安置了自动抽水机，抽上来灌注到一个建于高处的水泥蓄水池里，再网状排放供给牧场各处的房子和饮水点。牧场里有了新建的篱笆围墙和水供应系统，下一步就是开始改善牧草、苜蓿以及播种谷物。

所有现存的遮阳棚都得到修缮,增加了水泥围栏、作业台和混合饲料的棚子。饲料厂是4个容量200吨的筒仓,每个筒仓的角落都在中央会合。在内部我们修建了磨谷物和混合粮食的装置,可以直接连通4个筒仓。我们还为罗恩雇了一个助手,并为他修建了一处住房。

我的杂交繁育项目现在每一代都产出超优品种。

1978年,罗恩决定从农场退休,在附近的卡都尔开始了他自己的邮政生意。找到一个能替代罗恩的人是不可能的了,我再未发现有人具备他那样的能量和能力。

我仍以一周建造一座标准家庭房屋的速度推进建筑生意,没有雇请工头,并亲自管理两处农场,还要尽快报税。幸运的是,弗兰克能够保持让曼德龙农场的运行都在掌控下,并不停地接待来自海外的考察曼德龙种牛的客人。

但是,最后一根压垮人的稻草还是来临了。1978年,巴杰瑞太太去世。她将巴杰瑞产业都留给了我和我的太太安妮路易斯。已经负担着兴隆的地产建筑业,还要驱车五小时去莫朗郡,那里已经没有能够胜任的经理,我的地盘扩大得太快,而没有相应的支持。我不分昼夜地工作,仍然不够。最后,我只好承认了现实,忍痛割爱,卖掉了莫朗郡和弗兰顿克农场。就在那个有纪念性的决定实施后,牛的价格开始崩盘。还在产奶的奶牛只能卖到200元。我在莫朗郡的牛只能降价,而且必须接受任何出价,迅速脱手那600头已经不产奶的母牛。我通过达博的销售站以平均每头650澳元卖出了预期的价格。

第二次世界大战后,夏洛莱牛在北美和南美地区的成功,促使当地很多养牛人放弃畜养传统英国种牛,而去探寻欧洲大陆的富有肌肉的牛。由于健康问题,缺少必要的安全和检疫手段,意大利白牛——夏洛莱牛、马奇吉纳牛和罗马诺拉牛——或许是最晚进入北美地区的。几年后夏洛莱品种优于另外两个品种的特性就呈现出来。首次进口到加拿大的夏洛莱牛抓住了世界的注意力。它们被称为"世界上最大的牛"。突然间，世界各地的养牛人聚焦政府并施加压力，要求允许进口夏洛莱牲口，至少可以引进夏洛莱精子。夏洛莱公牛和少量母牛首次离开意大利出口到法国和加拿大时，经历了长时间的商业检疫隔离。精子在输入的国家也经历了严格的检疫过程，如澳大利亚和英国，还有北美地区，以及新西兰等国。最后，夏洛莱牛进入加拿大的 AI 中心，其精子很快被收集并进入当地的市场。夏洛莱牛在加拿大和美国的推广就像燎原之火。

尽管澳大利亚方面的需求也日益增长，但是不能从加拿大进口夏洛莱牛的精子，我开始变得焦虑不安。最后，澳大利亚新南威尔士州多格蒂畜牧业股份部门的皮特·诺瑞，我本人，我妻子还有女儿瑞贝卡，我们一同启程去加拿大寻求安全的精子，亲自将精子呈送给严格检疫的澳大利亚相关部门。我们与在堪培拉的澳大利亚卫生与检疫当局有过几次会面，最终将事情搞定。

1973 年，我们在悉尼皇家复活节农业展上展出了波尔短角牛，包括曼德龙超级大象、曼德龙超级弗内斯和曼德龙皇家灰牛。这些公牛显示了曼德龙强大的哺育能力，是我培育的三个不同血统主导的品种。曼德龙超级大象不仅赢得了冠军头衔，还赢得了畜牧者和裁判瓦利·莫瑞先生的热情称赞，因为畜养这样的牛是有未来的，品种决定了最终成形的尺度。因为，它一站在那里，就胜出其他牲畜许多，而三岁以后才是它所有指标的最大峰值。曼德龙超级弗内斯在幼年组也赢得了绶带，成为第二名；曼德龙皇家灰牛也赢得了小于 14 个月级别的奖项。

评选裁判后的周日，我们拿出 19 头波尔短角公牛在曼德龙公园出售。它们有多种用途并富有基因优选的前景，弗兰克进行了充分的准备，将它们光光鲜鲜地呈现给来宾。瓦利·莫瑞先生来自著名的维宝拉堡拉短角牛畜牧场，承蒙他的恩典，他光临曼德龙公园，并在拍卖之前给予评审。他的评审相当成功，与销售结果十分吻合。这19头公牛平均价格3705澳元。1000个座椅被全部占满。销售结果大获全胜。悉尼皇家农业展的销售同样令人满意，但是蛋糕上面的糖霜尚未撒来，最美妙的结果是，来自南澳邦达勒的汤姆·阿什比先生决定跟进曼德龙皇家查尔斯牛的畜养，他出价15000澳元，这比在悉尼皇家农业展卖出的最高价还多了1000澳元。

另外一次很成功的夏洛莱牛销售是在1973年4月4日。47头牛里面有5头纯种的，总共回报218377澳元，平均价格每头4646澳元。随着夏洛莱牛的售出，在这后来的几年里的所有问题也算是解决了。我决定放弃夏洛莱牛的饲养。我有些后悔因为夏洛莱牛分散了我对小波尔短角牛的注意力。而且，夏洛莱牛有许多是人工助产，小牛的问题很多，基因的问题也充满了我的大脑，我决定在1973年第四次澳大利亚夏洛莱牛业活动时卖掉一半，这样日后的问题算是减少了。

任何完美的计划在现实里都会有改变。1972年8月，我们获得了一头夏洛莱系的白山谷哈美施的资料，它有代养母牛妈妈。在我们准备销售的过程中，这头小牛生长得就像一只蘑菇。它的体形长得像火车，站在那里顶天立地，美丽修长的腿，平滑的肌肉，还有超凡的外表。七个半月大的夏洛莱小牛，竟然有474公斤。基因育种的前景十分可观，简直就是我梦想中的结果。拥有一头这样的公牛就能解决我的所有问题。

我以为哈美施至少能卖到25000澳元，我想这是我出价的底线。我想其他饲养者会出好价钱来买这头育种良好的牛。开始拍卖的时候，哈美施被各种赞誉包围着，出价快速达到疯狂。然而，叫价停在了10500澳元，我不能相信自己的耳朵。我看到了自己的机会，并拍出新的价钱，哈美施在14000澳元就归我所有了。当拍卖师宣布哈美施被曼德龙畜场买下的时候，弗兰克激动不已，我从未见过他的脸上呈现出如此的兴奋。他马上冲

哈美施牛

过去拥抱了哈美施,并牵着它在一千多名来宾面前游行。

哈美施逐渐长大,但是我开始焦虑如何让它与母牛结合。结果,当它12个月大的时候,已经让10头母牛怀上小牛,并且它的精子也被收集贮存起来。此时,它的体重已经达到669公斤。

1973年4月,契安尼那牛的精子首次到达澳大利亚,2000剂量的精液来自两头公牛福瑞奇欧和福赛欧。我与另外两位我十分尊敬的人士——一位是昆士兰大学的教授德道林先生,一位是昆士兰塔楚斯畜牧场的格瑞姆·迈克科姆勒先生——十分成功地组建了澳大利亚夏洛莱协会。我们在悉尼皮特大街的希尔顿酒店开辟了协会办公室。我被选为首任主席,雇用了一位非常能干的年轻妇女司德勒夫人,还有她的助手阿妮塔。协会在后来的几年里十分繁荣兴旺。夏洛莱牛在海外,尤其是在美国非常受欢迎。为了确保契安尼那牛在澳大利亚的推广,协会决定非商业性运作,对协会的会员,分配给每个畜牧饲养者存在吸管里的精液。首头小牛的出生是在维多利亚,是一头小母牛,主人是查尔斯·扎格先生。三天后,第二头小牛出生在我的曼德龙牧场，是一头小公牛。

1973年，我去加拿大阿尔伯塔访问卡特先生。超级旗帜号波尔短角牛在阿尔伯塔的西部畜牧场。它的成长无处不好，都如我的期待。事实上，它太吸引人的眼球了。卡特博士意欲将它们引领到科罗拉多的丹佛参加国家西部牲畜展。超级旗帜号在加拿大的竞赛中只得到了第二名。丹佛是全美最后一站的竞赛，各地的冠军都将送来参赛。结果，曼德龙超级旗帜号赢得了短角牛的桂冠，而波尔短角牛格瑞德赢得了冠军，创造了历史性的辉煌。它是第一头来自外国而获得大奖的牛。卡特博士欣喜若狂地打国际长途电话告诉我这个消息。当时，我在深夜的睡眠中，还以为这是一个梦。

1974年2月14日，《大地报》报道了这个消息：

在美国科罗拉多丹佛的国家西部牲畜展上，由首次来自外国的公牛赢得冠军，一头澳大利亚蓄种的波尔短角牛创造了历史性纪录。它是由澳大利亚圣玛丽的曼德龙投资公司畜养的曼德龙超级旗帜号。美国裁判认为澳大利亚波尔短角牛是目前世界上最好的品种。丹佛牛，

瑞克和昆士兰塔楚斯畜牧场的格瑞姆·迈克科姆勒，1973年

曾经的冠军，确认了赢得美国冠军这样一个事实。波尔短角牛广泛适应澳大利亚的畜养，多项指标受益——大体重的获得，高强的哺育能力，易于产犊，适应性强，生长迅速，拥有庞大体格。曼德龙超级旗帜号牛曾经是澳大利亚出口到加拿大销售价格最高的品种。由32头波尔短角牛和墨瑞灰牛组成的销售里，主要是波尔短角牛，并且10头来自彼萨特若先生的曼德龙畜场。曼德龙超级旗帜号曾经由加拿大卡特博士购买，打破了澳大利亚活牛价格纪录，一头8个月大的小公牛售出了23793澳元。目前它仍然是世界上顶级的公牛。

1974年，我破了自己的戒律，不在悉尼农业展里面第二次展出已经获得冠军的牛。但是，曼德龙超级大象，它是如此受欢迎，被称赞为未来的公牛，我一直保持推进这个品种，并让它与20头母牛交配。

曼德龙超级大象官方测定重量达到1240公斤，有一些超出其他公牛199公斤。我的另外两头参加展览的曼德龙超级格兰特和曼德龙超级将军，都在16个月的级别组；分组分类，一眼望去，就很容易识别和判断其中的差异和优劣。

不幸的是，那天早晨，我感到大象在裁判那里迎来了它的末日。它走到裁判的圈子里时，只有它一个参赛这个级别，看上去超级棒。至少有一个记者飞奔到电话亭去报告大象将赢得大级别的冠军。但故事还没有完。在展示的现场，它作为资深冠军，显得十分出众。我知道它应该最后出场而不应该排在第一个，这样它会得到一个错误的决定。当我表达了我的感受后，很多观众笑话我说这不影响结果，我的考虑是多余的。但是我知道发生了什么，我是对的。最后，观众十分惊讶裁判的结果，因为它排在前面，而最后获胜的机会是给了最后一名。我听到了其他畜牛人的声音："这个结果太好了！是时候让曼德龙的牛滚开，给我们让路了！"我发现我的

曼德龙超级旗帜号牛在美国创造历史

牛在海外,特别是在美国和加拿大备受欢迎和喜爱,但是在澳大利亚却不是这样,这也让我重新审视我应该怎样布局和安排畜养的事情。

　　同一年,我经过了精心的准备,又将白山谷牛带到了悉尼皇家复活节农业展上。它才400天,体重达754公斤,几乎是平均每天增重1.88公斤。这之后,我们将它带回牧场,被85头母牛所包围,结果后来有82头牛怀了孕。

第一次契安尼那牛销售
婆罗门牛的世界纪录和第一只小牛的澳大利亚纪录

1974年4月4日,契安尼那牛在曼德龙公园进行了澳大利亚的第一次销售,有800人参加了营销活动。第一组16头第一代小母牛最高卖到7000澳元,平均3365澳元。前两头最贵的小母牛被维多利亚州的戴维·阿德姆先生购买,他是契安尼那牛坚定的支持者。销售打破澳大利亚第一代杂交品种的纪录,尽管小牛仅仅才有几周大。卖出的母牛中有36头被测试证明怀有小牛,最高的售价3000澳元,平均价格1081澳元。最高价位的母牛布瑞汉姆被测试怀有小牛在身,卖出了3000澳元,实属世界纪录。它被瑞乌伦契安尼那畜场购得。44头牛总计售得94940澳元,平均价格2157澳元。

我们一场曼德龙短角牛在1974年4月7日的销售也取得不俗业绩。18头波尔短角公牛平均售价4335澳元,价格最高的一头售得13000澳元,另外13头母牛平均价格1445澳元。很多饲养者以为我就要放弃展示,或遣散牛群。1973年,我决定带着两头公牛重返悉尼皇家复活节农业展,我仍然觉得有很多可以贡献出来的新品种。

在1974年的《乡村生活报》上,有这样的形容:

上个星期天，在悉尼附近的圣玛丽，来自澳大利亚、北美地区和加拿大的客人见证了31头曼德龙波尔短角牛拍出了95450澳元。其中，18头公牛在那天卖出了79350澳元，均价4414澳元。最贵的一头曼德龙皇家嘎达，被艾利斯泉市的亚姆巴哈畜牧站的约翰·格瑞先生和夫人购得，那一头的价格是1300澳元。曼德龙畜场的业主瑞克·彼萨特若先生说，这头年轻的公牛用不了多长时间就会大大超过现在759公斤的重量。这里有3头售得最高价的母牛，其中两头曼德龙牛售得2700澳元，是由南澳斯帕丁畜场的阿斯比和他儿子购得；另外一头最高价售得2700澳元，是头曼德龙明星母牛，由维多利亚州的KG屈臣氏波尔短角牛畜牧站购得。13头母牛开价16100澳元，平均售价1342澳元。

另外两头突出的意大利马奇吉纳牛和罗马诺拉牛，在契安尼那牛之后进入加拿大和英国，于是我们决定将它们合并在澳大利亚契安尼那牛业协会里面。不幸的是，这两种牛从未有过契安尼那牛的突出表现，二者在饲料转化率、年龄与体重、体格与产量性状上都很相似，而契安尼那牛不费时间就展现出品种的优势，并很成功。契安尼那牛向来以肉质细嫩而出名，在意大利被称为"佛罗伦萨牛排"，深受意大利托斯卡纳旅游者的追捧，澳大利亚人也很快享受到了口福。1974年12月10日，一群客人包括新南威尔士州《乡村生活报》的记者被请到著名的帕尔玛塔罗马饭店，品尝了契安尼那牛的肉排。结果超出了预期，所有到场的人士都十分享受。这样的促销非常合算，并经常性地作为场地实验来促销契安尼那牛肉。

下面这篇文章的陈述来自1974年的全国性的报纸《澳大利亚人报》：

帕尔玛塔罗马饭店提供给客人们品尝的契安尼那牛肉

　　首先看一下原食材，再享受一下盘子里的美味，这是结识夏洛莱牛肉的一种方式。这个决定出自澳大利亚夏洛莱协会主席瑞克·彼萨特若先生。上周，他邀请了一些媒体和一些与农业生产相关的朋友来到著名的帕尔玛塔罗马饭店。饭店主人吉姆·韬塔先生现场呈献给来宾生肉的样式，一些切成大块的牛肉端上来，然后按照客人喜欢的方式来选择烹调方法。六个月大的契安尼那牛来自瑞克·彼萨特若先生曼德龙畜业的天然牧场，体重140公斤，有很好的色泽，美观的肌肉纤维和清淡少量的脂肪。瑞克·彼萨特若先生同时宣布，他将额外补贴肉店零售方每公斤五分钱，用来促销契安尼那牛肉。这个数量大约是饲养者每提供300公斤的活牛给零售肉铺，可以获得15澳元的补贴。这个补贴适用于所有契安尼那牛的饲养人。契安尼那牛只是近来才被介绍到澳大利亚，不过，它在意大利罗马因肉嫩鲜美享有盛名。正像许多欧洲古老的牛的品种一样，受地域的局限，仅仅为小区域的人所分享。这次通过大宴宾客，使得消费者通过品尝得出结论，热情地接受了它。吉姆先生将采用契安尼那牛作为饭店所用的特殊牛排，这对于夏洛莱牛产业来说是一个好兆头。

我决定再次参加1975年悉尼皇家农业展。我已经想好要遣散我的波尔短角牛，但不是在一个失败的终止符上。从1970年到1973年，曼德龙公园已经展示了四连冠的波尔短角牛，名为"盛大"的冠军公牛；获奖的母牛，无数次第二名和绶带奖；还有怀孕组合种牛。曼德龙超级将军和曼德龙超级巨人仅仅是两头小公牛，但是不计年龄组别而获得大奖。这两头公牛创造了历史，从没有一个人在悉尼皇家农业展中同时有两头牛获得这样的荣誉。

1975年，曼德龙波尔短角牛在别处的表现也很好，曼德龙法斯特牛在新西兰荣获了超级冠军，并在最好的农业展览中获得了令人垂涎的"美食与羊毛"大奖。

当地和海外来客来调研考察曼德龙牛的人络绎不绝。我总是热情地欢迎他们，哪怕仅仅是短暂地过来站一站，我坦率地与来宾分享这一切，我还发现这样的交谈其实就是一种学习的方式。1975年2月，有一组来自美国的付费房客，当他们看到夏洛莱麦高牛哈美施，几乎不敢相信自己的眼睛。在这群人中，有来自爱荷华的查尔斯·肖瓦特先生，他是如此这般看好这款公牛，马上要我售给他1000打夏洛莱麦高牛的精子。麦高牛被送到

AI 中心去取精子，后来在我访问了坐落于美国科罗拉多丹佛的国家西部蓄种中心后，我确信夏洛莱麦高牛是他们要畜养的公牛。我安排了出口到美国和加拿大的项目，并将公牛安排进加拿大消费者记录与评估项目里。夏洛莱白山谷麦高牛是最优品种，产犊过程百分之百无需帮助，尽管它比其他品种的小牛犊重两磅之多。

最后一个波尔短角牛的朝代

　　1975 年的 9 月，是我的波尔短角牛朝代终结的时刻。我做出了一个很大的决定。由于我妻子非常钟情于波尔短角牛，孩子们也是如此，所以做出决定很不容易。因为曼德龙畜场对波尔短角牛做出了很大贡献，为此拥有了很多朋友和尊敬。波尔短角牛和有角的牛在 20 世纪 60 年代的澳大利亚逐渐被矮小的牛所取代，没人愿意继续饲养此类牛。尽管这里的波尔短角牛个头大，但是肉质不佳，看上去没有什么畜养价值。肉食短角牛饲养者通常进口了矮小的公牛，与有角的母牛配种，这样它们的种群就变得又矮又胖。尽管来自有角母牛的后代比单纯的波尔短角牛大为改观——这是纯粹的杂种优势——但是随后其后代又失去了杂交的优势。这样就导致了很多不尽如人意之处。我认为主要的问题是波尔短角牛的饲养者没有意识到，杂交短角牛与有角牛的后代，成为一种混合型的牛。它的确是很棒的公牛，但是这种混合型的牛（头上有隐约可见的能动的小角）优势不能够遗传下去。在我多年的饲养者生涯里，我从未发现混合杂交的牛的后代有好过其父亲的例子，任何规则必须学会接受。

曼德龙皇家大使的性状、重量和结构，提升了波尔短角牛在澳大利亚的地位，沃雷·门罗先生决定组织他自己的维堡拉宝拉卖场，他相信个头的重要性，认为必须保持这种优势。这使这一古老而忠实的品种重新被认识而开启了一个新时代。不幸的是，我必须不断地展示我的公牛以保持销量，而我能够销售的也只有种牛，我必须保持我在悉尼皇家农业展上的影响力，才能够保证销售的成功。这样，也让很多饲养者烦恼，其结果是，我个人遭受了很多中伤，甚至在商会里我都很少能够得到宣传方案上的充分支持。

我与家畜机构和媒体接触后，告知我要遣散曼德龙波尔短角牛的畜养。事实上，我第一个告诉的人是波尔短角牛协会主席，我的朋友雷·斯达瑞特先生。牛市价格立刻下跌了，我只好尽可能地推迟时间宣布，等到市场上牛肉的价格上升回来。1976年4月11日，到了宣布遣散的日子，时间与悉尼皇家农业展重合。消息横空出世，在发布的两周内，问讯不断如同大水涌来。不幸的是，日本和美国也同时宣布他们将减少牛肉的进口量。牛肉市场的反应是牛肉价格崩盘，畜牛业也立刻萎缩了。

我陷入困境，不知是进行下去还是终止。在一系列的广告后，我感到我不能再优柔寡断下去了，不管价值几何都要在4月份遣散和辞退了。经过了三个月的准备过程，结果天公不作美，降雨量达到507毫米。新鲜的雀稗草导致母牛和牛犊腹泻，它们的状态日渐恶化。最后三个月里有26头公牛圈养在棚子里，它们的平均年龄在18个月，但是甚至那些个已经30个月大的公牛看起来也不怎么像样。北部省份也遭遇了这样湿漉漉的天气，三天的疾病几乎席卷了全部牲畜。公牛有三天因发烧而蜷缩在棚子里不吃不喝，差不多过了一周的时间才痊愈。而母牛的情况更加严重，那些身边有小牛犊的母牛，三天病恹恹的没有产奶，小牛吃不到奶饥饿不已，结果是临近销售的日子里，母牛虽然病愈，但是小牛犊的生长仍不能令人满意。

遣散销售的早晨，黄牛的价格因为大面积的干旱又变得更糟。维多利亚州的母牛售价竟然低到5澳元一头。开市的人是矿业和能源部长乔治·弗瑞德斯坦先生，他来自短角牛畜养家族，其背景为多数畜牧人所知。我感觉到了惨淡和悲伤，我太太和孩子们都感受到了。我们即将与那些亲密的朋友分开，是它们把我们介绍给无论是在澳大利亚还是在海外更广阔的圈子里的朋友。无论在哪里，尤其在北美地区，我们之所以为人们所知，全赖于波尔短角牛，而现在这些短角牛被我们置于拍卖槌下。首先开始的是公牛。大约有650人来到现场。这样少的人数就是一个不好的迹象，这是历届波尔短角牛销售中最少的到场人数。第一头短角公牛是一个出色的杂交品种，或许还是最棒的一头波尔短角牛，是经得起任何挑剔的种牛。它不是极品动物，但是3岁的年纪也有1142公斤重。我期待它至少能售得20000澳元，但是，经验丰富的拍卖师皮特·诺瑞非常卖力地叫卖才录得12000澳元。它被南澳的一家阿什比联合畜养站买下。这是阿什比第三次购买曼德龙公牛，也是最便宜的一次。第二价位录得3100澳元，是那头在美国创造过历史的曼德龙超级旗帜公牛的亲兄弟。整个价码令人沮丧，22头公牛平均价位在1577澳元。即使是遣散性销售，我仍然拒绝卖出4头卓越的品种。它们其中一头是我认为最有前景的曼德龙超级大象的儿子，才拍到1400澳元，而我认为这样年轻的公牛，像它的父亲一样强壮，甚至能超过其父，应该在10000澳元左右才是合适的。你可以想象得到我的失望。我临时叫停拍卖，与我的两个儿子里查德和亨利商谈，我们同时决定少于2000澳元就不卖这头牛，而出价最终没有形成，我们得以又将这头绝佳的公牛保留了20个月。

我失掉了信心。我的畜种应该送人了。当然，我没有期待很高的价格，这是因为牛肉大跌价，同时遇上干旱的天气，并且情况变得越来越糟。但是，我一时半会儿却没有心情将它们立马送走，尤其是经过多年的辛苦，这些母牛给了我巨大的成功。短暂的发热，也是造成少数量的价格下降的原因。一些老朋友买去母牛，它们的身边跟着刚出生的小牛。有两位很棒的饲养人也是我多年的老朋友，他们都曾经非常羡慕我的波尔短角牛，也出席了销售会。我能够看到他们倾尽全力来阻止这些最好的母牛被贱价残杀，感谢他们和其他一些人，将110头母牛以每头平均价717澳元拿下，最高价录得2400澳元一头。销售结束后，我们将一百多位客人迎进家园，我太太准备了丰盛的自助餐，结合了法式和意式的烹饪方式。这标志着告别了许许多多好朋友，正是在他们的帮助下，曼德龙波尔短角牛成为澳大利亚乃至世界的顶级品种。

在我遭散销售一年后，澳大利亚在1977年悉尼皇家农业展期间举办了第二次世界短角牛大会。为这个国际性的活动所做的准备，两年前就开始了。主办方也期待着有海外短角牛的饲养者参与。在澳大利亚短角牛协会的秘书长杰克·霍金斯和总裁雷·斯达瑞特的关注下，以及协会里其他要员的协助下，会议十分成功，超出了他们的期许。我们参加了三天的会议，并且我带着太太和家人出席了盛大的晚宴。

关于畜牛，我认为需要直言我所想到的，它们基于我获得的知识。但是我很快意识到如果那样我是太坦率了。不幸的是，澳大利亚不能接受你过于直率的表达和说辞。澳大利亚人太过客气，在那时，你不知道他们是赞同你还是不赞同你。我预料到与会人员都可能大赞澳大利亚短角牛是世界上最棒的牛，但是，却又在背后敲打。大会应该将短角牛的问题提上议事日程来讨论。所以，我决定不参加大会。我还认为，最最不应该的是，他们没有选择一个外国仲裁人参与评判。但是，无论怎样，每当我强调这一点，其他的饲养者就会立刻告诫我："澳大利亚有世界上最棒的短角牛。"这样一来，我们必须任用当地的评判员而没有国际上的。当然了，我这样的人有着拉丁人一样的直脾气，就知道他们中的大多数都忽视海外畜牛业的水准，我感到非常愤怒与沮丧。据我所知，只有雷·斯达瑞特和我本人去过北美地区考察外面世界的短角牛。我公开表示，曾有意愿将北美地区的短角牛销售到澳大利亚，整体而言它们比澳大利亚的好许多，或许我们这里有一些公牛体重超过1179公斤，而那里的仅为少数。

来自11个国家的132位畜牛人出席了第二次短角牛世界大会，其中有多数公开地表达了他们对澳大利亚短角牛的失望，尤其是波尔短角牛。他们期待来看超级波尔牛——它站在那里有150厘米高，体重在1179到1225公斤，一如曾经在多处展现的曼德龙波尔短角牛。那才是他们要寻找的公牛类型。尽管大会准备了多时，而展出的这头五岁的公牛，我从未见过像这样四条腿如此肥实的。每一头公牛都肥嘟嘟的，大约有30毫米的肥膘挂在身上。很难看，最重的才仅有1134公斤。参观者大哭吧，这样多肥肉而少肌肉。同样的，裁判也很失望。肥实的公牛获得了冠军的绶带，更坏的是这样超肥的牛却能够在卖场上赚取更多的钱。

我的结论是育种协会有责任通过组织观展，通过体格的演示来呈现各品种牛的价值属性，甚至是对比展出一系列不同的品类，比如说20种包括大陆牛类，并且到屠宰场去查看实情。我觉得只有这样，畜牛人才能够运用他的常识来判断，才能改良品种。还有，裁判必须提高业务水平。

有一次，一头最好的凯尔索皇家鲍威尔牛排在20个月大的级别里，这是很合理的。这头牛在它的年龄组里有最好的体重——806公斤，6毫米脂肪，那正是一具超好的肉食骨架。但是，其结果是它被排在次等品的最后一位，裁判给出的理由是没有足够多的脂肪。这令一位新西兰夏洛莱牛的畜养者意识到了这头牛的潜力，他仅仅付出了区区1000澳元就拿下了这头公牛。我确知也仅有7或8头牛的骨架是被场内认可的。这是出席大会的外国参与者道出来的信息，他们不能理解这样的结果。裁判的方式完全是澳大利亚式的，这是由于采购人总是要买过肥的公牛，还有，他们不能意识和懂得肌肉在屠夫传统刀法的切割下能够得到更好的利润空间，这也应为消费者所追捧。

意大利黄牛

1977年前后,尽管澳大利亚畜牛产业处于低潮期,或许在全球也都一样,1977年12月11日,澳大利亚首届纯种契安尼那牛、马奇吉纳牛和罗马诺拉牛营销会还是在曼德龙公园举办了。其结果非常出人意料。大卫·亚当斯先生回来了,他在首日销售会上购买了两头最贵的契安尼那小母牛后,又继而以10000澳元购买了最贵的契安尼那公牛。此次销售会上出售的5头契安尼那公牛的均价是5140澳元,还有一头纯种的契安尼那小母牛的售价是5750澳元。至于马奇吉纳品种,3头出售的纯种公牛售价达3100澳元,均价在2043澳元,一头纯种的小母牛以4250澳元售出。另外,有3头纯种的罗马诺拉公牛以2000澳元售出,该品种平均售价1833澳元,另外一头该品种的小母牛以3100澳元售出。

我与妻子安妮路易斯一起奔赴北美地区,出席了在那里举办的第一届国际契安尼那牛展销会。该销售会于1973年10月10日在加拿大的萨斯喀彻温省萨斯卡通市举行。印象中当时有最早的450头杂交公牛和母牛展出并销售。这次销售是由乔纳森·福克斯先生组织筹划的,他是一位在全球畜牛业都非常著名且受人尊敬的畜牛人。评判是由三位裁判员共同努力完成的。裁判员在不协商的情况下，先依次各自在自己的卡片上标价。三位被选中的裁判中，有两位是美国人，另一位是加拿大人。然而，三位裁判中有一位生病了，没有到加拿大参加此次评判。乔纳森对我说要我接替这个位置。对于收到这样的邀请，我感到自己卑微且紧张，但同时又非常荣幸。当时有来自北美和南美地区的成百上千的畜牛人参加了此次契安尼那牛展览和销售会。我无法拒绝这样的一份荣幸，我怀着热情接受了任务。当时有超过20个种类的牛要被评判，他们中有纯种契安尼那牛，还有安格斯牛、短角牛、海福德牛以及奶牛杂交之后得到的品种，所以种类难以描述。实际上此次销售的关注度非常高，似乎每个养牛人都想在他们的牧群中加入世界上最大的牛种，也就是契安尼那牛。评判花了一整天，令人惊奇的是，加拿大裁判、美国裁判和澳大利亚裁判对每种牛所做的第一、第二、第三次的评判都几乎一致。

当天晚上，在美妙无比的晚餐聚会上，乔纳森表示，他对来自不同国家的三位裁判没有选错同种类的牛以及冠军排名表示非常开心。第二天销售的价格暴涨，我不记得具体的平均价格了，但确实非常高。最贵的成年母牛卖到了15000加元左右，而且三头安格斯公牛的价格高达20000加元，当然这三头公牛都是一等的杂交牛。看到一等的杂交公牛能卖到如此高价，我感到非常惊奇。乔纳森悄悄对我说："当然，买下那三头安格斯公牛的人是美国最大的安格斯牛饲养商之一。"那次的契安尼那牛是来自全球畜牛人的热门话题，那次的重点仅仅是大小。我参加了许多次西部展销会，他们会展示每头参展的公牛和母牛的身高。你可以打赌99%的类别里每次都是最高的那个会赢。

契安尼那牛的脾气

　　我最早的发现之一就是：契安尼那牛并不像别人所描述的那样是一种温和的巨物。它们确实有自己的秉性，特别是在牧牛场里。如果受到惊吓，它们可能会攻击任何人，而且因为它们太高，就可能会推倒栅栏，然后想去哪儿就去哪儿，它们的脾气绝对不是理想的那种。

　　一个周末，我和我的妻子，还有我们九岁的女儿瑞贝卡留在了农场，我的两个儿子亨利和理查德那次周末没有从帕拉玛塔的国王男子学校回家。我们和瑞贝卡一起走去查看母牛产崽，一头怀孕母牛当时生产遇到了困难。它是一头黑白花奶牛，体内注入了一个纯种的契安尼那牛胚胎。瑞贝卡和我成功地将它赶到了牧牛场进入牛群里，然后我们用两根铁链帮它接生出了一个大个头的活的公牛犊。

　　瑞贝卡迫不及待地给它取了个小名叫查理，虽然它最后的注册名字为"梦想时光欧米茄"。农场里的每个人都知道它的小名查理，它也长成了一头高大的公牛。事实上，令瑞贝卡非常开心的是查理在1979年的悉尼农业展上获得了总冠军公牛奖以及最优秀种牛奖。在一位著名的美国畜牛人拉瑞·格瑞姆斯博士面前，我亲自在裁判场上展示了查理。查理当时是一头非常温顺的动物，在秀场表现得非常好。

查理在悉尼取得成功之后，我在沃润敦选了一个有40头母牛的牛群，然后这成了查理的"后宫"，但它变得占有欲非常强，以至于它不信任人类，不让任何人进入自己的王国。实际上，只要它发现了小汽车、卡车、拖拉机或者任何人在路上走，抑或是沿着它的小牧场的栅栏走动，它就会把它的母牛集合起来，然后站在母牛群前面与被发现的闯入者对峙。这展示了它的威力，以及它随时准备攻击任何会干扰它的人。

我是发现公牛查理脾气产生巨大变化的第一个人。我提醒了那个为我工作的雇员，要他小心查理，因为它变得越来越危险和无法被信任，特别是作为一头动作如此迅速的公牛。契安尼那公牛被认为是会杀戮和攻击人类的，在诸如美国这样的国家也有契安尼那牛致人死亡的记录。

我猜不是每个人都会同意我的观点，但我还是认为契安尼那牛刻薄的性情来自几百年来牧场饲养者对它们施加的虐待。在所有我视察过的意大利牧牛的经营和操作中，我发现，这些动物总是都被拴在喂食者面前，并且在草堆上。当它们吃完了碗中的食物，饲养人负责立即用铁叉拾起粪便。如果它们躺下，饲养人会用铁叉尖尖的刺推挤它们身体的任意部位，来强迫它们起来或是移到旁边去，有时会使它们流血。好吧，如果这是一个常识性的做法，那么我觉得在长达几百年的奴役和虐待之后，在它们遗传的性格中肯定有对人类的仇恨。

实际上，就算不是所有的大陆品种都不能被信任，也有一些是不能被信任的。它们中的大多数可能变得非常凶恶，特别是当某些动物被病态对待过时。

查理在沃润敦与它的"后宫"牛群生活了三个月后，在做了大量的防范措施的情况下，它被用卡车运往了曼德龙公园。查理被安置在了一个小的但是防护得很好的围场里，那里可以通往一个牲口棚里的喂食槽。我们很快就可以看到它是否可以安定下来。这个安排进行了几个月后，查理要与新的一群母牛一起生活的那天到来了，这次它要到我的沃岗布拉农场，这个农场坐落于新南威尔士州的南方高地里的萨顿森林，查理和一些夏洛莱公牛一起被用卡车运输过去。当时是阿尔伯特·彭福尔德先生将这些公牛集中起来的，巴杰瑞先生和他的妻子巴杰瑞夫人生前和他都非常要好，在乔伊斯·巴杰瑞夫人于 1978 年去世后，他继续在沃岗布拉农场每周为我工作两天。阿尔伯特有自己的农场要管理，他的哥哥厄尼也是，但他还是决定帮我打理沃岗布拉农场一段时间，当时我正在我的各个资产——曼德龙公园、沃润敦农场、沃岗布拉农场——之间跑来跑去。

  阿尔伯特在曼德龙公园安排集中了一些夏洛莱公牛，试图用他的卡车将它们与查理一起运往沃岗布拉农场以进行配种。在此前一天，我刚接受了一个前列腺手术后出院，虽然当时我能够自由活动，但因为前一天那场手术，我还是无法快速走动。我决定去农场周围走走，去绕着养牛棚看看养牛场里的公牛们。我走到查理的小围场时，它便走到了小围场的门口，看起来很友好。虽然发生了过去的那些事情，我还是决定打开查理的养牛场的大门，让它可以在进入牛圈和上卡车之前在销售场上散散步。在打开大门之前，我确定了我在一个安全的地方，以防万一查理想要过来找我，而不是决定沿着销售场再走一圈。在它到处散步的时候，我偷偷溜进了牛圈，打开了相连接的大门。查理当时在 200 米远的地方，看起来正对其他什么地方感兴趣。我打开了第二个大门，进入了一个更小的安全的等待场，准备迎接阿尔伯特的到来。就在我打开第二个门的时候，在几秒钟内，查理就到了我身后，用它的头抵着地面，做出了往前冲的姿态。令人无奈的是，我尝试着爬上牛圈的钢管栅栏，但没有成功。当我到了从上往下数的第二根横杆上时，我转过身去，要踢走查理，但它已经冲向了我，我的身体夹在了钢铁横杆中间,查理抬头的时候已经将我抛到了横杆的另一边,抛到了另一个牧牛场里。

我只记得我转过身去踢它的头,没有人知道我在地上待了多久。幸运的是,有一个找我的电话打了过来,然后我的秘书玛瑞亚过来找我。她看见那头发疯的公牛正试图撞开金属围栏向我压来。

安妮路易斯刚刚在双子湾做了头发回来,并不知道发生了什么事情。玛瑞亚打过求救电话后救护车及时赶到,在检查了我的情况后,救护人员决定待在原地不轻易搬动我,直到重症监护车和专科医生的到来。他们将我直接送到了韦斯特米德医院。

两天后我睁开了眼睛,看到安妮路易斯坐在床边。我不知道自己在哪里,也记不清是怎么回事了。我问安妮路易斯:"我现在是在哪里?"她一边将指头放在嘴唇上,一边温柔地说:"嘘,你现在在医院。"

"为什么?"我问。"那头牛踢伤了你。"她说。"哪头牛?""查理!"我的回答也很简单:"杂种!查理!"说完,我又倒头昏睡了一整天。

疼痛剧烈。等我恢复了意识后获知,我的肋骨被碾碎了,几乎让我的心脏停止了跳动,因为三根肋骨折断,脾脏也慢慢出现了问题,急需手术治疗。此后我恢复得很快,一个星期后,我出院回到家里,尽管疼痛依旧。

在担任了七年澳大利亚夏洛莱牛业协会会长后,我退休了。新担纲的人是一位充满热忱,有经商能力,并且拥有知识的畜养人,名叫沃雷·皮尔特,来自昆士兰州。不幸的是,沃雷没有我的时运,牛的价格开始下跌,连续干旱使情况变得糟糕。畜牛业开始进入严格的审查,契安尼那牛还由于其秉性和成熟缓慢的情况,在澳大利亚东部和南部开始数量减少,但是在北部地区,尤其是昆士兰州仍然保持相当数量。

沃雷仍然坚守契安尼那牛的畜养,在他昆士兰的畜牧场除了拥有契安尼那牛外,还有海福特公牛。他很羡慕我的曼德龙特种,他干得很棒,也建立了自己的合成品种，有几个类似曼德龙特种的品种。

　　沃雷喜欢查理，在我对他说查理看上去只有一条径直走向屠宰场的路后，他还是百般试图求购这头公牛。如果查理再次袭击并重伤任何其他人，我不能饶恕自己，不然的话我会将它给沃雷的。尽管沃雷叫我放心，按照昆士兰的条件，查理几乎没有机会再次重复这样的壮举，但我还是下定决心将它送到了屠宰场。我的女儿瑞贝卡一直认为，我应该将那可怜的查理留在牧场。学校里所有年级的学生被要求写一篇有关生活中难以忘怀的一天的作文。她的老师送给我一封信，说瑞贝卡写的是关于她和我的充满感情的故事，这是十分令人动容的信。

赠给前苏联历史性的礼物

我在养牛方面最成功的那些年里,新南威尔士州农业部的一位官员阿莱西·查瑞卡乌教授来到曼德龙公园我的庄园。查瑞卡乌教授是一名居于堪培拉前苏联驻澳大利亚大使馆的公使,他是前苏联畜牧业的领导者之一,事实上所有的畜牧场和实验所都归他管。当前苏联从法国引进夏洛莱牛后,他们也遇到了当时全世界所有养牛者都会遇到的一些问题。在拜访我的农场的时候,教授对我的夏洛莱牛印象深刻,他很快意识到我已将这个品种产犊的问题和基因上的一些问题解决了,而他的国家正被类似的问题所困扰。我通过试验,生成一种更便捷、具有更多能力的牛种而成功地解决了这些问题。真正吸引他的还是曼德龙特种牛。

在任职期间,查瑞卡乌教授主要的任务是购买美利奴公羊,提升前苏联的广大羊群的数量。前苏联非常依赖它的羊毛产品,用来生产保暖的羊毛服装,好让他们在极度寒冷的冬天里御寒。在教授拜访期间,他解释说满足前苏联的羊毛产业的需要是他的首要任务,他请求以后能够再次来访,要更仔细地看一看我的牛群,因为他想要引进种牛精子和牲畜,也就是说我的曼德龙特种牛。在这件事情上达成一致后，第二次拜访是查瑞卡乌教授直接联系我的，后来，他还亲自安排了他们的商务领事、总领事，还有前苏联大使参观我的曼德龙公园的日程。

就如往常一样，安妮路易斯出色地准备了一顿精致的晚餐，宾客们也都非常欣赏。查瑞卡乌教授（现在我们更亲切地叫他阿莱西）和他的夫人伊娜在他们住在澳大利亚的两年里，经常拜访我们，有时也会和其他的政府首脑一同前来。安妮路易斯是一个很好的女主人，还会准备很多可口的餐点，同时阿莱西和伊娜也会邀请我们到前苏联大使馆，去和他们或者大使一起享用晚餐。

当时，由于是冷战期间，被人看到是前苏联人的朋友几乎就是一个罪过了，而且有人会质问我是否与他们有任何关联。我从来都没有担心过这个，因为我从来不讨论政治。实际上，我可以感觉到这些前苏联人是多么享受他们在澳大利亚的自由的生活方式。有一天，一个澳大利亚秘密机构来人约谈了我，所有的询问都是关于我是否知道或者注意到了这些前苏联人的不法行为，这些人都是当时和我走动得相当近的人。我非常明确且毫不犹豫地告诉他们，我并不是一个共产党的同情者，但是他们从来没有以任何形式向我提到过政治，所以我把他们当作我的朋友。其实就在这个特工来之前，我刚通过阿莱西向前苏联出售了5000打曼德龙特种牛的精子。他也在我的一个牛展拍卖会上买了8头母牛，它们一起被直接出口到了前苏联。阿莱西在他最后一次拜访时，对我说过一句话："我知道我们的志向并不一样，但我还是把你当成我们的朋友。"

在一段时间里，我被同一个特工寻访了许多次，很明显大家觉得那个前苏联的商务参赞是一个间谍，而且我和他经常见面，有时甚至还在他的家里见他。后来，我常常怀疑这个特工是不是一个双面间谍。阿莱西离开澳大利亚后，回到了前苏联，他当时在那里掌管很多畜牧场。他从我这里购买的精子投入使用了，曼德龙特种牛家族的第一代杂交品种超出了他们的预期。阿莱西邀请我去前苏联做客，他会作为主人来招待我，而且我所有的费用都由他们支付。

我接受了邀请，来到了莫斯科，不过只能待一周。在莫斯科期间，他们带我参观了莫斯科所有的研究站，不管我们到哪里，都会有免费食物和饮料，至少都会有伏特加酒。讨论的时间总是不会超过两三分钟，却总是有更多的发言和祝酒词，还伴随着"干杯！"一起。我只有晚餐的时候喝上一杯红酒，我一直都不是一个能喝的人，我费了九牛二虎之力解释说我只能喝一点点，虽然那个主人接受我的解释，但他们还是把我推到了极限。我度过了一段愉快的时光，不过我也知道访问莫斯科的那个星期，"冷战"的形势实际上相当紧张，而且前苏联当时持有的唯一厉害的武器是原子弹。不然的话，可怜的伏特加饮用者们除了与盟军正面交锋，便没有任何其他选择。我发现这个民族的人都很友好，也很谦虚地接受和容纳。

《大地报》于1977年10月27日对这个具有历史意义的礼物作了如下报道：

澳大利亚的种牛精子得到了特殊待遇

首次由澳大利亚运往苏联的澳大利亚种牛精子的运输像是"运送名画"一样。堪培拉大使馆的农业参赞阿莱西·查瑞卡乌教授说，接收工作反映出了我们对这批货物的重视程度。在一个悉尼的新闻发布会上，他表示接收这些种牛精子的科学家们非常兴奋，因为它们能够填补一个雄心勃勃的苏联项目中的重要空缺，这个项目是要为苏联畜牛业的高产量的需要，快速开发出牛犊的增长。这些需求就是要提高夏洛莱牛的产犊量，以及增加短角牛的重量。上周空运的那批货物是由150管夏洛莱公牛，即白山谷哈美施牛的精子和50管波尔短角牛、曼德龙超级大象牛的精子组成的。这是来自澳大利亚多格蒂有限公司和著名的养牛人瑞克·彼萨特若先生的礼物，他来自悉尼附近的圣玛丽。彼萨特若先生培育出了著名的牛种曼德龙超级大象，现在这个牛种归澳大利亚多格蒂有限公司所有。查瑞卡乌教授对这些公牛充满巨大的热情，他说苏联拥有一个包含来自世界各地的大概82个牛的品种的养育中心，其目标是在1990年前培育出在8到10个月大时能长到400公斤的牛，用以解除寒冬时对于谷物的依赖。虽然夏洛莱牛在这个项目里的所有指标都名列前茅，但是全世界都面临着这种牛在生殖方面的诸多问题，亟待解决。就是在产犊方面，有最高纪录的白山谷哈美施牛也许可以起重要的改变作用。彼萨特若先生说，查瑞卡乌教授只需看一看白山谷哈美施牛的牛犊，就知道它们才是他要找的那种牛。当他看见白山谷哈美施的时候说："就是这头牛了！"彼萨特若先生说，当查瑞卡乌教授看见这种牛的幼犊时就知道，这就是容易生产的牛的体形。彼萨特若先生解释了这种牛容易生产的特性，继而在加拿大的一个作参照的16头夏洛莱牛的对比AI试验里得到确认。在这个试验里，所产出的白山谷哈美施牛百分之百没有人工协助。他还说白山谷哈美施牛就是能够实现苏联到1990年快速增长目标所需要的牛种。

在1978年的悉尼皇家农业展上，白山谷哈美施后代的展示获得了巨大的成功。这些哈美施的后代也得到了曼德龙冠军奖杯，而且现在由于其精子出口到了俄罗斯，白山谷哈美施牛的影响也传播得更远了。

离 婚

在与安妮路易斯 26 年的婚姻里,我是非常快乐的。在家里,我从温馨的家庭气氛里得到了最大的安全感。安妮路易斯和孩子们的爱让我感到心安和满足。当然,我从没有停止努力工作,毕竟,努力工作总是给予我,并依然给予我身体和心理两方面的健康。

我很清楚地记得,我的父亲毕生都在享受生活,却从来不会忽视财务方面的进展。时不时地,在任何他支付得起的时候,他都会购买更多的地产。而且他是一个完美主义者,他会聘请一些人去修复他新购入的地产来达到他的专业标准。他的一些朋友会问他什么时候才会停止投资,然后退休,据我所知我父亲的答案总是一样的,他会说:"我还不想死。"所以我觉得,想要保持清醒的头脑,必须有持续的动因和收益。

也许我做过头了,但我还是不认为我忽视了我的妻子和孩子们。在我们的婚姻存续期间,我设法带安妮路易斯到海外旅行了九次,其中有几次还带着孩子们。我从没想过我如此严重地忽视了我的妻子,以至于她会离开我。

一直以来，我知道安妮路易斯有强烈的嫉妒心。举个例子来说吧，我在畜牛业取得巨大成功的时候，不管是来自本地还是海外，各行各业的许多人都会走近我，与我谈话。在晚宴和聚会中，或是其他任何与畜牛相关的活动上，总会有年轻的女孩子喜欢跟我谈论牛。我一直很享受社交，而且并不否认我在有异性的场合总是展现出最佳的精神状态。不幸的是，安妮路易斯在这个时候绝对会悻悻地离开。我无法忘记在悉尼的雷金特酒店举行的宴会，那是西门塔尔牛饲养者协会举办的一次大型的宣传宴会。西门塔尔牛的饲养者里非常幸运地有像著名的企业家哈利·M·米勒先生和他的妻子温蒂这样的超级饲养者，温蒂是一名著名的饲养者和兽医。当然，哈利和他的妻子也是排名第一的西门塔尔牛饲养者，而且他们非常成功。哈利组织了所有西门塔尔牛饲养者协会的宴会，所以西门塔尔牛饲养者宴会绝对是悉尼的热门话题。我和我妻子能够被邀请，我感到非常荣幸，我觉得那是一个非常棒的夜晚。我们当时与哈利和温蒂、保罗和安妮·特诺沃斯、詹姆斯和珍妮·洛纳根坐在同一桌。他们和我们当时是最要好的朋友，他们在西门塔尔牛饲养方面和协会里的工作方面都做得非常棒。当然那晚的宴会还有许多其他我们认识的人参加。我常常被请到远郊农场去评鉴西门塔尔牛，我也很享受能为所有的饲养人所拥戴。

当晚在用餐时，我与很多人倾心交谈，不仅谈西门塔尔牛，总的来说是关于所有的牛。没有一次是我需要离开座位前去找他人说话的，我仅仅是和过来找我谈话的人说话，他们都向我介绍了自己，但是我觉得安妮路易斯要么由于太多人想要跟我说话而嫉妒了，要么就是感到被冷落和忽视了。

那天晚上，我愉快地跳了几支舞，但都是和我的安妮路易斯，没有和别人跳。安妮路易斯不会跟除我之外的任何人跳舞，就算是我鼓励她，她也不会。事实上，有一个晚上，我们参加了一个 RSL 俱乐部，和一些朋友一起享用了晚餐。其中有一个朋友曾是那个俱乐部的经理，他邀请了安妮路易斯跳舞，而她的回答总是一样的："我只和我的丈夫跳舞。"我一直劝她跳一支舞，她终于不情愿地答应了，但是当这个朋友尝试着靠近她一点时，她撇下他一人在舞池里，自己回到了饭桌旁。

就在这个西门塔尔牛饲养者组织的晚宴气氛最活跃的时候，安妮路易斯宣布我们要回家了。要在这样的一个有趣的时刻离开，我感到有些失望，不过我还是什么都没说就答应了。

从我们的桌子到门口大概有十米，当我们告别并感谢了组织者的盛情邀请后，开始朝门口走去。一个接一个的人不停地打断我们，并询问我们为何这么早就离开，还有人想要和我继续谈论关于牛的事情，我们花了一个小时才走到门厅。我们不是没有尝试走出去，也不是安妮路易斯没有催促。虽然是这样，邀请我们的朋友对我要这么早走还是很吃惊，而且还可能挺失望。我总是努力地取悦我的妻子，而且我能感觉到她想要我远离每一个人。

我必须承认我享受我的名气。从我是战俘的日子开始，我发现我在澳大利亚人中间是一个有名的人物。这让我非常乐于多做点事情，并帮助任何需要我所掌握的畜牛知识的人。许多虚心的养牛人会与我讨论他们自己的资产上正在经历的问题。其中的一些问题是他们的牛状态不够好，或是在裁判场上表现得不够好，甚至是走得不够好，这一般是因为配给的口粮不均衡。我会力所能及地帮助任何人，至今还是如此。我曾经收到过很多关于有问题的牛的信件，我总是尽力想出最好的解决问题的办法来答复。我从来都不是一个势利眼，也许有时候会害羞，但绝对不是势利眼。我最坏的缺点之一，就是我总是记不住别人的长相，尤其是当我们很多年都没有见面的时候，这点让我觉得很难为情。

这些是我们日常生活中正在发生和经历的。安妮路易斯常常会毫无缘由地失去控制并哭泣。我每次都会求她告诉我为什么，但是她的回答总是一样的："我一定是疯了。"我从来都没有继续深究下去，然后我继续着我繁忙的工作。直到有一天，安妮路易斯外出回来后告诉我，她想要离开我。我没有把这件事放在心上，因为我以为她只是在闹情绪。然后她又出门了，这次回来的时候她带上了她的哥哥埃莱默尔·舒格，她说她是回来拿一些个人物品的，因为她在悉尼的北岸租了套公寓。虽然我当时非常狂躁和心烦意乱，我还是没有阻止她。我当着她哥哥的面告诉她，这次一旦她离开我的房子，这里的大门将会永远关闭。她哭了，但继续打包了东西，然后离开了。

几天后，她给我打了个电话，问我她可不可以取走一些我们以前一起买的家具和贵重物品。当她回来的时候，我没有阻止她取走任何东西。我每个月都会给她生活费，好让她可以舒适地生活，我甚至还去她住的公寓探望了很多次。她决定在卡斯尔山买一套两层的楼房，我付了钱，然后我们去了卡巴玛塔的一家意大利家具店，在那里，我给她买了她想要的任何东西。她在这所房子里很好地安顿下来，然后我们签订了一个协议，协议里规定我每周给她一笔可观的生活费。她打理花园、装修房子并使她的新家舒适，她做这些事情的时候看起来非常开心。我还是经常探访她并留宿。我们签订的那份协议是一份友好的协议。其实，那份协议并没有被法庭认可，所以根据《家庭法》，它是无效的。我清楚地明白安妮路易斯希望我去迁就迎合她，这也意味着我必须改变我的生活方式。有时候，我非常清楚地表明我就是我，除非她想要我假装，不过我也永远无法假装。不管是好是坏，我是非常有名的，特别是在畜牛业，我是一个直截了当说出自己想法的人。没错，我是坦率的。

一天，我接到一通电话，安妮路易斯约我在帕拉玛塔市的皇家公园酒店一起享用午餐，我开心地答应了。用餐期间，她告诉我她不是特别满意我们的协议里的条款，她其实是想要一笔一次性付清的款项。她已经咨询了一位离婚案律师，几周后，我们拟定了一份全新的协议，我确定这份协议很快就会被法庭通过。当然，她提出离婚，这将会在12个月的分居后生效。

不久之后，安妮路易斯卖掉了她在卡斯尔山的房子，然后在马尼尔德拉买了一个农场。这是坐落于新南威尔士州西部中心的一个小的农业社区，距离悉尼大约四小时车程。我觉得她完全是疯了，我们的孩子也这样认为。我的女儿瑞贝卡搬去跟她一起住，瑞贝卡更多的是感到悲伤。

在我们分居期间，离婚之前，安妮路易斯会毫不愧疚地表示她有多讨厌农场生活，虽然事实上曼德龙公园农场坐落在邻近悉尼大区的好地段。我认为安妮路易斯觉得自己遭受了挫败，想要向我证明并较劲，她也可以在农业方面取得成功。虽然我认为她是很不明智的，但是我也不会对她的决定再多作评论。

安妮路易斯在马尼尔德拉生活的日子里，经常会邀请我过去，向我展示她是如何经营她的牧羊场和谷物农场的。我去探望了几次，她当时做得很不错。她一直都是一个完美主义者，她的风格不仅在家庭和花园中可以体现，也表现在了她的农场里。

有一天晚上，安妮路易斯正在我儿子理查德的家里做客，那里离农场不远。她在悉尼处理了一些商务后，留宿在那里。我刚好也顺便过去看看我的儿子和他的家人。在我与安妮路易斯谈话的时候，她问我哪里可以买到200只钢筋柱子和带刺的铁丝，用来加强她的牧场围栏。因为我有富余的做围栏的材料，我愉快地说要给她，她同意了并道谢。我对她说下次拜访她的时候，我会从我的材料库里取出来拿给她。实际上，几周之后，在马奇有一个波尔海福特牛的销售会，我的女儿瑞贝卡想要参加。我在那里接了瑞贝卡，结束后我带她一起回到了安妮路易斯的农场。当我们到达的时候，天色已经越来越暗，瑞贝卡进屋问她的母亲在哪里堆放做围栏的材料。结果，瑞贝卡自己一个人出来了，我可以从她的表情看出有些事情不对劲。我们把材料卸下来后就进了屋子。

安妮路易斯穿着很正式的晚装，并且在厨房里匆忙地忙活着。她看到我后，马上用烦恼并苛刻的语气说："我现在正忙着为我的客人们做饭，他们还没有到。你如果想要喝咖啡的话，瑞贝卡可以为你做一杯，但是今晚你不能待在这里。"我简直无法相信我听到了什么。我转过身，拒绝了喝咖啡，然后说："我现在就回家。"尽管我真的很想喝一杯。然后她继续忙活着，我向女儿告别后就驾车离去。我太疲惫了，也许我就应该待在路途中的汽车旅馆，但是我太过烦躁不安，所以继续开了大概四个小时的车，然后到家了。在回家的路上我因为超速留下了违规记录，那次真的就是雪上加霜。

在这个焦点时刻，我必须承认，之前我认真地思考了要补偿安妮路易斯，我觉得在某种程度上这本可能是个可以讲和的夜晚。我到底错在哪里？让事情变得更糟糕的是，在我向瑞贝卡告别的时候，我发现了原来安妮路易斯是在为她帮忙照看的两个孩子做晚餐。我到家后就做了彻底的最后的决定。我最后的决定是我不会再考虑要弥补，而这也的确成了最后的决定。

安妮路易斯曾是现在也依然是一个非常有才华的艺术家，她本可以在她的绘画和织锦工作上取得更多的成就。她的确在毛朗镇开了一个小画廊，那里离她的农场非常近，不过这个生意没有持续多久。

时隔不久，安妮路易斯再婚了。她的第二任丈夫是一个农场主，他住在离她的马尼尔德拉农场不远的毛朗地区。不幸的是，这段婚姻并没有持续多久。

在他们分开后，她卖掉了她在马尼尔德拉的农场，然后搬去了巴瑟斯特，这是西部中心地区的一个主要城市。住在巴瑟斯特期间，她继续从事她的艺术工作，甚至还短期地在一个朋友的苗圃里工作过。

在一次海外旅行时，她遇到了她的第三任丈夫，他是一位销售主管。她回来后卖掉了在巴瑟斯特的家，然后在毛朗镇买了一个倒闭的面粉磨坊。她将她所有的钱和精力投注在了翻新后的磨坊上，并将它变成了一个有美术馆、咖啡店和三间提供早餐的旅店的三层楼建筑。每一个房间都是用她的古董家具和艺术作品装饰的。不幸的是，这对于那个地区来说有点太夸张了，安妮路易斯很快便厌烦了这个想法。她再次回到了奥地利，那是她的第三任丈夫的故乡。在此之前，她再次回到了毛朗镇，决定将她所有的个人物品打包进一个货柜，然后卖掉。奥地利现在是她的家了。

我尊重安妮路易斯。她曾是一个好母亲、好妻子和同伴。在我们一起生活的日子里，她给了我非常大的帮助，我们不仅打理了畜牧生意，还管理了建筑和资产的发展。她的支持曾是我成功的因素之一，我会一直祝她安好。

在1986年皇家复活节农业展的两周之前，我到前妻安妮路易斯在卡斯尔山的两层楼的新家中拜访。她问我是否愿意和她一起去墨尔本待几天，我答应了。我在前往机场时先接上她，当时的交通可以说是非常拥堵。在埃平市的红绿灯路口时，我必须右拐，我在第二条道路上，但是没有标识说不能右拐，所以我停在路口等候交通灯的变化。我的车窗是开着的，突然之间，一个人从我的车后面的卡车里跳了出来，然后走到我开着的车窗旁，对着我的脸给了重重的一拳。我只听到了那个人的声音，并没有看见他的长相，我很快就觉得头昏脑涨，而且视线模糊。交通灯变化后，我将我的车开过路口，在路边停了下来。安妮路易斯接替了我继续开车，回到她家后，我感觉好点了，我们决定晚上再去墨尔本。

我的头痛与日俱增，然而经历过秀场的裁判带给我的骄傲和快乐后，还是发现我现在非常难以集中精力。我的视力大幅度下降。第二天，我决定到朋友布莱恩·维克斯医生在莱德区的诊所。布莱恩立即让我做了一次脑干断层扫描。在扫描后不久，我正等着拿扫描图去给我的医生看，我被告知不能走动，因为维克斯医生会来这边看我。几分钟后布莱恩过来了，他告诉我，我的脑部有一个凝块，应该尽快在北岸医院做手术，并且手术都已经安排好了。第二天有一辆救护车过来将我带到了医院并进行手术。

我从来没有因外科手术而担心过，当时我已经做过 10 个外科手术了，但是这次的手术却令我担心。我给我的律师格雷斯先生打了电话，以备修改我的遗嘱，而他也是一如既往地友善，并和他的秘书一起来到了医院。

第二天早晨，我被带到了手术室。在注射麻醉剂之前，我瞥见一个像电钻一样的工具，我以为那是我生命最后的时间了。我一直很享受麻药，它让我快速而且平和地入睡。维克斯医生亲自操刀进行了我的手术，手术后我被叫醒。听见了一点声响，我尝试着睁开眼睛。我能看见的只有数以千计的灯，我马上闭上了眼睛，不知怎的，我以为我到了另一个世界。那个声音一直叫着"瑞克，瑞克"，直到我对这个新世界重新睁开双眼。这次，我看到了少一些的灯，还有布莱恩·维克斯弯着腰在对我讲话。

我被安置在了重症监护区，有护士严格照看着。他们不准许我移动我的头部，这应该保持三天或者更久。

手术后的第二天，我感觉好多了，也开始对那些必须躺下、不能移动的规定感到不耐烦。护士们暂时离开特护病房一小会儿，然后电话响了，我决定起身去接电话。不过，当护士回来后，看见我下了床而且还在接电话，她简直发疯了，还叫了其他护士过来，一起将我弄回床上去。那次以后，他们开始严格地监管我的举动。我开始想要起床干点什么。第二天，我瞒着护士起床，然后进了电梯，到楼下的商店买了份报纸。当我从电梯里走出来的时候，给我做手术的外科医生看见了我，他停了一会儿，然后说："你一定是个超人。请尽快躺到床上去。"护士们再也管不住我了。五天之内，我又充满了活力，而且准备好了离开。随后我就出院了。

梦境——抛售农场

也许，正是生命中这个时期的一个重要梦境帮助我卖掉了我的两个农场——沃岗布拉和瑞温伍德，它们坐落于莫斯谷的南部山区。

1978 年，巴杰瑞夫人去世后，巴杰瑞夫妇将沃岗布拉农场留给了我。作为一名战俘，我曾喜爱过那里的工作。巴杰瑞夫妇不仅仅是在那里生活，他们尤其热爱那个地方，我曾决定一旦他们将它留给我，我就在那里退休，然后就像那样继续在那里生活。我也买下了瑞温伍德农场，那是一个邻近的农场。

1985 年，与安妮路易斯的离婚不仅在经济上使我倒退了，也让我对如何把握未来无从抉择。我漠视着身边的事情，就算牛市场的情况并不乐观，也没有激起我的斗志。我在沃岗布拉农场依然有很多事情要处理，我开始不安了。我觉得我应该把农场卖掉，但是，接着我又因萌生了出售念头而自我谴责。我的兄弟奥格斯托在美国因前列腺癌去世了，他反复地进入我的梦里，抓住我，然后将我扔到这个农场外。有一次，就连我的父亲都来到了我的梦里，他告诉我应该重回房地产业，忘记这些农场。所有这些强烈的暗示，都没有说服我卖掉农场。我想要坚持，虽然当时运营农场造成亏本的窟窿越来越大。

巴杰瑞先生和太太也时不时地来到我的梦里，他们看看沃岗布拉农场周围，然后什么也没说。一天晚上，我梦到了巴杰瑞先生一个人来看我，他当时是一个很强壮的人，把我像用羊毛填充的一个小袋子一样举了起来，然后扔出了沃岗布拉农场。我落在了许多房子之间，与我曾经建造的那些房子很相似。然后我就醒了。我当时不知道我在哪里，或者在我身上发生了什么。我想了想这个梦，不知为何，我想起了梦里巴杰瑞先生对我说的话："没有人必须把一个农场留给自己的孩子，并一直留在家里，而不许出售。这完全是错误的，也许会有其他事情发生，而且有时候卖掉一个农场是为了买一个更好的农场，来过更好的生活。"这些话一直在我的脑海里，但也不足以使我卖掉沃岗布拉农场。

不过，浮现的这些梦叠加起来，最终使我有了足够的勇气将这个农场放到市场上出售。最后，这块土地卖了540万澳元，但所有值得纪念的事物都留在了我的心中和我的家庭里。

棕色的蟒蛇

在拜访斯昆一处为意大利特拉巴尔多家族所拥有的大型畜牧场期间，我梦见在曼德龙公园我家的后阳台上，一条大棕蛇在大概15米远的地方直勾勾地盯着我。突然之间，那条蛇向我冲过来，撞到了我，划过我的裤子，然后消失了。我醒后感到很是焦虑和不安，而且一点也想不通那个梦。

在回去的路上，我对戈雷瑞克畜场的经理布鲁斯说："我觉得我今天要有麻烦！我梦到了一条蛇，而且它差点要了我的命。"布鲁斯说："瑞克，你回去的路上，开车一定要非常小心。"在五个半小时的回程中，我在半路上停了下来喝咖啡。我当时开得非常舒心，但是我在路上主要的担心并不是被抓到超速，特别是在我已经由于过失，丢掉了我驾照里12分中的9分之后。被吊销驾照对我来说当然是非常糟糕的。我离家还有20分钟的车程，路上也没有什么车辆，我使用了定速巡航将车速定在每小时80公里。我当时正开得开心，突然间，我撞到一个坚固的东西上，那个东西也没有因为撞击而移动分毫。它其实是一辆停着的轻型货车，它正在等待对面道路上的另一辆车通过。另一辆车正要向右转到一条小路上去。我当时开的是丰田克雷西达，我毫发无伤地逃开了，但是那辆车却报废了。多安全的一辆车啊！车的前身当时全都撞坏了。救护车赶到之后，救护人员也能够轻松地打开四个车门，我接着被送到了医院，在做了全身检查两小时后，我被送回了家。那条棕色的蛇的确没有咬到我，但却把我吓了个半死。

魔术奇迹

我不应该向任何人透露我的梦,因为我可能在梦里就再也得不到提醒了,这会让我很难过。我只在1998年向我的一位医生朋友提起过我的梦境,这位朋友叫托尼·卡尔斯。在我的梦里,我甚至将他监禁了起来。可怜的托尼大笑着说:"我倒希望它会成真。"

我母亲曾经非常相信梦境的启示。我发现很多人都会做梦,但是却不记得做过什么梦了,或是不能将梦完整地拼凑起来。

我曾经持续咳嗽了大概四年的时间,就像吸烟的人的咳嗽一样,不过我可以开心地说那并不是因为吸烟而咳嗽。我大概在35年前就停止了每天抽70根烟。

这都是从我1998年做了一个鼻窦手术开始的。电脑断层扫描显示我的大脑已经完全充血了,必须要通过鼻腔解压。在手术前,我的鼻喉外科医生提醒我,如果手术时有任何差错,我也许可能失明或者面部肌肉被毁坏,不过这样的概率非常小。我同意了乌德曼医生对我实施手术。

手术后,医生对护士说如果晚上有任何问题发生,可以在他朋友家找到他。就在午夜前，一直坐在床边的我的一位好朋友，给另一位护士发出警报说我有可能有大量内出血，这的确是真的。这位好友叫米歇尔，是一位注册护士。当班的两位护士疯狂地开始往我的脸上敷冰块和冷水袋，同时，他们给乌德曼医生打了电话。乌德曼医生立即离开了派对，然后和一位眼科专家一起过来看我。

我觉得我当时已经神志不清，我的脉搏越来越微弱。医生要护士去给我的家人打电话，就在护士正要拨通电话号码的第一个数字的时候，医生说："等一下。"然后他决定给我打一针吗啡和肾上腺素。这一针改变了我的命运，我活下来了。这都得感谢明智而又敬业的乌德曼医生，以及护士们和我的朋友米歇尔，那些使我能活到今天，并能够讲述这个故事的人。

第二天，我重生了，像一个新生者一样醒过来。医生过来看我的时候说道："我简直不敢相信你要回家了，但是你今天真的可以回家了。"

一周后，我来做复查，当他到前台来领取我的病历卡，并将我带进他的诊室时，他对他的秘书说："彼萨特若先生是一个传奇。"我想他是说我是个死里逃生的人。

突然之间，我想起来如果我真的死了，那也是我自己的错。不知怎的，在过去的几个月里，为了持续控制我的血压，我每天都会服用半颗阿司匹林。我为什么要这么做？我永远都不会知道。就算我不服用任何药物，我的血压也一直没有超过132/62，它现在都还在这个水平，而且我的胆固醇从来没有超过4.2。

不幸的是，虽然我知道服用药物带来的影响，至少在手术的一周前，我还是忘了要停止服用半颗阿司匹林。当我将这些告诉医生的时候，他只是叹了口气，然后什么也没说。

这次疏忽差点要了我的命，所以我再也不会犯同样的错误了。随着时间的推移，这个鼻窦的毛病并没有停止发作。在做了许多电脑断层扫描和使用了抗生素后,我的家庭医生谭医生对我说:"好吧,瑞克,这是你身体唯一的弱点了。"谭医生是一位很有资历受人尊敬的医生。我坚持不服用任何药物,这些药物会影响我的性生活,而且也不会对解决我的鼻窦问题有任何帮助。我甚至在相当长的时间里遭受咽喉炎的折磨,直到我采用了我所厌恶的药物治疗。我咳嗽了将近四年,然而我鼻窦的问题却并没有解决。

我又开始做梦了。我当时已无危险,并可以继续过我正常的生活。一个穿白衣的像医生一样的人出现在我的梦里,并用他的魔棒轻触了我的头。当他触碰我的头之后,我开始觉得自己跟变了个人似的。我醒了之后觉得我的堵塞没有了,我感到我重获新生了。从那时开始,除了有时感冒以外,我的鼻窦再也没有出现过问题。

更多的棕色蟒蛇

我多次到访中国。其中有一次是1999年,我在天津拜访了一些朋友后,在一个很有名的饭店享用过午餐,然后乘坐出租车回到了我在北京的住处嘉里中心饭店。这个酒店仅仅比著名的香格里拉酒店早两周开业,我在香格里拉酒店也是会员。

三天前,我买了一瓶两升装的苹果汁,那是我最喜欢喝的饮料,因为瓶子太大,没办法放进酒店里的小冰箱,所以我将它置于冰箱外的常温下。

我回到房间的时候,觉得非常口渴,所以满足地喝了一杯苹果汁,虽然我感觉它有点发酵了,但没有太留意。第二天清早,我开始感到非常虚弱,我的胃很不舒服,晚上我开始觉得异乎寻常地虚弱,还伴有头痛。与白天相比,肚子痛得更严重了。我也觉得关节酸痛,后背下部非常疼,并且还有腹泻和冒虚汗。我从没有经历过这样的疼痛,也没有食物中毒过。

第二天的早上,我和一位朋友一起慢慢走到了一家药店,买了一些药,是六粒胶囊,先吃三粒,一小时后再吃两粒,再过一小时后再吃一粒。晚上,我觉得稍微好了一点点,但还是非常难受。晚上八点的时候,我非常疲惫,躺在床上，除了睡觉什么都不想干。这样的睡眠经历对我来说也是从来没有过的，其实我一直都睡得不很踏实。

　　在我昏睡的时候，我梦见自己舒适地躺在一条木制的长凳上，当时我的一个美国朋友过来了，他拿着一个篮子和一把非常大的钳子。他用挑剔却又愉快的眼神看着我，把钳子放进了篮子里，看起来像是要抓什么东西，然后从篮子里拿出了一条棕色蟒蛇。不是蛇的全身，只看到了蛇身体的四分之一。这些蛇都还是活的，但是它们的嘴是闭着的，看起来它们也不会咬人了。我醒来后满身是汗，并且很快意识到了食物中毒是有多么严重。我慢慢恢复了，感觉越来越好。接下来的一天，我开始吃一点米饭了，然后又过了一天，才恢复正常。

男性的健康

　　我一直很关心自己的身体健康,自认为这是受到了父亲的影响。他这一辈子,至少在我的记忆当中,只要得了一点感冒就会立刻宣布自己几乎什么都做不了!每到这时我母亲就会让他卧床休息,并且喂他吃容易消化的食物,比如鸡汤和一些蔬菜。当然了,在他康复前肯定还少不了每天叫医生来为他看两次病。相比之下我从来没有像父亲那样小心翼翼,但是一直以来,我对自己的健康都很上心。因此,我会定期请医生检查我的前列腺,每两年做一次结肠内视镜检查,经常请心血管内科医生检查心脏的健康状况。

　　就在2000年3月例行检查前列腺时,我的泌尿专科医生发现了一个PSA指数6.5级的前列腺癌病灶,并且通过活检确诊了癌症。我当时的感觉,可以说是被敲了一记警钟。我必须承认自己当时对前列腺癌这种疾病和其影响所知甚少。此时,我所能得到的唯一建议就是注意观察病情发展,换句话说就是坐等肿瘤一天天增长。在癌细胞转移到其他脏器之前,我可能还有三四年的时间,而我当时已经79岁,这意味着这段时间内我可以照常生活。然而我非常不喜欢每天想着肿瘤正在自己身体里长大的感觉，所以如果有可能的话我非常希望进行手术治疗。另一方面，一想到某些治疗方法可能会造成小便失禁或勃起障碍等后遗症，我就会果断地说：不，我不要！

确诊为前列腺癌后我立刻跟几个朋友倾诉了我的忧愁，并且还给居住在美国罗得岛的外甥乔打了电话。不久我便收到了大量关于美国的最新前列腺癌治疗方法的文献。加上从网上找到的相关信息，我手里收集了超过100页的资料。我托美国的外甥预约了琼·霍普金斯门诊的沃尔什医生，因为据我了解，他是当时唯一一位有数百例前列腺切除手术经验的医师，并且成功地为90%的40～49岁的患者、75%的50～59岁的患者以及60%的60～69岁患者保存了勃起功能。除了这次被诊断出前列腺癌以外，我觉得自己很健康，并且认为与五十多岁时相比身体没有明显衰老。在等待与沃尔什医生会面的三个月里，我开始尽量多地阅读关于以下各种疗法的资料：保守观察（一边注意病情发展一边等待）、一般放射线疗法、荷尔蒙疗法、化学疗法、冷冻疗法、近距放射线疗法。

对于上述疗法我都尽可能地学习，特别是了解它们的后续影响。我很幸运地得到了一些好友的帮助，包括维多利亚州长秘书查尔斯·库文先生。查尔斯先生具有出色的眼光和非凡的热情，他介绍我认识了莫纳什大学的教授，这位教授很快安排我见了一位墨尔本的权威泌尿专科医生。

在这次墨尔本之行后，我把自己的困境告诉了要好的老朋友布莱恩·维克斯医生。布莱恩医生当时已经退休了，在这之前他曾经治疗过我的脑瘤，在我女儿瑞贝卡急性阑尾炎发作时救治过她。现在他又一次把我的病情当作自己的事情放在心上。布莱恩想到了圣文森私立医院的一位泌尿科专家菲利普·斯特里克医生，他是这个领域全澳大利亚公认的最好的医生。碰巧有其他患者取消了预约，我便幸运地得到了两周后便能约见菲利普医生的机会。在这期间，在阅读了所有现成疗法的介绍后，我觉得局部放射疗法值得一试，但是据我所知，当时只有在美国才能接受这种治疗。

在2000年的悉尼皇家农业展上，一个完全偶然的机会，我有幸见到了杰奎·沃特豪思夫人。我一直以来非常景仰这位朋友的商业眼光，她继承了她父亲积累起来的生意和经验，她富有，但却非常平易近人。杰奎见到我的第一句话就说我看上去气色有多么好，而我却忍不住向她坦承我的病情。当我提到圣文森医院时，她马上就告诉我，她是这家医院的委员会成员并且愿意尽力帮我。她专门抽空为我给美国的沃尔什医生打了电话。这之后当我头一次去见斯特里克医生的时候，他告诉我杰奎·沃特豪思夫人特地为了我的事情联系过他，告诉他我对澳大利亚奶牛产业所做出的贡献，以及我已经如何成为一个真正的澳大利亚人，让他一定要救我一命。当我从斯特里克医生那里听到这些时，我真是感动得几乎要流泪了。"患难见真情"，这句老话永远都不会错！真心谢谢你杰奎，你是一位伟大的人，你有一颗最善良的心。

在斯特里克医生那里，我们一起讨论了所有现有的治疗方法。当我向他提起局部放射疗法，并告诉他我听说只有在美国才能接受这种治疗时，他笑着对我说："瑞克，我从四年前就已经开始进行这种治疗了，跟美国的方法完全一样。"说完他答应研究是否可以给我用这种疗法，让我下午再来见他。我出去后在诊所睡了一小觉，然后他便告诉我说局部放射疗法在我身上没有任何问题。

就这样我接受了局部放射治疗，整个过程就是将放射源植入前列腺中以杀灭有害细胞。2001年6月20日，斯特里克医生同圣文森医院的首席癌症专家杜维尔医生一起为我做了放射源植入手术。手术进行了不到两个小时，而整个过程中我没有感到一丝不适。手术结束后我认为完全可以自己开车回家，但医生们没有允许，而是让我儿子理查德开车将我接回了家。

这之后，我甚至没有使用任何其他药物，也没有接受任何辅助治疗。

局部放射治疗手术的三个月后，我在杜维尔医生的诊室接受了第一次复诊，医生通过触摸和轻戳的方法做了检查。杜维尔医生在回答了我的几个问题后，只说了一句"六个月后再见"，并提醒我三个月后还要去斯特里克医生那里复查，在此之前我需要至少每周检测一次 PSA 指数。

见过杜维尔医生大概一个月之后，我做了一场梦，在梦里我看到了自己的前列腺上有许多黑色的小点。不知道为什么，在梦里我认为这些小黑点就是没有活性的癌细胞。突然，其中的一个黑点发出了光亮并开始飞快地移动，然后几乎同时我就惊醒了。那段时间里我就是如此担心放射源没有能够像预期的那样杀死所有有害细胞。

去斯特里克医生那里复诊的日子一天天临近了，我决定不再恐慌，冷静等待我需要带去给他看的 PSA 检测结果。后来结果出来了，非常理想，PSA 指数从手术前的 6.5 降到了 2.1。斯特里克医生对此非常高兴，告诉我这个结果是预料之中的，不过他们会一直把这个数字降低到 0，并且要我六个月后再来复诊。

得到这个消息后我悬着的心终于放了下来，此时我决定重新开始中国之行。之后一段日子里，我实际上在中国度过的时间比在家的还要多。事实上，当我见了斯特里克医生，并被告知手术后没有出现任何副作用的当天，我回家后就开始计划重返中国了。我安排了往返的行程，准备在下一次约见杜维尔医生之前回到澳大利亚。

然而在中国逗留期间我想我患上了严重的膀胱炎，而且好像每天都在恶化。每两个小时我就想去厕所，而且从某次开始出现了血尿。面对这种情况，我果断决定以最快的速度赶回澳大利亚。事先购买的中国航空的回程机票不能更改日期，于是我就重新订了新加坡航空的最早的返澳航班。

我的家庭医生沃德海尔大夫立即给我开了抗生素，同时等待化验结果。

我在同一天里就联系了我的泌尿专科医生，他的秘书回电话告诉我沃德海尔大夫让我服用抗生素的决定完全正确，并说如果一周后症状仍未缓解的话，需要来圣文森医院看门诊。好在开始服用抗生素后，我自己感觉到了明显的好转。这样一番折腾之后，就到了去见杜维尔医生进行第二次复诊的日子。杜维尔医生通过数码检测，在我的前列腺上发现了一些东西，他在给沃德海尔大夫的回执中写道"部分肿瘤组织仍在存活"。对此我并没有担心，因为我坚信斯特里克之前对我说的"局部放射治疗后的两年内，PSA 指数就会降低到 0"。就这样，我继续过着积极的个人生活。

找杜维尔医生第二次复诊并得知一部分肿瘤组织仍在存活的几周后，我又做了一场梦。我又能在梦里很清晰地看到自己的前列腺，但这次那个活跃的黑点已经消失得无影无踪了。

从我接受局部放射治疗的那天算起的整整一年后，我的 PSA 指数降到了 1。

在结束这一章之前，我必须感谢并告诉读者们，在澳大利亚我们能拥有兼备高度的专业知识和敬业精神的医生是多么幸运的事。特别感谢以下几位医生：

新南威尔士大学副教授斯特里克医生，泌尿科主任；

悉尼圣文森医院癌症放射治疗主任杜维尔医生。

整体而言，我们的医疗工作者的专业能力至少可以说不亚于全世界最先进的水平，而且最重要的是他们面对患者都是如此敬业，而我通过亲身体验可以说我们的医院管理有序，井井有条，一尘不染。我们的护士们不仅非常专业，而且对患者们非常友善、一丝不苟。

从幼儿时期就开始引领我的梦，这一次又被证明是奇迹并且是准确的。

我认为我有灵异的引导，不仅仅习惯于梦想家、幻想家，或者其他任何别人愿意给我安的头衔。不管怎样这些经历的事实是属于我自己的，我非常确定会把它们一直带到坟墓,就像确信明天太阳还会升起一样。

　　我知道有些事情除非发生在自己身上,否则是很难相信的。闪烁的灵异会发生在任何事情上,甚至包括跟女孩子约会。实际上我现在还发现在中国也有类似的说法,一位关系很好的中国朋友身上就有跟我一样的灵异闪烁,只不过在被我提醒之前,她都没有留意过。时至今日,灵异一直形影不离地伴随着我。然而除了极少数的例外情况,闪烁的灵异也不会直接提醒我什么,更多的时候我是在梦里被提醒的。不管是面对哪一个抉择,我的灵异从来没有错过,所以我希望它能够一直伴随我走到生命的尽头。我这一生中有太多太多事情都是依靠它。

我获得的荣誉

从儿时开始，我唯一的信念和爱好就是努力工作，以期达到超乎意料的效果，或是超越我所想象的事情。我的抱负是：通过坚持不懈的努力，有点积蓄。我非常清楚地明白，如果没有钱，就无法通过任何生意来获得实际的财务增长。除了努力工作，我想不出未来会怎样。

当我在新南威尔士州萨顿森林区作为一名战俘与巴杰瑞夫妇在一起时，我真正放松并享受劳动。我开始喜欢上了澳大利亚人的生活方式，还有这块土地带来的奖赏。除了这些，我没有对其他任何事情感兴趣。当然，雷伊·巴杰瑞先生是一位非常棒的老师，他不仅帮助我学习英语，还在澳大利亚的所有事情上都对我有帮助，影响了我的世界观。

为了追求成功，我除了在建筑业、房地产业和投资方面所做的努力，都是因为我对这片土地的爱，我还怀抱着要成为像巴杰瑞先生一样出色的养牛人的志向。

我从来没有想过一个在澳大利亚的前战俘，曾经潜逃了12个月的战犯，后来竟能够在1990年6月被授予澳大利亚勋章，以表彰我对畜牛业做出的贡献。

我的其他获奖项目包括：

潘瑞斯市社区服务奖章，1998年；

潘瑞斯市"杰出澳大利亚人"奖，1988年8月27日；

澳大利亚国民银行民族企业奖，1991年。

我还要说明的是：意大利也认可了我对澳大利亚畜牛业所做的贡献，在1994年12月27日授予我奖项。

对于这些荣誉，我感到荣幸。

皮特·诺瑞，一个了不起的拍卖师和朋友

要总结我的养牛历史的话，我必须提及一位优秀的牲畜拍卖师，他同时也是我的朋友，就是皮特·诺瑞先生。他受雇于达尔戈特澳大利亚有限公司。我由衷地认为皮特对我在养牛方面的成就给予了莫大的支持与贡献。我总是可以在任何时间向他寻求帮助，他也总是会很快地回复我。

皮特在1970年首次主持了对我个人来说具有历史意义的夏洛莱牛的拍卖。从那时起到1997年退休，他在曼德龙公园成就了无数次成功的拍卖交易。皮特是一个非常了不起的拍卖师，也获得不少一流畜牧者的青睐，其中包括培育了著名的维宝拉堡拉牛种的沃雷·门罗先生。皮特的成功诀窍，以及他受人爱戴的原因，其实非常简单。使他成为一名优秀拍卖师的三个诀窍是：

1. 了解拍卖对象；
2. 了解买家；
3. 了解卖家。

皮特有坚定的信念和丰富的知识，并能够在主持拍卖时，将那些知识运用到实践当中，他能够将这些信念和知识传达给买家们。在拍卖现场，他甚至能直接呼出名字，鼓励某一位买家继续提价，比如："乔，这头牛真的很符合你的要求，可不要因为一念之差错过它！"我非常确信现在整个行业都非常想念他。他的能力，关于牛的知识，自然毋庸置疑，此外，他对几乎每一位买家的需求和期望都非常了解。他有耐心和热诚去鼓励买家出足够高的价钱，买下他们真正需要的牛。

1972 年，契安尼那牛种被引进到加拿大，该国为了从欧洲进口大陆牛种，专门新建了一座当时规模最大的检疫站。这座检疫站实行的检查标准同时也符合美国的相关法规。没过多久，契安尼那牛的精子就被出口到全美国及南美国家。遗憾的是，当时的澳大利亚法规不允许从欧洲进口契安尼那牛的精子，而皮特想到了一个绝妙的办法。他建议我们一起去首都堪培拉拜访检疫局长官比尔·基博士，我们向他阐述了引进契安尼那牛精子的必要性。我提到了现在美国已经允许从加拿大进口契安尼那种牛的精子，为什么我们就不可以呢？基博士认真地听了我们的话后，让我们稍等片刻便离开了房间。五分钟后他面带微笑地回来对我说："瑞克，美国认可的我们澳大利亚也会认可。"在这次会谈之后，澳大利亚才得以使用从欧洲大陆进口到加拿大的种牛的精子。

这是一张皮特在曼德龙公园结束了一天的紧张工作后坐在办公椅上打盹的照片。我觉得趁这个机会拍下他的照片并不算失礼，然而这张照片却被我不知放在了哪里，很多年来都没能找到。最后，我终于在 2006 年找到了这张遗失多年的照片。我把这件事告诉给我的朋友约翰·格雷，我们决定把照片裱起来，并在多尔斯岩石餐厅专门为此举办一个晚宴，把它赠给皮特和他夫人玛格丽特。可怜的皮特啊，他看到自己打盹的相片后一时间不知道说什么好。在皮特满含情感地说出"谢谢"之时，他一定在瞬间回忆起多年来在曼德龙公园所促成的每一笔交易。这次晚宴上赠送相片后不久，我收到了以下内容的来信：

亲爱的瑞克：

　　我和玛格丽特对昨天的款待表示衷心感谢。能够和你、约翰还有布莱恩·维克斯相聚，边品尝美食边追忆过去那些美好的日子，我真的非常开心。

　　我们曾经一起度过了一段辉煌的时光。我一直以来都很感谢主让我能够与肉牛产业最棒的创业家、发明家、奠基人和领航人共事。我个人所做的只是在历史的大潮中随波逐流，沿着你们通过引进夏洛莱牛及其他几个新品种开创的道路一直向前奋斗。当年的所有这些新品种都促进了澳大利亚肉牛产业的发展。

　　你赠送的相片已经挂在了整所房子里使用率最高的房间，也就是电视客厅里最显眼的位置。我开始是打算把它挂在书房的，然而玛格丽特坚持要放在更多客人能看到的地方。

　　我们一起祝愿你和家人们度过一个快乐的圣诞和平安祥和、红红火火的新年！

皮特和玛格丽特敬上

谢谢你皮特，没有你就没有我在畜牛业的成功！

关节炎和它的影响

我在 1978 年出版了一本名为《种牛饲养与常识》的书,副标题为"与牲畜关节炎的一场战斗:关节炎与饲料的关联"。

我在 1978 年提出:

据我了解,目前全世界范围内还没有专门分析关节炎对动物影响程度

瑞克向澳大利亚总理马尔科姆·弗雷泽赠书

的研究报告。然而,这种疾病普遍存在于所有用高蛋白含量的谷物饲养的动物,比如牛、马、猪、羊、鸡、鸭等。

什么是关节炎呢?广义地讲,就是指发生于关节的炎症。那么什么因素会导致关节发生炎症呢?创伤、化学物质或感染的刺激都可能导致包裹关节的黏膜组织发生充血和肿胀。以上各种情况都会通过刺激导致黏膜液的大量分泌,从而使关节本身发生肿大,造成两块骨头相互摩擦。一旦产生了这种摩擦,骨头就会受到损伤,整个患部也都会发炎红肿。

唐·亚历山大医生在他所著的《关节炎与常识》一书中写道:"最容易发生关节炎的部位是哪里呢?在男性人群中,最容易患关节炎的是膝关节、踝关节以及脊柱关节。而在女性人群中,一般发生在手指和手腕,其次是膝盖和脊柱。换句话说,承受的工作负担越多的部位越容易患病。"

根据上述说法,很明显在一头公牛身上最容易发生关节炎的部位应该是肘关节(特别是体重已经达到重量级的公牛)。在与母牛交配或与另一头公牛争斗时,它的全部体重都会直接施加在肘关节上。

我自己通过实践证明了公牛会因为饮食的关系患上关节炎。这并不是说因为它吃得太多,而导致关节无法支撑自身体重,而是由于它所吃的谷物成分会导致关节发炎。当然,一旦患病后,体重越重对关节造成的损伤也就越严重。

一旦关节损伤,则没有办法能够治愈,只能眼看着情况越发严重。不过,饲养人员仍然可以通过严格监控炎症的发展情况,以及限制负重来延缓关节炎造成一头公牛完全倒地不起的时间。

在14年来对公牛关节炎的研究过程中,我发现谷物是明显的罪魁祸首。其中小麦、玉蜀黍、大麦是最可怕的敌人,但这些同时也是最适合人工喂养的饲料。为了发现和印证这个事实,我付出了牺牲掉许多头牛的代价。与此同时,我也发现了有些血统的牛对关节炎有更强的抵抗力。

在这里我并不想就基因与遗传作太深入的讨论，我想说的是关节炎的高患病率体现于单个家族而并不是影响某个种群整体的基因问题。

虽然我认为某些牛种家族有这方面的遗传缺陷，但同时也确定过多的谷物饲料可以伤害到几乎所有公牛的关节，而这之后出现的关节炎症状并不是由于遗传原因。

一旦一头公牛患上了关节炎，确保它能够工作到更大年龄的唯一办法是停止喂食谷物饲料。对于患有关节炎的公牛来说，最理想的饲料是嫩青草。

许多公牛经常被认为肩部过于肥大。关于这个现象，几乎所有的例子也都是证实因为饲料问题导致肩部关节发炎并肿大。另一个比较罕见但仍然会造成问题的症状，是个别公牛的蹄子会长出柔软的增生物，导致它几乎无法走动。这是由于骹关节严重发炎引起的。只要停止喂食谷物饲料，几个星期后你就会发现蹄子周围出现了那种粗糙的圆环，而随着这个圆环的成长，蹄子的上方部分也渐渐恢复通常的硬度。

开始改为喂食嫩青草的六至八个月后，只要之前关节炎造成的损伤不太严重，几乎所有患病公牛的关节都能恢复原状。我曾经给一头通过这种方法恢复的公牛重新喂食谷物，它之后状态一直非常好，就像从未患过关节炎一样。它就是1971年布里斯班皇家农业展的冠军曼德龙皇家布莱，当时它足足有1105公斤重，不仅荣获了总冠军奖，还以10000澳元的成交价打破了拍卖纪录。

为什么我认为大量使用小麦、玉蜀黍、大麦这些谷物饲料会造成关节炎呢？我坚信的原因是这些谷物富含大量的蛋白质，而因为牛的消化过程实在太慢，这会在体内产生过多的热量。在喂食前煮熟或者蒸熟这些谷物，就能够降低家畜患上关节炎的风险，同时还能让它们更快地肥壮起来（因为可以摄取更多的量）。但是即便是进行了上述处理的谷物饲料，如果过量喂食，仍然会导致关节损伤。

醋酸——解决关节炎的关键

  学者可能会写出整整一本书，来解释醋酸是什么，以及它是怎么起作用的。正如我之前说过的，我不是来用非常专业的术语解释说明的，我仅仅只是尽我所能将它用常识讲解出来。

  我认为醋酸能促进消化，而且比煮过的谷物还要快速有效。因为那些多余的热量就会被消解了。这个消化过程的加快是这样的：我在 68 天内都没有给一头公牛喂食任何粗饲料，结果却非常好。这头公牛是红色的波尔短角牛，当时有 15 个月大。这种牛相对来说很难长肉。

  这个试验开始于 1973 年 8 月 15 日，那是一头公牛，体重 433 公斤。我把这头牛安置在一个牛棚里，牛棚前面有一个小院子。喂食的饲料是由大麦、燕麦混合而成的，再加上每天往饲料上喷洒的 4 盎司（118.25 毫升）的醋。过了一些日子后，开始随意添加一些幼牛的颗粒饲料，这些颗粒饲料含有非常高的蛋白质，实际上含量超过 18%。我曾在一些成年的牛身上用过这些颗粒饲料，就算是使用非常少的量，比如每天给一头大公牛喂食不超过 1.81 公斤，当然再加上日常的谷物饲料，它的体重增长就会很好，但是在几周内，它的后踝关节就会受影响。

这些幼牛的颗粒饲料对白色小肉牛的生产来说没有什么价值。我必须要说一下，这头公牛在这68天里从来都没有停止像一头荷兰猪一样地想要吃粗饲料，我们一直持续地观察它的粪便和尿液。

结果是非常令人吃惊的，每一天我们都可以看到它的皮毛质量和总体状态在提升，也没有任何的关节方面的问题。68天后，我们在1973年11月23日给它称重，它的重量达到了不可思议的635公斤，每日的增重量达到了2.82公斤。它的腿、肩膀和蹄都跟开始参加试验时一样好，而且它走路的能力像一个总冠军一样好。我必须将试验进行到最后，所以我决定将它宰杀后放入冷冻柜。一位赫姆布什屠宰场的屠夫评论说，它有优秀的骨架、杰出的牛眼肉，而且最好的还是肉的颜色和鲜嫩度。

确实，那个肉非常鲜嫩，甚至比它看起来还要嫩。是那些醋让肉质更鲜嫩了吗？我只能说在我12岁的时候，有人给我一块狐狸肉，我很清楚地记得枪杀那只狐狸的人把狐狸的骨架子放在水里泡了一晚上，然后又在醋里泡了12个小时。结果怎么样呢？对，它的确很鲜嫩。

从这次试验以后，我每天都会给曼德龙公园我的所有以谷物饲养的牛的饲料里添加至少20盎司（56.70毫升）的醋酸。我从来没有见过任何牛会拒绝它，其实它们都非常喜欢，不过不要让之前的饲料积压在食槽里，因为如果你不每天打扫的话，饲料就会变馊。当然，不管怎样，在每次喂食之前都应该清理食槽。最好是你的公牛能吃多少就给多少，这是你必须要做的一件事情。

我常常向来曼德龙公园参观的学生讲解，我非常确信这些牛宁愿饿着，也不愿意吃前一天剩在食槽里的东西。当在一个槽里将饲料铺开，给牛喂食时必须小心，而且要尽量将醋酸（或是醋）混合得更好，这是为了确保这些牛都能得到合适的剂量。醋现在用起来太贵了，所以我建议用以下的

冰醋酸的混合剂：

冰醋酸浓度99%，分成6份后，兑水稀释为醋酸浓度33%，也就是醋的强度。

例如：

将15.50升水加入1升的冰醋酸（99%）中，你就可以得到和醋一样的强度的溶液。

将5.50升水加入1升的醋酸（33%）中，这是为了得到一样的结果。

当然，赛马产业里的情况有一点不同，不过关节炎（关节上的炎症）还是没有被了解，而且也还没有人对营养（我们所吃的东西）是否会对关节炎的状况有影响做任何关于人或是动物的研究。其实仅仅在几个月前，我才在一本美国的关于健康的书上，看到一个研究者提到也许我们所吃的东西对关节炎会有所影响。在另一本格雷·纳尔博士所著的名为《功率老化》的书里说："防止关节炎的一个重要途径就是移除任何产生尿酸的东西。肉现在是主要的怀疑对象，必须促使关节炎患者们成为素食者。"

特别是对赛马来说，任何炎症都会很快导致马匹受伤。有太多人不了解营养了。

纯种马和营养对它的影响

是的，在赛马活动里用驴来对抗纯种马是不会赢的，但是营养却也和好的血统一样重要。1978年我在养牛上得到与关节炎有关的经验后，我尝试着参加了一两次赛马活动，但是都没什么结果。当我意识到不好的食物以及它对关节炎的影响在赛马身上和在牛身上是一样的时，我就开始与一些优秀的驯马人谈论关于他们都给马吃什么，以及谷物不同的分量等问题。我很快认识到送我的马参赛是一件浪费时间和金钱的事情，因为如果一场比赛里的10匹马都有关节炎，就算它们不能发挥自己最好的实力，那还是总有一匹马会赢。有一次，我有幸与一位非常成功的驯马人聊天，他有几匹马赢得了许多大型的比赛。

据我所知，一些驯马人用马口铁罐来量喂马的谷物，就是几罐的小麦、几罐的燕麦、几罐的玉米和几罐的大麦等等，再加上一两把其他的东西。马马虎虎地，我弄出了这位驯马人喂马的正确的量，然后拿给了营养师分析，这个营养师就是进行过我所有的关于关节炎试验的那位。令我们惊讶的是，这个量完全正确。我在比赛前观看了他的马游行，这些马走的每一

两岁大的曼德龙特种牛在格伦罗克畜场

步都很大,腿都自由地摆动着,而且它们也赢得了比赛。在比赛前,我故意残忍地在游行时从墨尔本杯的胜利者里选了一些马作为对手。我很少参加赛马活动,也不是一个赌徒,但是我钟爱饲养动物,我觉得不管是什么样的血统,如果营养不够好,也没有什么意义。无论如何,因为我对赛马产业里的营养学知之甚少,我放弃了养马的想法,也渐渐对赛马没有热情了。

由于我在养牛方面已经取得的成功,而且我的孩子们想要继续养牛,我感觉自己在这方面已经没有什么雄心壮志了。当然,我的三个孩子还在继续养牛,所以我觉得我必须从养牛行业里走出来,不再去干扰他们的作为。

当我在 82 岁完全治好了前列腺癌时,我马上感觉重新有了活力,而且准备好了要向昆士兰的酒店旅馆业作进一步的投资,还有股票市场也是。我已经买了一些农场给我的三个孩子,好让他们可以继续施展他们在畜牛业的抱负。我依然想要和土地资产有一些联系,所以买下了位于新南威尔士州曼杜兰的占地2500英亩（1012公顷）的亚拉，它就在我买给我儿子理查德的一个农场旁边。

多亏了理查德的智慧和努力，亚拉已经真正变成有多种牛的一个有意思的农场。这些牛和这个农场迟早是留给他的。至于我的另外两个孩子亨利和瑞贝卡，当我出售沃岗布拉农场的时候，我给了他们我所有的牛。理查德当时还在犹豫要不要养牛。此后不久，他便后悔他的犹豫不决，并从零开始发展了他自己的畜牛事业。

想要饲养牲畜的冲动并没有离我而去，所以我又开始玩几匹纯种马，饲养几匹，并参加几次赛马活动来作为开始。

当然，我85岁的时候还是经常访问孩子们的农场，并留意他们的进展。我仍然是格伦巴达有限公司的董事，这个公司全权由意大利米兰的特拉巴尔多·汤加家族管理。格伦巴达拥有在斯昆的格伦罗克畜场，那是一个占地72000英亩（29160公顷）的农场，里面养了大概8000头曼德龙特种牛和它的杂交品种。每年在新南威尔士州的奎林代举行的幼畜销售会都很成功。现在格伦巴达在新南威尔士州的沃卡尔有了一个新的农场，占地7000英亩（2825公顷），也就是圣奥本农场。它是一个产量相当高的农场，那里养有4000头曼德龙特种牛。

托格纳医生和他迷人的妻子——来自世界著名的泽格纳家族的伊利莎贝塔，每年至少会有一次来视察他们的投资和享受他们家畜牛的成功。我认识他们有二十多年了，对我们之间的关系感到自豪。我对我和前格伦罗克畜场以及新的圣奥本农场的经理布鲁斯先生之间的关系也感到很自豪，还有他的妻子朱莉和儿子本也是。布鲁斯是一位著名的养马人，他在澳大利亚马赛中多次获得冠军。他是一个诚实的人，而且我觉得他永远都不会离开特拉巴尔多家族。

赛马运动被称作"国王的运动"，为什么呢？这仅仅是因为如果马的血统好的话，他们可以在一匹一岁的马身上花好几百万。可以培养三代、四代甚至五代之后得到一匹纯种马。就是那个聪明的办法，就像我在牛身上做的一样。唯一的问题就是时间了，不过这却是饶有兴致的一件事。用对了种马之后——而且种马的数量需要有一些——也许需要十年的时间才能培养出合适的母马。养马人必须注意挑选合适的品种去开始这个培养过程，还必须随时注意母马的营养，这是为了产出健康并发育良好的小马驹。

不管怎么说，这些昂贵而又品种好的马的生命大多很短暂。大多数高昂奖金都给了两岁大比赛中的马匹。这是不对的。对这些小马来说，那是拔苗助长，而且由于马的主人和驯马师没有认识到我所说的热谷物喂养给马匹带来的危害，它们不会像三岁或是四岁大的马匹那样表现得好。举个例子来说吧，如果你给一头六到十二个月大的公牛犊喂食了太多玉米、小麦或是大麦的话，它会以倍速增长，并充满能量。但是如果你给一头更小的公牛犊这样喂食六到九个月的话，结果却会是以牛的身体出现问题而悲伤地告终。在赛马的身上也会发生相似的事情吗？为什么不呢？它们吃的谷物可都是一样的。所以为什么饲养人和驯马人不研究这三种谷物会带来的影响呢？当然，这些谷物所带来的能量是最多的，但是你应该喂食的量是多少呢？需要记住的是：每一个个体都是不一样的，而且性别也是一个重要的因素。例如，我在对牛犊的大量而且积极的研究中发现，阉牛比母牛消化吸收的谷物要多，但是公牛绝对不会跟阉牛和母牛消化吸收的一样多。这个规律对马匹也同样适用吗？

有一次我将一匹三岁大的马送到了驯马人手中。在我送到那里之前，我问他给马吃什么，他的答案是中国式特别的定量口粮。然后当我问他是否觉得这口粮的热量太高了的时候，他回答道："我知道，不过我已经减少了它的热量。"我就以为这个人知道他自己在做什么。几个月后，这匹小母马因为小腿骨酸软和其他身体症状而出现问题了。在某种意义上我是高兴的，因为这样我就可以拿它来产崽，而不是比赛了。我继续相信这个驯马师，把一匹两岁大的阉马送到了他那里。三个月后，有人告诉我说这匹阉马状态很好，就像那匹小母马刚送给他的时候一样。但是又过了一个月后，这匹阉马回家时我却发现，它有与小母马相同的问题。我于是决定到马厩去，看看我的马都是吃的什么。当我发现他加了两公斤的碎玉米作为补充时，我差点没哭出来。这和我之前建议的完全背道而驰。

我的另一次令人震惊的经历发生在一个著名的驯马师那里。他完全忽视了我的三岁大阉马的脚的情况。这个驯马师告诉我这匹马很有潜力，不过不幸的是它有轻微的小腿骨酸软，所以被送回家十二个星期来复原。他的领班说："好好照看这匹马，它很有潜力的，它回家后要喂饱它。"很显然，一些驯马师对营养并不是很了解，而且我觉得是大多数驯马师和养马人都不了解。

在一匹马被喂食了赛马所吃的口粮几个月后，它就被闲置了，于是要做的第一件事就是把它在马厩里接受的热量喂养法从喂养的系统里拿掉。被闲置的这匹马最好能到绿地上活动活动，或者喂食许多干草，然后停止喂食谷物几周，然后在重回赛马场前，循序渐进地添加一点点谷物在饲料里。

当我的阉马回到家里时，我简直不敢相信它的蹄子的状况。它的蹄子实在是发育过度，以至于它跑的时候压力全在脚踝上，这影响了它的腿，还有它的表现。这匹马的状况完全被忽视了。我通过检查账单发现，在三个月里，他们只为它钉了一次铁蹄。我不认为它有小腿骨酸痛，于是将它送去了新南威尔士州悉尼大学的考比特分校去做扫描。根据兽医的报告，检查结果（摘录引用）如下：

"根据诊断报告，由于体重不断上升，这匹马的脚踝、脚掌以及前蹄的同心蹄环因为要承受这个体重而使其脚踝有了瘀青。"报告进一步解释说:"在这个阶段建议的治疗包括铁蹄匠在矫正方面的工作,以及处理检查出的蹄子方面的问题。"

从蹄子的照片中可以看出,蹄子因受压力而出现了一个环状。很明显,这是由炎症导致的,而且大多数情况下这来源于不平衡的饮食。

我的中国经历

20世纪70年代，我有幸认识了在联邦科学与工业研究组织（简称CSIRO）任职的备受尊敬的华裔科学家潘博士。他当时正在从事通过分析牛小毛囊中的DNA来决定其成长、体形、肌肉发达程度，以及其他一些属性特征的研究。潘博士问我是否愿意让他使用我的年轻肉牛进行研究。我当然同意了。这项研究应该只需几年的时间就能完成，然而在这之前潘博士被派去美国进行猪的研究。他此前的研究项目未能完成，这真的是一大遗憾。

几年后，潘博士再次找到我。他作为一个从中国吉林省来的考察团的陪同人员重返澳大利亚，并带领他们成功访问了曼德龙农场。他们领团的副团长对乡村产业，特别是对牲口很感兴趣，他对我养的牛给予了高度评价，并邀请我和潘博士访问中国吉林省。我们欣然接受了邀请，不久后，就收到了中国政府提供的机票及全程费用。这次的中国之行真的非常愉快。中国人已经从美国和欧洲大陆引进了夏洛莱、西门塔尔和利木赞公牛用于和本土的黄牛杂交。中国的肉牛产业当时还处于非常原始的阶段。遗憾的

20 时间 70 年代初,中澳建交后,中国代表团首次访问曼德龙公园牧场,前排左二为《人民日报》编辑

是在我看来,当时的中国人并不太热衷于变革与创新,特别是在饲养程序的营养方面非常守旧。

  首次中国之行后,我更加频繁地到访中国,并发现这个国家正处于高速发展期。我非常高兴能在短短几个月的时间里目睹如此惊人的变化,然而该国的肉牛产业一直没有进步。我个人将其归咎于中国人不怎么吃牛肉这个现实。吉林省的农业部门多次请求我就如何改良牛肉生产写一份报告。我欣然接受了这项任务。然而,我在该报告中提的建议除了少数情况外,都被相关工作人员认为太过激进而未能采纳,更别提让他们花额外的成本购买药品和疫苗了。他们一直对我说他们的牛都没有疾病,甚至身上连虱子都没有。这种说法被我证明是不属实的。我在一头公牛的脑袋上发现了虱子,并问他们:"那这是什么?"即便这样他们也不肯承认我说的话。我也走访了其他省份,发现中国各省的肉牛产业都是一个样子。如果要比较的话，可能山东省较其他省份表现出了更多的改革意愿。该省从美国购买了几头利木赞公牛，它们是合格的种牛，然而和它们进行杂交的本土黄牛由于欠缺脂肪覆盖，永远不会产出最高级别的牛肉。

在这几次中国旅行期间，我结交了许多朋友。我非常热衷于学习中国人的生活方式，并了解到中国生活水平的提升。在我看来，中国政府在帮助国民提高生活质量这一点上做得非常不错。我发现中国人是很腼腆的，但是一旦对你有了了解和信任，他们就会非常友好并且热心提供帮助。这些体验让我对中国人的印象有了翻天覆地的变化。我发现和中国人交朋友非常容易。中国的女孩子都比较内敛，除非你主动上前与她们交谈。我每次去北京的时候都喜欢入住同一家国际酒店，而住过几次后我就和前台的几位女孩子成了朋友。她们都是18～24岁的年轻女孩。有一次我在半夜十一点到达了北京的这家酒店，我还没来得及走到前台，她们一见到我就热情地招手说："我们几个女生打算在一点下班后去迪厅玩，怎么样啊瑞克？"我怎能拒绝陪十几个女生去蹦迪这种令人兴奋的事情呢？我们尽情地玩到了早晨六点。

自1994年以来，我多次往返中国，并走访了许多城市和乡村。我也在澳大利亚的家里接待了很多个来自中国的考察团和个人。中国人是非常好客的，我很高兴能够接待他们，并很快成为朋友。不仅如此，我还有幸认识了中国最著名的影星、房地产开发商、企业家以及政府高官。

难以置信中国取得的成就

我多次踏上中国的土地,并且每次差不多要待一两个月才回到澳大利亚。我的朋友们都问我,为什么对中国如此着迷,对此,我每次都情不自禁地对他们说:"你们不造访这个高速发展中的令人兴奋的国度,就不会了解到现在世界上发生着什么。"实际上,每个人都有必要去看一看在中国发生的事情,特别是那些怀有商业志向的人们。这样做会让你大开眼界,看到一个更加快速进步的世界。

事实上,中国和外国公民都可以在该国自由买卖不动产以及其他任何资产。即便在某些场合存在一些限制规则,也都是非常简单易懂的。中国政府在不断向私营部门开放不动产资源,并鼓励更多的开发项目。几年前我在英文报刊《中国日报》上读到,尽管中国政府拥有该国所有房屋的产权,但是政府会鼓励居住者买断所住房屋的产权,从而成为值得骄傲的业主。

中国政府也扶持了该国的农村产业。比如,如果一个地区有 500 户农民耕作 1000 公顷被灌溉的土地,那么政府就会免费分给每户两公顷的土地,并且免除头五年的赋税。自这个政策实施以来,中国已经成长为全世界最大的蔬菜及花卉出口国。

在我听到或读到的中国国家主席、总理和其他领导人的每一个重要讲话中，他们都会将农村产业的发展放在第一位，都会强调"要想发展就必须关心农村产业"。相比之下，我从未听说任何一位西方领导人将农村产业摆在第一的位置，或宣布为了国家发展长期支持农村产业。2006年7月8日，我在罗马饶有兴致地阅读了《财经时报》关于中国国家主席胡锦涛先生关注农业的报道。该报道称胡主席明确表示，由于中国的城乡差距，现在是时候发布扶持农业，包括减免农业税等一系列政策了。

在中国引进自动柜员机（ATM）之前，我在该国使用信用卡或旅行支票提取任何币种的现金从未遇到过问题。2001年，从北京出发前往洛杉矶时，我没有担心在洛杉矶用美国运通发行的旅行支票提取现金可能会有困难，所以在离开北京前没有兑换美金。到达洛杉矶后，一个周六的早晨，我为了兑换这些支票跑了四家银行，然而每次得到的答案都是我必须去美国银行的支行办理。在纠结了近两个小时后，我终于来到一家美国银行支行。我询问大堂正中间的一位工作人员在哪里可以兑换我的旅行支票，他却问我是否是该行的客户。我说我来自澳大利亚，此次来美国只是短期访问，然后他就告诉我由于我不是该行客户就不能在此兑换旅行支票。我当时简直快要气死了，以至于当场对他和整个美国喊出了辱骂的字眼。银行里的人们都纷纷走过来听我诉说：我在全世界任何国家都能兑换美国运通的旅行支票，却唯独在发行该支票的美国遭到拒绝。我告诉那位银行职员，我之前在中国的任何一家银行、酒店甚至购物中心都能够用美国运通的旅行支票兑换现金，这就是美国自我标榜的民主与优越性。所有人都为银行的傲慢态度和我的遭遇摇头不已。最后他们叫来了银行主管，他听了我的倾诉和恳求后，终于答应只为我兑换500美元，我不得已只好接受。我经常怀疑民主制度是否真的行得通，特别是在美国这个国家。这个国家给中国的所有不合他们心意的地方贴上"共产中国"的标签，而我却感到中国比起很多西方国家都更容易打交道。只要你不去试图违反他们的法律和习俗，你会发现中国是最好相处的国家。比如我跟朋友们谈论起中国的时候经常夸口，说如果你们能在中国找到一面被涂鸦得面目全非的墙壁或者坏掉的公共电话（尽管里面安装的是玻璃触屏电话），我就给你一百万美元！我不是一个反美主义者，而且我确定绝大多数中国人也是喜欢美国的。尽管如此，美国还是觉得中国的发展是一种威胁，这是因为美国在几十年前也经历了同样的发展模式。几年前，当时的美国国务卿，同时也是伟大的（或许是最伟大的）美国将军鲍威尔在访问中国后对这个国家的发展赞不绝口。他带回给美国参议院的话也是这样说的：不亲自到中国来看一看，就难以相信该国在如此短的时间里已经取得的成就和正在进行的发展。

与鲍威尔将军一样，时任美国总统的乔治·W·布什曾经在一个电视采访中说过同样的话，并赞扬了中国政府的成绩。整个世界必须理解中国人有他们独自的生活方式，而且他们有非常强的家族纽带。中国政府的当务之急，显然是提高人们的生活水平，而这正在慢慢付诸实现。仅仅在几年前，他们仍有3亿至4亿人口生活在贫困线以下，而在2007年这个数字已下降至1200万人。

许多国家担心中国的军费开支过多，并且可能有领土扩张的野心。事实是这样的，中华人民共和国迟早会和他们的台湾同胞实现统一。在这个问题上，美国在扮演一个双面角色，一面奉承一个中国的原则，一面向台湾出售价值数十亿美元的现代化武器装备。美国为什么要这样做？这个问题留给读者们自己思考。我敢肯定的是：如果美国介入中国人认为完全属于他们内政的事务，这必然会引发战争。因此，事实上是美国在逼迫中国把大笔的钱花费在军备上。美国早就应该放弃帝国主义式的优越感，把更多的精力放在提高本国人民的福祉上了。尽管美国拥有全世界20%的财富，仍然有很多美国人被他们的政府所忽视。不管这个国家再怎么民主，当卡特琳娜飓风肆虐新奥尔良州黑人人口最集中的地区时，这个事实被揭露得淋漓尽致。

我衷心希望中国能实现和平崛起。自1978年改革开放政策实施以来，中国成功地走上了符合其国情与时代特色的和平发展道路。中国人民正在通过这样的方式努力奋斗，力争将自己的国家建设成一个繁荣、强盛、民主、文明并且和谐的现代化国家。中国也在通过自己的发展为全人类的进步做出贡献。回顾历史并着眼当今的现实，中国的将来只能遵循和平发展的道路。中国确实也在努力创造和平的国际环境，通过自身的发展促进世界和平。

中国已经用全世界10%的耕地养活了全世界22%的人口，缓解了贫困，并且在努力改善这些人的生活质量。13亿中国人民的生活水平正在不断得到提升。中国政府帮助2.2亿人摆脱了贫困，并且援助了6000万的残疾人口。2007年，中国人的平均寿命由1949年的35岁提高到了71.95岁。

全世界最大的5000家公司中，有4500家已经在中国设立分支机构，而平均每周都会有两到三家新的企业将其生产设施迁往中国。中国的外汇储备现在已经超过了日本的8000亿美元。事实上，中国的外汇储备在2007年10月达到了1.3万亿美元，其中大部分都投资于美国境内。

中国正在成功地通过自身能力和改革创新取得发展，其主要目标是打开国内市场，增加内需以促进全面的、平衡的、可持续性的经济增长和坚实的发展。

在政治方面，中国的政治体制毫无疑问是可行的，或许其他一些国家也应该借鉴一下。民主，我们都知道它是非常好的东西，但是民主可以用好，也可以被滥用。没有民主，就没有对他人的尊重。中国式民主正在一边吸取西方民主中的有益元素，一边沿着它自己的道路探索。

为了确保在各个产业中人们的价值得到体现,某种程度上的政府干预应该是必要的。中国的民主政策如果不伴随所谓的"中国特色"的话,是行不通的。在我看来,中国现在采用的模式是唯一可以使其发展得越来越好的方法。

张丰毅是中国家喻户晓的影星,这张合影里有他和他迷人的妻子以及她的朋友杨海燕。这两位女士都是原北京舞蹈学院的芭蕾舞演员。

祖歌也是一位大家熟悉的年轻歌手,她的一些歌曲是自己作词作曲的。

瑞克与杨海燕、霍凡、张丰毅聚会

她十岁的时候还在一个小乡镇读书,当地学校发现她的才华后决定送她去北京学习。她的成功甚至超出了她本人的想象。她至今都没有忘记当年自己成长的地方,回家探亲时也会经常带着礼物和感激去造访那所乡镇小学。

2007年5月,我受邀陪同这位年轻歌手一起回访这所小学,并且和她的家人一起在农村住宿。我决定接受这个邀请,并且和她一起参加了对这所学校的捐款仪式。在那些八九岁的小学生们面前接受介绍真的是一件非常快乐的事情。一名九岁的女生致辞并感谢我们,虽然我一个字都听不懂,但是这位美丽可爱的小姑娘让我非常感动,并且觉得无比骄傲。

我还有幸认识了中国的富豪李春明先生,并与他成为朋友。他告诉我他曾经是一个农民。中国的农民,特别是在一二十年前曾被描述成耕作国有土地的农工。而今天,四十多岁的李先生不仅在中国坐拥广大的地产,还在不断收购澳大利亚的土地。他还出资在澳大利亚为中国培训飞行员。

瑞克向山西运城夏县泗交小学捐赠后获得锦旗

李先生在北京近郊拥有好几个非常显眼的度假村,其中最早的一所是位于丰台区的中华文化主题公园。这所公园占地面积很大,周长超过一公里的绘有古典壁画的围墙里面是许多令人流连忘返的传统建筑。

这个公园里最吸引人的区域之一是一个稀有的藏獒(也叫 Do-khyi)饲养场。我还一直以为藏獒由于它们强烈的攻击天性早就灭绝了呢。李先生现在已经有了 20 头藏獒,它们由受过训练的专业人员饲养并受到很好的照料。一头完全发育的藏獒体重可以超过 100 公斤。如果谁有幸能够买到这些藏獒的话，它们的价值至少在 10 万美金以上。

不用说，对于李先生这样的出身农村又喜爱动物的人来说，找到合适的现存精子并开始一个繁育项目绝非难事。李先生喜欢的动物还包括马、赛鸽等等；他园子里林立的动物雕像还包括袋鼠。

李先生的第二个度假村是日月同辉健康主题公园兼葡萄酒庄，它坐落于密云县的丘陵地带，占地 2000 公顷。我去参观的时候，那里已经盖起了各种风格的建筑。虽然还有更多的建筑仍在施工或规划中，整个度假村已经开始运营。其中一个格外巨大的设施提供骑马等运动项目，这些项目越来越受欢迎。

我在澳大利亚畜牛业历史中的位置

在接下来的章节里,我将我在澳大利亚畜牛业的个人经历用一种更准确并有时间顺序的方式来讲述。我知道这些章节可能会使养牛者特别感兴趣,因为在我 46 年的参与里,我已经经历了畜牛业的许多改变,从它的繁荣到萧条。

我的目标和热情所在是养出品种最好的牛犊,使畜牛业达到最完美的状态。

之前章节中的一些关于我在畜牛业的个人经历的细节可能会重复,但是我认为这些对总体的记录来说是一个重要的部分。

波尔短角牛;

夏洛莱牛;

意大利牛:契安尼那牛,包括马奇吉纳牛和罗曼诺拉牛。

我的三种牛犊:曼德龙特种牛、斯格尔牛、夏乐克牛。

澳大利亚畜牛业需要
不同的评审方式

在继续讲述我在澳大利亚的畜牛业个人历史之前，我觉得有必要说明一下对我们的牛业裁判的看法。

不管我们赞不赞同美国的裁判系统，它的确有一些好处。

在一些大型的牛业展上，就像在美国科罗拉多丹佛举行的美国国家牛业展一样，许多种牛会被一些裁判同时评估，最符合行业需要的那种牛就会相应地名列前茅。

在美国和加拿大，一些大学会有两到三种牛群，好让学生有实践操作经验，并培养他们去喂养牛畜，以及为牛展做准备。就拿阉牛来说，它们被喂养，被拿来展示，骨架子被评估，其产出的牛肉在宴会厅里以备品尝。实际上，一些最成功的裁判都是大学教授。

罗杰·亨斯利是一名美国的教授，大概在 20 年前，他来到澳大利亚兴办了裁判学校，获得了巨大的成功。亨斯利教授是一名杰出的裁判和老师，多亏了他的尽心尽力和他的裁判学校，澳大利亚成了一个更好的畜牛国家。

澳大利亚的裁判系统常常会被某些人对某种牛的品种的偏见所影响。

在一次罗克汉普顿牛犊展会上，杂交品种由之前单独挑选了各种牛的冠军的裁判们来裁定。在这个体系下，每个品种的冠军母牛和公牛都可以得一分。我带了我的冠军牛曼德龙特种和它的小牛犊参加。当冠军牛们进入裁判场后，一名杰出并诚实的裁判在入场之前对我说："瑞克，你的母牛是这里最出挑的，我会评它第一，不过我知道我会被一些嫉妒的养牛者批评，因为我把一个新品种评为了第一名。"许多其他的裁判也给了我的母牛第一、第二名，或是第三名。我记得，还剩两个裁判做出评定就能选出母牛总冠军时，我的母牛的分数领先圣格鲁尼母牛 15 分。很明显，因为这两位裁判是饲养印度瘤牛的养牛人，他们肯定意识到了如果把我的母牛评为最后一名，并且将圣格鲁尼牛评为第一名，圣格鲁尼牛就会以一分之强赢得比赛。接下来他们这样做了。结果宣布人是唐·安德森先生，他是一位著名的养牛人、裁判以及有声望的创办人。他对着麦克风说："对于今天有些裁判的不诚实行为，我感到非常惊愕，曼德龙特种牛本应该轻轻松松夺冠的。"

这样的不公在澳大利亚的裁判场上发生了很多次。这是因为许多裁判并不明白什么样的品种能提升牛群。许多裁判不懂适当平滑的肌肉和平滑的脂肪覆盖与顶级牛架之间的联系，因为他们常常将双倍的肌肉和结实紧密的肌肉搞混。一些裁判不会注意小公牛和没有用途的公牛，特别是有蹄子病变的那些。

当然有人，比如像阿瑟·瑞卡斯博士，他会是一个理想的人选来创办裁判学校，给注册的裁判颁发资格证书。阿瑟·瑞卡斯博士来自位于新南威尔士州阿米代尔的新英格兰大学，他是一位有远见的人，也是澳大利亚注册养牛人协会股份有限公司（简称 ARCBA）的创始人。

我参评过澳大利亚皇家农业展主要的秀展和一些销售评选，也包括对阉牛的评定，还有一些学校的，评估过所有品种的牛。我曾经优先评判第一头契安尼那牛，并与北美地区和津巴布韦有过买卖交易。津巴布韦的牛质量非常高，我对此印象深刻。并且，我对见到津巴布韦总统也印象深刻。罗伯特·穆加贝总统在六个保镖的环绕下，莅临裁判场，向管理服务人员问道："国际裁判在哪里？"管理员指着我。罗伯特·穆加贝总统走向我并说："你认为我们的牛怎么样？"我回答："我很佩服，希望能够回来看一看是如何取得如此进步的。"我们握了握手，他继续说："希望你不久就能再来。"

事实上，次年我被再次邀请到津巴布韦首都哈拉雷做裁判，但是，时间上与我曼德龙公园一年一度的销售有冲突，所以不得不谢绝了。

我总是直接指出一些没有给打高分的牛，并给出我的理由，因为，我的牛有同样的问题，而不像某些评委不露只言片语。我想要畜养者理解并纠正他们的畜养方法。我曾经在悉尼皇家农业展上因为评判过波尔海福特牛而饱受争议。为什么？因为那是一个"大家伙"。我按照我的标准给牛打分，不管展会是友好的还是不友好的。我对波尔海福特牛的评定最后获得了认可。我挑选出来的巨大的海福特公牛和母牛，首次赢得了这个品种的冠军，而且是久负盛名的霍顿大奖，评审的最后裁判是了不起的沃雷·门罗。

曼德龙波尔短角牛的历史

　　我建立曼德龙短角牛畜场是在 1961 年,由购买了一头开始,在 12 个月内,广泛应用于与母牛的配种,并得到 150 头小牛犊。

　　一个无情的事实是按照这样的程序在推行的,那就是母牛从来就不是为了展示好看,而重点是看它的产奶量、形态和生长速度;而公牛喂养的成功标志是世界性的展示和获得好评。

　　另外,两头来自艾利斯·邓恩畜场的种牛因主人杰克·图特先生的去世而遭散了。这两头种牛艾利斯·邓恩超级 27 号和艾利斯·邓恩骑士 28 号通过莫瑞旺皇家格兰特牛配种而加入到曼德龙皇家大使中。这两头公牛成熟后的体重超过 1180 公斤,而曼德龙皇家大使的体重达到 1233 公斤。

　　这期间主要的成就是:在过去六年的悉尼皇家农业展里,赢取了五个大冠军,三个公牛大冠军在布里斯班获得,四头波尔短角阉牛在悉尼皇家农业展获得冠军,再加上母牛的冠军,还有公牛和怀孕母牛的保留奖项和其他冠军奖励。

　　曼德龙公牛连续九年在秀场和卖场都排在最前面,直到我决定开辟曼德龙自己的卖场。曼德龙牛三次打破了波尔短角牛的最高价格纪录。

曼德龙超级大象在1973年悉尼皇家农业展上甚至创造了级别最重的历史，其重量是1240公斤。

或许，最大的成功莫过于1971年一头八个月大的公牛曼德龙超级旗帜以23792澳元的价格卖给了加拿大的卡特博士。还有一头两岁大的曼德龙旗帜参加了美国最棒的科罗拉多丹佛的西部牲畜展，它获得了超级短角牛冠军。我相信它还是第一头来自海外的获奖公牛，甚至来自加拿大的公牛都还没有获得过这样的殊荣。

以下是1974年2月15日，刊登在《悉尼晨锋报》的文章：

澳大利亚波尔短角公牛在美国获奖

据一封来自加拿大的电报称，一头澳大利亚波尔短角牛，在美国科罗拉多丹佛举办的西部国家牲畜展上夺得了短角牛项目的大奖。

这头公牛，曼德龙超级旗帜，是来自海外的牛第一次在这样大型的展会上赢得大奖。

曼德龙超级旗帜是曼德龙畜场喂养的，畜场的主人是悉尼附近圣玛丽的彼萨特若先生。

它现在的主人是加拿大的卡特博士，他在没有看一眼的情况下支付了23793澳元，将其购买下来。

卡特博士不能够前往澳大利亚亲自挑选两头公牛和两头母牛，依凭着彼萨特若先生的声望，最近，他通过电话购买了这些牛。

曼德龙超级旗帜是澳大利亚销售公牛市场里顶级昂贵的品种，销往加拿大也是如此。

代销到加拿大的牛总数是32头，包括波尔短角牛和墨端灰牛，其中8头来自曼德龙畜场。

澳大利亚波尔短角牛协会的发言人声称，这次的奖项向世界说明澳大利亚是世界顶级牛的出产地。

进一步的荣誉奖来自曼德龙超级旗帜。它的子孙被验证其重量将压倒所有来者，四组它的子孙置于四个不同的地方将压倒所有波尔短角牛和角牛，与所有品种相比而取得胜利，仅有夏洛莱牛可能与它有得一拼。当它的子孙克瑞斯达超级旗帜，在1977年加拿大里加纳公牛交易会上达到高峰，赢得了展会大奖后，它售出了41500加元。这可以视为波尔短角牛世界性的纪录。

然而，1969年，澳大利亚的裁判全然无视我的牛的品质，仅有一头曼德龙公爵夫人赢得了母牛类大奖。我有几头公牛绝对超出世界水平，受到许多畜牛人的称赞，认为它们是澳大利亚乃至世界最好的牛类，但是，在本地仅仅获得了小组第三名。我曾经感到绝望，明眼人都看到我的波尔短角牛那样出众，我想看来我等不到自己获奖的那一天了。买家跟随裁判的结果，而裁判有眼无珠拒绝我的牛。

1969年，赫尔曼·珀迪教授是悉尼皇家农业展评审波尔海福特牛的裁判。在宾夕法尼亚大学，他负责包括波尔海福特牛、夏洛莱牛和波尔短角牛序列的牛种。他的裁判任务结束后，又过了一些年，他对我说，当时他仅仅是信步来到波尔短角牛组别的牛棚里，当看到了曼德龙一组五头公牛后，他几乎不敢相信自己的眼睛。"这就像梦想中的情形。"他说，"至少我看到了曼德龙就是要寻求的最终极品，曼德龙波尔短角牛达到了顶点。"在对波尔海福特畜养者演讲时，珀迪教授没有犹豫而是直截了当地宣称，他见到了对于美国畜养者来说堪称极品的牛种，那便是曼德龙特种。

以下是1972年4月13日，刊登在《大地报》上的文章：

畜牛业几乎失掉一个值得关注的饲养者

世界顶级畜牛人之一在经历了四年多悉尼皇家农业展上仅有的平庸的成功后，1968年几乎要放弃参与这场游戏。

他是瑞克·彼萨特若，来自圣玛丽的曼德龙波尔短角牛畜场。

自那以后，他的公牛开始在悉尼、布里斯班和墨尔本获得一系列皇家大奖。他的母牛和阉牛也走向成功，他的牛已经荣登各大销售排行榜。

但是，1968年他的公牛团队在悉尼平均售价仅有1060澳元，而且很难赢取任何绶带。

现在，同样的组队平均可以卖到5000至6000澳元一头，并且赢得各种各样的绶带。

他说，那时他是如此灰心丧气，几乎要走到卖掉所有牛犊的边缘。

"大家伙的牛犊是人人都要的，但是我的却没有人识货，畜养人说它们太大了，腿也太长了。"

世界上最好的

1969年，这种情况在世界知名的裁判和育牛人，美国宾夕法尼亚大学教授赫尔曼·珀迪访问以后得以改变。

当他见到曼德龙公牛后，他说："看到波尔短角牛如此大的体格和类型，我相当震惊，这正是我们多年来寻求的品种。"

在对曼德龙的访问后，他形容波尔短角牛是世界上最好的牛种，也是美国试图培育的终极品种。

彼萨特若先生说："珀迪教授访问后，我感觉我只能继续下去。"

一年后，曼德龙皇家大使赢得了悉尼波尔短角牛的大奖。

它的体重是2700磅（1224公斤），世界各地要求前往展出的邀请函雪片似的飞来。

短角牛目前在世界各地已经变得越来越小，这就是人们放弃饲养它们的原因。

又一年后，曼德龙公牛赢得了悉尼、布里斯班和墨尔本的大奖。

这一年看上去都相当成功。

彼萨特若先生正集中精力努力让他的牛在年份上具有相应的重量，这正是曼德龙大使的闪光之处。

在通常状态，它的重量是2717磅（1232公斤），小公牛有望在8个半月大时重1060磅（480公斤）；12个月大的要在1400磅（635公斤）；15个月大的要在1656磅（751公斤）。这些是曼德龙的成绩。比较世界其他地方，重量上它们超出了许多。

珀迪教授改变了我的一切，销售季到来的时候，越来越多的养牛人前来考察我的牛。这样的销售扭转了我的牛和我的处境，我为四头公牛出的平均价是4512.5澳元，并有两个得到了最高价。我们没有给曼德龙皇家大使出价，因为它已有32个月大，但是我看到它还没有完全发育成熟到一个超级的体格。在这次悉尼的展示队伍里，我还存有一头顶级的小牛，并且期待它能够获得大奖。它就是曼德龙布瑞肯，被波尔短角牛的观察员拒绝过。这曾经是我经历过的最沉重的一次打击。但是，我没有放弃希望，因为我坚信这头小牛犊是块超棒的好料子。所以，我决定带着一个团队转战布里斯班皇家展，并且决定多多前往秀场，这样就会弥补少数饲养者阻止我获得荣誉的机会。珀迪教授给了我需要的自信心。

1972年加拿大引进澳大利亚牛

经过长久的等待，最后终于允许澳大利亚牛进入加拿大。许可证签发后，飞机运载澳大利亚牛在加拿大落地。它们没有超过 10 个月大，这包括 30 天在澳大利亚的检疫和运输时间。也就在这批牛离开之前，我接到了加拿大阿尔伯塔的卡特博士的电话，他想要购买最好的适合出口的曼德龙波尔短角公牛。我赶紧检验了 4 头公牛，6 头母牛，它们都是 8 个月大。

其中有一头非常出众的公牛，是艾利斯·邓恩超级 27 号，大款型达 1180 公斤。这头小牛——曼德龙超级旗帜，具备所有能够在世界上任何地方呈现曼德龙优良品种的属性。这头公牛打破了我在澳大利亚创造的曼德龙皇家格拉斯 21000 澳元的价格纪录。这头超级旗帜 8 个月大，重量 436 公斤，从未经过饲料喂养。事实上，它在出口前还在牛妈妈的跟前。

在我向卡特先生出售这些牛之前，我说明旗帜和其他三头牛会打破曼德龙在澳大利亚创造的销售纪录。我出价 28000 加元，即 23793 澳元。他明确表示接受。他想要的就是曼德龙超级旗帜，外加曼德龙皇家大使和两头母牛。我恳请他过来亲眼看一看这些牛，但是他因为有职业要务不前能来。他要我相信他听到的就是所看到的，不担忧从我这里电话订购的品种。

我非常激动，同时也担心卡特博士看到它们感到不满意。我知道曼德龙超级旗帜是最好的出口样本，我将自己的声誉都交给市场和生意了。我是正确的，它不仅是最棒的出口到加拿大的小牛，也是整个销售里远超最大最好的牛的一个。这些在运载上飞机时就得到确定了。

我希望在运抵加拿大后，卡特博士能够看到它们。不幸的是，在检疫隔离期间不允许他去看它们。我一直牵挂着这单生意，直到收到了卡特先生的来信，他说现在他在北美为拥有这些波尔短角牛而骄傲。我相信卡特博士的意愿获得了满足，并很高兴看到曼德龙超级旗帜在海外能够很好地呈现曼德龙品种的优异品质。

1972 年 7 月 5 日，新南威尔士州的《乡村生活报》报道了这一历史性的销售，这也是这本书最早的章节。

以下摘自 1973 年 4 月 19 日《大地报》：

裁判对波尔短角牛印象深刻

沃雷·门罗先生来自莫瑞，他在一场令人印象深刻的波尔短角牛的展示里给它评了优秀，并说波尔短角公牛是他在悉尼农业展里所见的最好的牛。

他说在过去十至十五年里，波尔短角牛在悉尼农业展里终于令英国种的牛有了最好的起色。

门罗先生察看了公牛的长度、高度和后腿肌肉，他没有从裁判的标准要求里急速转弯。

曼德龙皇家大使，它的体格、重量和结构，在沃雷·门罗的裁判下，提升了整个澳大利亚波尔短角牛的地位。他相信这个体量，并保持这个体量，要在他自己的牧场里组织和销售这种牛。

这个既古老又可信的品种就这样开启了一个新时代，并在此受到关注。而我必须展出我的公牛以保持我自己的销售，这也是牧场里唯一可以销售的公牛。我必须保持在悉尼皇家复活节农业展期间展出。事实上，我的成功让很多育牛人难受，而我本人也遭到诋毁。在一些会议中，我甚至没有得到足够的支持或没有获得推广的方案。很多情况下，我被告知将要开始的推广计划会有利于曼德龙牧场。我还被告知，一伙人试图阻止我在悉尼皇家复活节农业展期间开始我的销售。或许，我的成功太快了，这让很多现有的育牛人很不舒服。

我愿意尽我所能推广我最好的品种和我所知的任何事物，我在多种领域获得成功。牧场种牛需要很多推广手段。很多畜牧人和畜牧团体处在休克状态，但是他们担心任何人，比如像我远远地将他们甩在后面。他们完全忽视了这样一个事实：如果我做推广，比如推广波尔短角牛，实际上是整体推广了这个品种，我的事业将能够推进很远，大家都受益。但是没有那么容易的事情，何况遭受传统派的反对。

短角牛需要改进它的胴体。过量的脂肪覆盖是不需要的。另外，牛眼肉需要改进其肉质的颜色，或许屠户不同意这样的做法。大块头的短角牛将会给出大尺寸的切割分块，超过小尺寸的多脂肪的家伙。但是有多少养牛人肯花时间看一看他们屠宰后的牛，或将自己的牛胴体挂起来和他人的比一比？

我屠宰过曼德龙培育的波尔短角牛和契安尼那杂交阉牛，在我送抵肉店前比较过它们。我的经理坚持认为没有比得过短角牛的胴体。短角牛有潜在的更好的胴体生成，但是这需要畜牛人和育牛协会携手合作才能够有足够的效益。

澳大利亚是世界上唯一有众多短角牛畜养人的国家，他们是散兵游勇，又组成许许多多的协会，而不是组建一个共同的对其他牛种来说有竞争力的团体。

活跃在澳大利亚的短角牛协会有如下这些：澳大利亚波尔短角牛协会、澳大利亚短角牛肉食协会、澳大利亚短角牛畜养人联盟、澳大利亚短角奶牛协会、澳大利亚达勒姆协会有限公司。

遣散

最后，尽管我在短角牛养育方面取得了世界性的成功，但同样在经历了许许多多失望后，我决定遣散它们而继续培育其他的牛种。这个决定很难做，也伤了很多朋友的心。这些牲畜在1976年4月11日被置于拍卖槌下。

夏洛莱牛的故事和我的参与

从 1960 年开始，因为夏洛莱牛能够产出瘦型肉质，喂养习惯良好，在相应年龄段里重量明显，激发了世界各地畜牛人的热情，他们纷纷注册畜养这个品种。这个时候媒体宣传也影响到海外，新西兰中央森林区的萨斯兰德先生在法国和英国看了这种牛后，成功地说服了新西兰政府有关部门，并获得了进口其精子的许可。

萨斯兰德先生不用提供任何材料来证明这种牛在海外的检验和展出中是如何出色。中央森林区是仅有的纯种牛的基地。我还记得 1968 年的一天，杰克·萨斯兰德先生向我展示了他的土地。他十分骄傲将他的纯种奶牛基地变成了第一代夏洛莱牛的生产地。这些首次杂交产出的夏洛莱牛让人印象深刻，就像一个梦想的实现，尽管事实上产犊的问题一直争论不休。

最后，新西兰政府同意了由英国进口活牛到新西兰，而澳大利亚政府检疫部门废除了限制进口夏洛莱牛精子的规定，并允许进口新西兰生产的牛犊。

组建澳大利亚夏洛莱联盟

1968年6月开始组建夏洛莱联盟，主要会员如下：

瑞克·彼萨特若先生　　　新南威尔士州

利勒·戴维斯先生　　　　新南威尔士州

布鲁斯·斯达瑞特先生　　维多利亚州

每位会员交纳100澳元以便用于初建时必要的花费。申请加入协会的广告出来没几天，就有105家加入协会成为会员，其中16家来自维多利亚州。

毫无疑问，一些夏洛莱爱好者考虑也要组建一个澳大利亚夏洛莱协会，他们没有意识到或者不想知道在新南威尔士州已经有这样一个组织了。维多利亚预期的会议在1968年7月召开，是在维多利亚皇家农业协会展览场举行的，利勒·戴维斯先生和我受邀参加了会议。这个会议后成立了另外一个协会。这样，短期内，两个夏洛莱协会分别独立地承担相应的工作。在维多利亚成立第二个夏洛莱协会后，我感觉他们不能继续下去。我邀请了安东尼·霍顿先生，一位知名的澳大利亚养牛人和生意人，新南威尔士

夏洛莱协会成员

澳大利亚皇家牛业委员会主席。我还邀请了威廉姆·甘恩爵士，一个拥有卓越成就的澳大利亚羊毛业领域的智者，在当时拥有无数畜牧场并对夏洛莱牛充满热情的养牛人。我邀请他们两人加入我们，并为维多利亚协会的成立做开幕人。安东尼·霍顿先生担任新南威尔士州协会的主席，威廉姆·甘恩爵士担任两边协会的召集人。

　　问题又来了。昆士兰的会员想要保有他们的联盟。我组织了一个总部设立在悉尼，但是，南澳、西澳和塔斯马尼亚想要总部设立在维多利亚州的墨尔本。于是我想了一个主意，将新西兰也包括进来，这样，南岛和北岛也包含在其中了。威廉姆·甘恩爵士召集了多次会议，于是澳大利亚有六个州加入进来，外加新西兰的两个岛。最终，用投票的方式来决定总部在澳大利亚哪个城市设立。但是，结果是四比四。好在我们有安东尼·霍顿先生担任主席，最终，他的一票投给了悉尼。这个决议正式组建了澳大利亚夏洛莱牛业协会，先前在新南威尔士州和维多利亚州成立的组织就解散了。

历史上夏洛莱牛首次在曼德龙公园牧场销售，1970年

我脑子里早已有一个主意，搬来波尔短角牛协会的秘书长弗兰克·霍德，给他这个新成立的澳大利亚夏洛莱牛业协会同样的头衔。我对弗兰克·霍德说了这个计划，也征询了安东尼·霍顿先生的意见，于是弗兰克·霍德就过来担任秘书长。我在波尔短角牛协会做顾问的十年里对他的能力非常了解，他能够很好地组织和操作这个快速成长牛种的协会工作。

我起草了夏洛莱协会章程的文本，并交给了我们的新秘书长。霍德先生1970年6月24日签署了第一本澳大利亚夏洛莱牛业协会章程手册。在这个章程里他编辑了我起草的章节并添加了部分条款。

1969年《大地报》报道：

夏洛莱牛杂交品种参与秀展

曼德龙投资有限公司、曼德龙波尔短角牛畜场总裁瑞克·彼萨特若宣布夏洛莱牛已经到达他的庄园。

4头重要的夏洛莱1/4杂交的品种，从新西兰引进，刚刚6～7个月，远远超过这个等级的标准，本月要在1969年悉尼皇家农业展参加竞选，照片由圣玛丽曼德龙畜场提供。

12头1/4杂交的夏洛莱牛，其中7头母牛，5头公牛，已经在圣玛丽落户。这些夏洛莱牛平均年龄在6～7个月，平均重量320公斤。

最小的牛是安格斯牛和黑白花牛结合后，又与夏洛莱牛生产的品种。4头添加了一些杂交优点的第四代种牛在大奖两周后来到竞技场，它们将参加幼年组评选，这个组别最大年龄是18个月。这就意味着这种牛在11～12个月大时就达到了这个级别的要求。

其中有三头牛将参加小组比赛，另一头单独参加级别秀。它是牧场放养的，来自干旱的新西兰南岛，那里的气候条件达到了历史时期最糟糕的纪录。

在来曼德龙的长途旅行过程中，干草补充它们的每日口粮，然后才又回到自然的草场。

未来至为重要的是，夏洛莱母牛将要在这里加入。

这种杂交牛，最为重要的是其遗传学上的意义：1/4 夏洛莱牛种和 3/4 安格斯牛种结合产出的品种，与 1/4 夏洛莱和 3/4 黑白花牛结合产出的品种，再配种结合而成的新品种。

这种母牛在 12 个月大的时候由人工植入夏洛莱牛的精子，这样产出的新品种有 5/8 来自夏洛莱公牛。

一个方案是盛行的，当地黑白花公牛通过人工授精，给一些黑白花母牛和有一半血统的夏洛莱牛配种结合的牛，这样得到的是 3/4 黑白花牛。

还有少数波尔短角母牛将通过人工授精产生半杂交品种。

杰克·萨斯兰德先生将新西兰南坎特布瑞威麦特牧场的牛首次进口到澳大利亚。

AML 和 F Co. 中介公司代表曼德龙在新西兰处理所有交易细节。

这一 1/4 夏洛莱品种牛，其明显特性是有非常温顺的天性，质量毋庸置疑，另外就是增加重量也很快。

80％ 的母牛是安格斯品种加入到夏洛莱品种中。主要因素是安格斯牛在新西兰岛屿中占大多数。

均衡在于黑白花牛的遗传成分要占大比重。这类母牛通常情况下是大体形的，产奶量大；两头短角牛刚刚与夏洛莱牛配种，将要在 9 月份抵达，其后代期待着显示出更加优越的品质。

来自海外的报道说，在最近的牛肉产量竞争中，夏洛莱牛居于上品优势。这种牛对环境适应力良好，在干热的得克萨斯州，几乎不需要棚子，而在寒冷多雪的地区，它们依然可以生存下去。

萨斯兰德先生将11个月大的母牛配种,这是成熟的时间段,并不影响其成长。

曼德龙畜场准备在16个月内加入这个代销。

违反规律的是,夏洛莱杂交品种改良每一配种的牛犊。因为血缘世系变得单纯了,这种牛变成软草的颜色,还有很细的毛发,而皮肤变成暖粉色。眼睛和身体突出的部分变成粉红色,蹄子变成粉白色。

非常重要的是要记住,这种夏洛莱牛在1969年的首次秀场上展出的只有6~7个月大。

以下文章摘自1971年4月14日的《大地报》:

纯种夏洛莱公牛来到这里

澳大利亚从新西兰进口的纯种夏洛莱牛上个星期来到了悉尼。

公牛曼德龙法比安父系是法国沙龙种由英国进口到新西兰的。

圣玛丽曼德龙投资有限公司的瑞克·彼萨特若,从英国购买了法比安的母亲。它在新西兰与沙龙品种人工配种然后产出了公牛曼德龙

瑞克的孩子亨利和瑞贝卡与刚出生的曼德龙法比安种牛

法比安。

但是，生法比安的母牛因为出生在英国而不是新西兰，所以被禁止进入澳大利亚。

成果显示

曼德龙系列仅在悉尼皇家农业展上展现过夏洛莱牛（悉尼外的几个小型展会除外），事实上，曼德龙牛并不是出席每一届悉尼皇家农业展。自1974年白山谷哈美施赢得了大奖，到1991年出席并赢取过下列奖项：

10头公牛大奖、6头小公牛冠军奖、7头成年公牛冠军奖、4头母牛大奖、4头小母牛冠军奖、4头成年母牛冠军奖、9头种牛奖。此外，还获得了2项皇家杂交品种霍顿大奖：曼德龙雷德和曼德龙杰西卡获得1980年霍顿大奖，曼德龙艾登和曼德龙弗瑞西亚获得1989年霍顿大奖。

需要说明的是，自1980年在悉尼皇家农业展的首届霍顿大奖，直到2007年，曼德龙畜场赢得了这个声望很高的大奖两次（公牛和母牛），并与亚拉沃伽的畜场——其主人是阿里斯德尔——分享这一荣誉。

首届霍顿大奖

1980年，我有两头曼德龙公牛和母牛赢得了皇家复活节冠军，这就是刚刚颁发的首届霍顿大奖，畜牛业最高声誉奖。1989年，两名冠军再次落在曼德龙艾登和曼德龙弗瑞西亚身上，我再次赢得了荣誉。

1989年霍顿大奖授奖现场，汉普顿·科尼利厄斯和获奖小牛，经理皮特·高文，裁判罗杰·亨斯利博士，安东尼·霍顿，曼德龙畜场瑞克·彼萨特若

销售

1971年，第一头来到澳大利亚的纯种夏洛莱公牛是曼德龙法比安，由昆士兰瑞沃港畜场的约翰·苏利文购买。

曼德龙楚可在1986年8月28日以165000澳元的澳大利亚所有牛种的最高价出售给斯高特·克鲁宁先生的辛迪加联盟。曼德龙楚可在北美被称为最好品种的公牛。但是，遗憾的是楚可因为牛的流行热病检查没有通过而未能出口到美国。

出口

1972年，白山谷哈美施的精子出口到美国、加拿大和前苏联。1987年，曼德龙安杜出口到前苏联。1989年曼德龙海费的精子出口到美国和加拿大。1990年曼德龙哈克斯特的精子出口到美国和加拿大。

1989年3月21日，第二次霍顿大奖由曼德龙畜场夺得，裁判是来自美国的亨斯利博士。

七头夏洛莱公牛送给商业育牛人

夏洛莱牛销售情况良好，但是无法说服昆士兰的商业畜牧者让其与瘤牛配种以便获得更好的后代，尽管格雷姆·麦克姆勒爵士在1970年首次购买了一头F2夏洛莱公牛。

我有一些客人到访，是沃尔特曼先生和另外一些昆士兰朱利亚河的来客。他们同意夏洛莱公牛与瘤牛杂交配种的计划，但是又担心多毛的体征不一定适合昆士兰的气候。我有来自法国的纯种多毛的公牛，是一个肌肉很棒的样本。我提供给他们做配种用，只是作为一个实验，结果我花了好几个小时说服他们将这头公牛作为礼物带走。我还记得我当时说过的话："如果它死了，用不着你费力在朱利亚河挖一个坑去埋葬它。"他笑了，这才接受这头公牛。两年后，他来到我的卖场买走公牛，并说我给他的那头公牛在热天里脱掉了毛发，围绕在母牛身边，比他自己的公牛要好多了，而且获得了很棒的后代。我赶紧问还有哪个地方愿意接受我给出的另外七头不同的夏洛莱公牛来繁殖更好的品种。夏洛莱牛畜场的牲畜生长良好，我是唯一一个拥有纯种的公牛可供销售的。我坚持品种升级而不是纯粹的法国牛，因为我在1974~1975年开始淘汰基因有缺陷的和产犊有问题的牛类。

在一次曼德龙销售之前，堪培拉检疫局的主管比尔·基给我打电话，要我带4头法国夏洛莱牛到访。我很高兴地接受了。我拥有大约20头升级的公牛，准备按纯种法国牛卖出。他们坚持叫它们杂交品种公牛。尽管它们是15/16基因关系养育而成，没有产犊问题，但我坚持要有顺畅的产犊才行，就像哈美施牛，如果它们想要统领牛的世界。最后，他们同意改进现有品种。

牛的检验结束后，我在家里招待他们品酒。我总是喜爱收藏一些好的澳大利亚红酒。我打开一瓶1971年的奔富葛兰许并倒进酒杯中，我对他们说："不管你同不同意，我们不仅有很棒很实用的夏洛莱牛，还有超过你们的好酒。"你能想象一下对法国人讲出这种话的结果吗？我想天花板或许要掉下来了。继而我又说："这也是可以做出裁判的东西，看你们的了。"他们拿起了酒杯，先是笑话我称赞自己的酒好，可是当他们将酒杯放在鼻子底下闻一闻，脸色就开始变化。他们相互看着，当开始品尝后都禁不住说，这确实是超级棒的红酒。这一年，也就是他们回到澳大利亚的时候，1971年的奔富葛兰许红酒在巴黎展出，并获得了第一、第二和第四名。当我向他们提到这个的时候，他们都说："是的，我们知道这款酒，它在巴黎获得了不起的成功。"

痛苦的遣散

以下是1992年6月4日《昆士兰乡村生活报》的报道：

曼德龙历史性遣散的一个周末

对于一些人来说，瑞克·彼萨特若，有谁像他一样，在澳大利亚悉尼西郊圣玛丽的曼德龙公园，集30年之力，贡献于超级活牛的畜养。

这期间，他赢得了国际声誉——第一次是他的短角牛（遣散于1976年），然后作为澳大利亚夏洛莱牛和契安尼那牛的先驱，培育了曼德龙特殊品种，据此，于1981年获得了新南威尔士州皇家农业协会官方的认可。

现在，城市发展的压力导致这个世界出名的曼德龙夏洛莱牧场做出决定，在本周六（6月6日~7日）遣散245头牛。

曼德龙将有选择，从销售中买下8头牛以便保住曼德龙牧场的名字，另外还将保留8~100打种牛的精子。

保留计划包括瑞克·彼萨特若先生发展一个乡村展览中心，其中有一个环绕人工湖所建的有200个房间的汽车旅馆。

这是一种对发展城市集群类房屋的偏爱。

小区里有住户房子，牧场里的房子也将保留，或许卖掉；刚起步的夏洛莱牛事业和曼德龙特种牛将搬迁到萨顿森林的沃岗布拉牧场，这个牧场也为彼萨特若先生所有。

有人可能会问，为什么一个70岁的人了，仍然能够走这么长的路？但是，瑞克从不在乎每一个挑战。事实上，他发迹于任何所从事的项目，无论是牧牛、地产开发，还是建造房屋，他都取得了卓越的成绩。

许多人在下周将要参加曼德龙牧场的遣散销售。另外一个著名的养牛人充满感情地回应瑞克并写了一封信："你的牧场见证了你全力贡献于澳大利亚畜牛业，并促使大批跟随者成为畜牧人。你或许缩小规模，但继续保留它们，从而为我们的研究持续提供更好一点的条件并多做一些事情。"

瑞克·彼萨特若是一个典型优秀移民的范例。

他年轻的时候是一名意大利士兵，第二次世界大战时，19岁的他在利比亚被俘，囚禁在澳大利亚，结果爱上了这个国家。战争结束后，他回到这里，并开始了他自己的新生活。

他工作十分努力，在他到来五年后，成为澳大利亚公民，并成了一个业绩骄人的养牛人。

两年前，在女王生日的时候，由于他服务于畜牛业并做出卓越贡献，官方授予他"杰出澳大利亚人"勋章。

契安尼那牛,意大利牛的故事

随着加拿大首次向澳大利亚出售契安尼那牛的精子,泰德·特姆安迪先生的女儿苏西·特姆安迪小姐,负责收购从英国哥伦比亚人工授精中心采集的精子。下图(由左至右)是:尼克·艾伦先生,来自达尔法姆人工育种中心;彼萨特若夫人;苏西·特姆安迪小姐;瑞克·彼萨特若先生,

契安尼那牛协会成员

刚刚成立的澳大利亚契安尼那牛业协会主席；皮特·诺瑞先生，来自多格蒂澳大利亚有限公司新南威尔士州畜种部，负责装船运输。

契安尼那牛在曼德龙销售的纪录

首次以契安尼那杂交牛和契安尼那配种牛为主的销售4月4日在圣玛丽曼德龙公园开展，对于供应商曼德龙投资公司总裁瑞克·彼萨特若先生来说，这是一个可喜的结果。

彼萨特若先生是澳大利亚契安尼那牛业协会的主席，最早引进契安尼那牛的精子到澳大利亚，他需要努力工作来培养畜牛人的兴趣，同时组建协会。

销售55头牛实现了97600澳元的价值。17头第一代杂交的小母牛和它们的妈妈，卖出7000澳元；总计56350澳元，平均价格3315澳元。38头肉食母牛和奶牛，授有契安尼那牛的精子，售出3000澳元，总计41250澳元，平均1085澳元。

第一个拍卖的是一头夏洛莱杂交母牛和它的小母牛，曼德龙契安尼那5号由Fuscello精子提供，7000澳元，由维多利亚州莫瑞蒂夏洛莱牧场的大卫·阿达姆斯先生购得。阿达姆斯还支付了第二高价5000澳元购得曼德龙契安尼那2号，由Fuscello精子提供的有一半血缘的契安尼那小母牛。

维多利亚买家基本热衷于购买第一代杂交的小母牛，其他的被新南威尔士州和昆士兰州的养牛人购得。

拍卖轻松地进入到由Friggio和Fuscello契安尼那牛授精的母牛，最高价的母牛是布拉曼，契安尼那牛授精，录得3000澳元，由维多利亚州瑞乌伦契安尼那畜场购买。

这是一个澳大利亚的拍卖价格纪录，这是以母牛为基础基因育有的其他牛种，它是维多利亚州瑞沃龙牧场所购四头中的一头。

最大的买家是维多利亚州达格特的林·鲁克，他一共买下 13 头，最高 1700 澳元，平均价格 1123 澳元。

维多利亚州迪克斯河牧场花了 7050 澳元买了 7 头母牛。

有七个国家参加的首届契安尼那牛国际会议，1976 年在意大利佛罗伦萨举行，由主席瑞克·彼萨特若主持

我的三个畜养品种

曼德龙特种

升级夏洛莱牛是为了获得一个良好的品种,利用母牛作为基础牛在夏洛莱牛的影响下优选出一个有潜力的品种。

我曾经用过安格斯牛、黑白花牛、红波尔、海福特、婆罗门牛和短角牛作育种升级的处理。

安东尼·霍顿先生早年从英国进口了不列颠白牛。他曾经做过一些非常了不起的工作,试图十字交叉培育出纯种,但是,由于从英国进口活牛和精子的渠道不畅通而没能进行下去。

当霍顿先生挂牌出售他在新南威尔士州悉尼西南盆地的纳瑞兰德农场时,我决定前往看一下销售情况。如果不是亲眼看到了他那里的牛种,我几乎不会相信育种是可能的。不列颠白牛和婆罗门杂交的品种看上去绝对出色。霍顿先生解释说,他借了一头切诺基婆罗门公牛,那个时候在昆士兰被认为是全国最好的牛种,首次与母牛配种,得到体格和肌肉优质,同时产奶丰盛的黑白花母牛。

我买了几头这种意义非凡的母牛，并立刻让它与夏洛莱公牛交配。其后代确实展现出上乘的质量和不同以往的风格。它们的皮毛是金色的。

我留下母牛，它的生长率符合预期，开始了一个十字交叉育种试验。我将它与契安尼那公牛和夏洛莱公牛配种。结果都像梦想一样来临。

我对结果非常激动，但是我从未想过去升级这种杂交到四代，没有想过要发布一个新的牛种。用了这样多的书本上的基因学去杂交可能会失掉体形、结构和充足的产奶能力，但是这些都没有发生。

1977 年，塔斯马尼亚的夏洛莱畜养者举办了一个开放日，一些来自美国的演讲人让大家分享大陆牛的知识。在那时，澳大利亚养牛人很少有对大陆牛的认识。

拉瑞·格瑞姆斯博士组织了一批他的朋友到会讲话，他们都是美国畜牛业的知名人士。这批人中有波尔海福特牛著名的畜养者格恩·科利盆斯丁，约翰·尼克松，一个精明的商业畜牛人，密苏里大学的杰尼特斯教授，还有约翰·拉斯利博士，他的书在全球各地都被人学习并研究着。

那一天吸引力是巨大的，绝对使澳大利亚养牛人感到震撼；印发的文字性资料让来自乡村边远地区的读者增长了知识。

我趁此机会邀请了一些美国人访问我的牧场——悉尼的曼德龙牧场和在莫隆的莫伦格恩牧场，他们友善地接受了。我的莫伦格恩牧场占地 2900 英亩（1174 公顷）。在这里大约放养了 800 头母牛，大多数是我升级换代的夏洛莱牛和契安尼那牛的杂交品种，还有一些是很有意思的与婆罗门牛、英国白牛的十字交叉品种。这个牧场看上去很好，而我的牛群也很棒，来宾在现场都对换代的项目成果印象深刻。

我的经理罗恩·马瑞特，一个很有能力的汉子和朋友，他将一个结合的细胞核在院子里植入母牛给大家看。我永远忘不了拉斯利教授露出的表情，而他的同事们都大加赞赏并钦慕眼前发生的一切。在很长时间的屏息后，他说："瑞克，尽管在这之前你告诉过我这些牛有多棒，我必须承认还是难以理解你所说的交叉品种将失掉高度和杂交优势。在这里所看到的，甚至比你陈述的还要好。"我回答："当然了，约翰，我能怎样做？"

"瑞克，"他接着说，"我将会再次来这里，看一看进展如何。"这给了我很大的激励，我将继续坚持下去。

我的杂交品种是用夏洛莱牛、契安尼那牛、短角牛、婆罗门牛和英国白牛这五种牛相互杂交，最终得到第四代，发展成为一个独立的新品种。必须给它一个名字，这就是曼德龙特种牛，它有 62% 大陆牛的血统，18.75% 英国牛的血统，18.75% 瘤牛的血统。

但是仍然不能确定曼德龙特种牛是否会被其他养牛人接受。我决定由六头公牛组队参加悉尼皇家农业展。在最初的几次展出后，我的公牛第一次获得了绶带甚至二等奖，但是大奖还是让我足足等待了三年。每一年我的公牛都在展场上显示了最好的骨架形体，但是裁判似乎视而不见，不肯将绶带给予我的公牛。

到了 1982 年，我的一头曼德龙特种公牛获得了第二名。我既高兴又伤心。我的牛与冠军得分是一样的，并且它有更出色的体格和大骨架，但裁判就是忽视这些数据。

1982 年畜牛业兴起了以大块头大骨架决定好坏的标准，我的牧场显示出竞争力，当展出我的曼德龙特种牛后，好运随之到来了。牛腿越长，所获得的绶带越是宽大。我展出的第一头牛曼德龙楚可得分 11，是展会上最重的一头，有 1183 公斤。楚可是赢得了超级冠军奖的品种。我的展出团队还包括了非常棒也相当大的母牛。它们双双参加了杰出的霍顿大奖的评选，所有的获奖品种都极具竞争力，显示出竞争的不凡特征。曼德龙特种牛是排在前五位的一对，很多养牛人都挤在现场，期待着裁判做出它们获奖的决定。本届裁判是著名的布鲁斯·厄克特。在最后的舞台上，裁判似乎很难做出选择，他反复走到楚可的身边，察看它的蹄子。我知道裁判在挑剔它的毛病（八字脚）。同时，楚可走起路来看上去像一头契安尼那公牛拉着沉重的犁。我感觉到裁判是要放弃我的曼德龙特种牛，将大奖给予另外一对有价值的牛了。不管结果怎样，这是曼德龙特种牛在公共竞技场的首次亮相。

从那时开始，我被要求销售我的曼德龙公牛，并保持销售纪录。我那时差不多一年可以产出 10～15 头公牛。这些公牛也做商业性的杂交配种。

到了 1983 年，正是在悉尼皇家农业展上，我的梦想实现了。坚冰被打破。我的一头公牛的肉食骨架，以其重量终于被套上垂涎已久的冠军绶带。16 个月大的公牛重量为 527 公斤，冷却后的肉食骨架 349 公斤。骨架上有 66.22% 可供销售的肉食，比其他任何牛都多出 2.39% 的出肉率。

对曼德龙特种牛的需求是持续的，但是，我拒绝销售母牛。这是因为还有少量的白牛还在生产中，尽管白牛与金色牛呈现出一样的结构特征，这是颜色的问题。

曼德龙特种牛获得霍顿大奖创造澳大利亚牛种的历史

1986 年，曼德龙特种牛在悉尼皇家农业展上达到了登峰造极的程度，这是我梦想中的时刻。出乎我的意料，我的一对曼德龙特种牛，公牛叫曼德龙挑战号，母牛叫曼德龙 C2D，以及它身边刚出生的小牛犊，这一组合尤其出众，在与 29 头其他品种牛的竞争中获得了杂交品种的冠军。之后，我们还赢得了澳大利亚最了不起的霍顿大奖。

我从未有一分钟去想过我能够有机会与我的一对曼德龙特种牛赢得霍顿大奖。当然了，那头母牛在展出场地受到几乎所有养牛人的最好的赞誉。我想那头公牛因为要为差不多 40 头母牛配种，直到展出前 30 天才单独喂

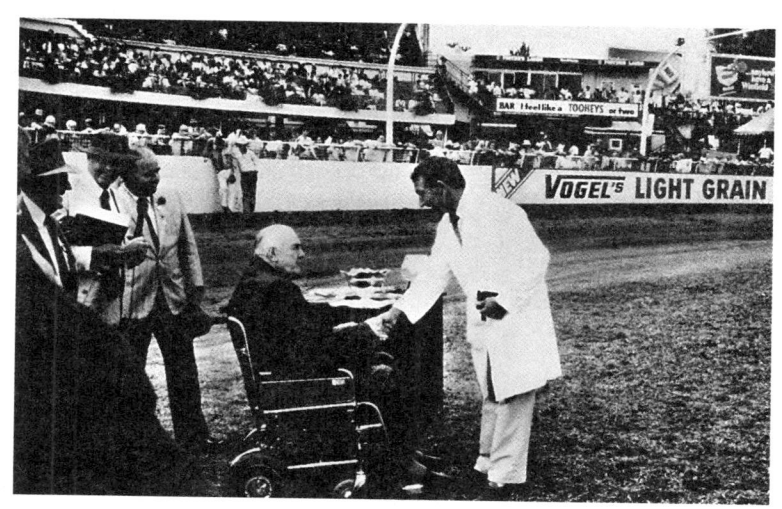

安东尼·霍顿先生向瑞克·彼萨特若祝贺取得大奖

养,或许失掉一些好状态。我的朋友,维多利亚州科尔索短角牛牧场的布鲁斯·斯达瑞特是裁判,这就让我对获奖怀抱希望。首先,布鲁斯是最为挑剔的牧牛人之一,在他眼里只有最好的才能赢。另外,我知道我的公牛还没有达标。我牵着母牛,我儿子亨利牵着公牛步入竞技场地。在这特殊的一天,我感觉身体非常难受,结果是都没有看一眼布鲁斯的判决。我们被首席官叫到名字,首席官正是安东尼·霍顿本人,作为赢者他们必须重复叫我,直到我儿子说:"继续,我们要赢了。"

布鲁斯后来向我吐露真情,把我的团队置于第一名是最难的事情,就那些牛来说它们是值得获奖的,但是我们长久的友谊或许会被认为是一个获奖的原因。

经过许多展会后,养牛人都羡慕曼德龙特种,他们对我说:"也正是时候卖掉一些母牛了,好让你的品种扩大。"我也反复想过这个问题,终于在1988年做出了决定,适逢澳大利亚200周年庆典,我第一次将曼德龙母牛投入销售。

1988年在我自己的曼德龙公园举行了销售。我邀请了约翰·达文波特交往很好的朋友杰克,开启曼德龙特种母牛和年度夏洛莱牛的销售。杰克是我很好的朋友,而我认为他不仅是一个很棒的夏洛莱牛的畜养者,还是一个非常了不起的生意主管,他担任了很多公共公司的主管。我安排了一辆老式马车,由两匹克来兹代尔马载着达文波特先生由曼德龙公园前门进来,行走了大约一公里的车程到达销售场地,在那里是潘瑞斯市市长凯文·德威尔迎接,一个牧牛人紧跟其后。一个壮观的开始之后便是一次壮观的销售。

出席这首次销售活动的还有前苏联代表团,随同的有前苏联商务处参赞和那里的工作人员。在那次销售中他们买下了几头母牛,有一头12500澳元的母牛被他们拍得。

斯格尔牛

第二次世界大战后,美国畜牛人决定喂养一些个头小的牛。世界各地

曼德龙特种冠军再次赢得了霍顿大奖

的养牛人开始追随这样的时尚。但是很快，养牛人就发现这种牛太小了，没有实用性；至少可以说，没有产出量。最终，大陆牛于1970年左右在世界各地被允许进口到许多国家。在十年里，这样大款型的牛慢慢引进来了。但是，问题又到了它的另一个极端——它太高大了，而生长期又太长。

我在我的两个屠宰场商铺向消费者了解，家庭主妇到底有怎样的需求。小切块，细嫩的质感。我开始寻求如何将两者集中在一个牛种身上来适应一个小众市场。这之后，我们生产的牛肉绝大部分是供应本地市场。一片牛躯条，从活牛8～9个月大，还跟随着牛妈妈，重量140～180公斤，就已经被6～8厘米厚的脂肪覆盖了。这样的牛躯条，如果再冷冻一周左右，肉质变得细嫩，简直算是上天赐予的。

这些都提示我应该发展一个新品种来满足需求，随之而来的就是斯格尔牛的出现。

1993年，我决定仅仅选用墨瑞灰牛，我能够将牛的体形变得足够小，增加平滑的肌肉，减少脂肪覆盖。

我去了几处登记的墨瑞灰牛的销售场，买来数头符合我的标准的小牛。母牛产犊了，产出的数头小牛犊，其类型符合我的要求。

待小牛开始长大，越来越多的人开始对它们感兴趣了，我决定成立澳大利亚斯格尔牛联盟公司，注册是在1996年4月1日。用户是：维多利亚州萨顿农庄的查尔斯·库温，新南威尔士州平布尔的格雷·哈奇，曼德龙公园牧场的瑞克·彼萨特若，新南威尔士州白德瑞的布鲁斯·霍奇斯和维多利亚州的迈克尔·兰普瑞尔。

首次会议在1996年5月9日举行。

协会首届领导人提名：

主席：查尔斯·库温

财务秘书：瑞克·彼萨特若

副主席：格雷·哈奇

秘书：桑德拉·威尔逊

我们发现让澳大利亚皇家展协会认可我们的新品种没有问题。这之后，它们都在墨瑞灰牛联盟公司做了原始登记。

1996年8月29日的《大地报》是这样报道的：

斯格尔牛，我们最新的肉牛品种

澳大利亚斯格尔牛，一个蓬勃发展的牛种，正式添加到全国各地牛的品种中。

普通民众将会首次在墨尔本皇家农业非竞争的会展上，一睹这个正在发展中的新品种。

这个品种，基本上说，是墨瑞灰牛的一个体格小的亚品种，它是悉尼西部郊区圣玛丽曼德龙公园牧场的主人瑞克·彼萨特若用心血培育而成的。

他称赞，斯格尔牛为本地交易而有高效产出，尤其能够为畜养人提供很好的利益回报。

他说，四年前，他开始发展墨瑞灰牛，明显的选择是：可以提供小牛肉以满足国内市场的需求。

他相信，这个品种的牛将受到欢迎，"因为与其他品种的牛相比，墨瑞灰牛明显能创造更多利润。"

在过去两年里，这个概念在澳大利亚墨瑞灰牛联盟公司的引导下传播甚广。

维多利亚皇家农业协会允许5头墨瑞灰牛参加9月19日～23日的墨尔本皇家复活节农业展。

登记A级别墨瑞灰牛，合格的牛需要在澳大利亚墨瑞灰牛联盟公司登记，要符合如下标准：公牛超过 18 个月，牛的双肩最高处不得超过 115 厘米。

母牛超过 18 个月，双肩高度不能超过 107 厘米，这是 A 等级标准。如果超过 107 厘米，就是 B 级别。

彼萨特若先生相信，这种牛必须符合放牧散养的条件，8～9 个月就能够得到重量 260～300 公斤的鲜活小牛，半身牛肉骨架可以达到 140～160 公斤，满足国内市场的高品质需求。

曼德龙公园牧场现在有一头公牛沃岗布拉帕罗 P6，在草场条件不好的季节里，7 个半月大，长到 256 公斤。"数据显示，这样一头斯格尔牛牧养的条件相当于 4 只羊，这是其他牲畜的效益的两倍。"彼萨特若先生说。

"另外，小牛断奶后，至少有 80% 将达到最优等级。"

"我的经验是其他的牛种，只能有 20% 的小牛达到上品肉出成率。"

"终极标准不是要获得最小尺寸的小牛。我们的目标是在商业条件下生成最好质量的牛肉，并且饲料转化率要接近 2∶1，就像操作鸡的饲养一样。"

"对于这样一个概念我充满了希望。渴望给澳大利亚带来更多利益，甚至会超过以往在公共场合展出过的品种。另外，新南威尔士州一些精明的养牛人已经开始了这个品种的畜养。"

这个品种的首次墨尔本展览的反应，就是期待扩展和打开澳大利亚商业肉食牛的项目的机会。

新联盟的官方畜养者是维多利亚州萨顿农庄的查尔斯·库温（主席），新南威尔士州平布尔的格雷·哈奇（副主席），瑞克·彼萨特若（财务秘书），白德瑞的布鲁斯·霍奇斯和墨尔本的迈克尔·兰普瑞尔（主任），厄斯金公园的桑德拉·威尔逊（秘书）。

建立牧场的承载能力的首次试验，是在我儿子理查德的帮助下进行的。结果是，放牧散养一头这样的母牛相当于放养四只羊所需的地盘。

1996年12月8日星期日，斯格尔牛首次进行销售。

我知道利润相当高，但是我没有期待过利润如此之高。

第一组：沃岗布拉Q7

一头公牛被托尼·肯斯以不可思议的52000澳元拍得，我后来添加肯斯为斯格尔牛的骨干饲养者，他后来是斯格尔牛杰出的饲养者和协会主席。

第二组：沃岗布拉Q8

另外一头注册的A级牛被鲍伯和苏·麦克拉斯基以21000澳元拍得，他们是斯格尔牛热情的饲养者。

第三组：商业公牛，没有注册过的

诺兰德·米切尔以5000澳元购得。

销售结果：

2级A公牛，最高价52000澳元，平均价36000澳元；

3级A母牛，最高价5750澳元，平均价5400澳元。

接受的最不可思议的价格是注册的墨瑞灰牛怀孕的两头母牛被著名的澳大利亚养牛人布鲁斯·霍奇斯和他的妻子贝丝购得，这也超出了贝丝的预期。

祝贺也是为了托尼·肯斯主席，感谢他对协会的贡献，以及他自己在畜养方面取得的巨大成绩。托尼·肯斯于2000年4月22首次被选为协会主席，一直到2001年2月24日；然后又于2003年4月12日再次当选为协会主席。谢丽尔·莫特夫人从1997年3月8日开始一直是秘书，她为建立这个品种担当了重要角色。

夏乐克牛

我的第三个品种

由于许多得到的消息声称,曼德龙特种牛在昆士兰北部条件不好的地区生长得比预期的好,它们卓越的生育能力大多来自与婆罗门牛的杂交,于是我决定在1989年9月9日推出适应热带地区的品种夏乐克牛。

这种杂交是发生在曼德龙特种牛与红婆罗门牛之间,为此成立了澳大利亚曼德龙特种牛联盟。没有将很多小牛用来注册,因为多数后代用于商业肉食畜养。

当看到这种杂交牛的结果如此之好后,另一个协会专门为此成立,即夏乐克牛协会,于2005年1月23日成立。这种牛首次在昆士兰洛克汉普顿"牛肉2006"展出。

为什么是夏乐克牛?

曼德龙特种牛成功地生产了出色的牛骨架。这些历经多年证明了具有竞争性的牛肉骨架,有更多的牛眼肉,分布均匀的脂肪覆盖在无与伦比的躯干上,并且产量高达66.22%(超过其他品种2.39%),这是悉尼皇家农业展上官方所持有的数据。

日积月累的报告显示,曼德龙特种牛无论在干旱还是炎热的昆士兰北部,都比其他品种的适应力好,并能产出更多的小牛。

夏乐克,作为曼德龙特种,一种耐旱耐高热的品种,多数是喂养在新南威尔士州曼杜兰地区严酷的条件下,那里的气温常常超过48摄氏度。

夏乐克是纯种红婆罗门牛与曼德龙特种牛之间的杂交,在昆士兰洛克汉普顿"牛肉2006"展会置于众目睽睽之下。8头12个月大的小公牛经过精子检查结果证明良好。16个月大的小公牛阴囊周长平均在32厘米。

我们在曼德龙的牛被确信有最好的阴囊和最强的生殖能力，有望生产更多的小牛。曼德龙特种证明了，一个好的品种，能够在严酷条件下生存并有望繁殖出小牛，产生超级肉食躯条，同时又有良好的饲料转化率。

牛的四项属性必须具备：具有生殖能力和良好的阴囊以利于公牛生产许多小牛；在严酷条件下生存的能力；良好的肉食躯条；很好的饲料转化率。

这四项因素必须齐头并进才能保证生成理想的品种。我们的曼德龙特种牛具备所有这些属性，但是与红婆罗门牛的结合不仅仅要保持这几项，还要向前推进和改良。夏乐克牛的角色是补充了瘤牛的属性，其杂交延续了杂交基因优势，同时避免杂交的风险。这是所有品种与曼德龙特种发生关联进行发展必须确保的。

24个月大的公牛呈现出难以置信的特点：

达到980公斤重，单纯依靠燕麦喂养，因为当地长期干旱。

牛眼肉135立方厘米

阴囊周长45厘米

臀部和肋部脂肪8/9毫米

血缘含量：	瘤牛	59.375%
	大陆牛	31.25%
	英国牛	9.375%
		100.00%

肉食牛——从一个极端到另一个极端

许多畜牛者以长远眼光看待品种的实用性,保持住这一点很重要。第二次世界大战后,美国育牛人开始决定产出小牛,以便有很好的肌肉。而后,这导致了紧凑型牛的流行。

牛的趋势是变得小了,公牛在框架上的得分超出母牛一段时间后,牛变得越来越小,几乎没有实用性了。20世纪60年代美国的打分标准和其他国家所呈现的都令人失望,直到世界知名裁判,美国宾夕法尼亚大学赫尔曼·珀迪教授审视我的曼德龙牛后,大加称赞大型牛的出现实现了他们的梦想。事实上,这种大型公牛在我那里,公牛平均骨架是8,母牛是6或者7,而其他许多紧凑型的牛尺度低于3或4,完全让人失望。没有办法摆脱这样的状况。在那时,一个美国人进口了我的年轻的波尔短角牛。它们中的一头是曼德龙旗帜,在美国科罗拉多丹佛举办的国家西部牲畜展上,第一次创造了外国牛获得超级冠军的历史。

大陆牛种通过加拿大最大的检疫局被输送进来,这样它们得到了拯救。

大陆牛很快被许多畜牧场所接受，尽管所有的产犊问题也随之而来。一些美国养牛人保持以往传统，没有采用新品种，但是，他们仍然购买大陆品种的公牛，以赚取大陆牛品种带来的大价钱。

我同意生存是主要的，当然不能让牛业走得太远，不能让牛长得太高生长得太慢。契安尼那品种的公牛，差不多骨架能到10/11比例。我唯一保留的意见，就是畜牛人要买这种牛首先需要知道其结果。

我建议国内和海外一些牛种协会和养牛人："我们应该意识到将会发生什么。一个牛种产生了，就应该成立这个牛种的协会，这样育牛人就可以明白他们应该怎样做。"我未知前路。一个美国牛业协会的人对我说，如果一头很壮的牛从外面跳进围栏里面配了种，协会能有什么帮助？

在美国，裁判很在乎牛的高度，牛的直挺的后腿也成为问题。育牛者对于高度能够做的工作，就是必须将他们的牛降低到实用的尺寸。但是，很多养牛人能够保持正确的尺寸吗？回答是："不能。"

有一些育牛人对骨架得分理解很少。如果有人坚持询问，那就是，促进大体格的牛种，而不是长腿的牛种。同时，需要再次说明，要阻止过小尺寸的牛种，更不能接受侏儒动物类型。

今天多数公牛的骨架在6级或以下更糟糕的状态，很多公牛和母牛有关节的问题。如果一头牛有直挺的后腿，它就容易折断，而过度弯曲的后腿则会令走路非常困难。我相信有一些裁判将会把关节有问题的牛剔出来。

关节有问题的公牛在与母牛配种后，非常容易垮掉，因为当它与母牛交配时，其重量很难支撑胯骨的平衡。并且，我还想知道骨架6级或矮小的公牛到底能配成多少小牛。它们如何够得上高大的母牛呢？它们如何够得上婆罗门母牛而交配呢？还有，这些矮小而肥胖的公牛是否会带来产犊问题？当然，这不会出现在瘤牛身上，但是，如果其他品种的牛，尤其是当母牛其瘤牛血缘成分减少，就是说低于25%～50%的成分会怎么样？

这些矮小的公牛在大牧场里怎样追逐到婆罗门母牛？能让多少母牛怀上小牛？结果是低于80%～85%。这样低的生育结果，会让育牛人面临很大的财务问题。怎样才能让牛的尺寸降低到更现实的水平？说到底，这里不全是尺寸的问题，主要还是这样的公牛制造了产犊问题和粗糙的肌肉。这些实证来自我的夏洛莱公牛，白山谷哈美施（法国纯种），20世纪70年代在加拿大所进行的C配种C的项目。它的小牛犊平均出生重量超过两公斤，这个项目中的夏洛莱牛的血缘比例占16%，超过其他任何品种。所有母牛参与哈美施项目产犊时都不需要帮助。所以，这不单单是关于公牛和小牛的问题，还是配种的公牛如何给予并形成小体格的牛犊才更容易生育的问题。我们需要牛的肌肉，但是必须是平滑的肌肉；不仅需要方便产犊，还要能够生成良好的肉食躯干。现在终于明白发生了什么，并做出直接快速的反应。让我们再回到骨架得分的问题，现在要求它最好小一些，已经是不同的目的了。对于公牛来说，不能小于7～8级，还要有良好的肌肉；而对于母牛来说，不能小于6～7级。

澳大利亚一些品种被喂养成了两种牛，尤其是夏洛莱牛。我向这些夏洛莱牛的畜养者道歉，因为他们受到鼓励或欠缺关于这个品种的最新知识，还保留着品种，一些人会出来批评到底育牛业发生了什么。不幸的是因为我太出名和太能讲话了。

少肌肉的动物从未能够提供良好的肉食躯干，哪怕是食槽喂养的。而大块头的，有重量的肌肉和圆骨头的公牛或母牛，如果有小牛，就要养三到四年，甚至更长时间，才能够送到市场屠宰。这样，肉食躯干会有一些粗糙的脂肪覆盖，能够产生的是价格低廉的肉碎。夏洛莱牛能够生产非常好的肉碎（肉馅），因为很多年前我在自己的屠宰肉食商店证实了这一点。如果这是你所要的，那就行动并生产它。

在现实里看到皇家展上的一些裁判，其评判结果绝对令人咋舌，竟然有超过一吨重的母牛，浑身肌肉，还有浑圆的躯体，由此而获得冠军奖，而这本应是公牛所具有的体征，这种圈养上膘的类型成了今天的需求。

当然了，我说的其实是夏洛莱牛，它们可以产生小部分圈养的肉食躯干，但是，上好的肉食躯干应该是平滑的肌肉下面有分布均匀的脂肪，良好的牛眼肉，良好的饲料转化率和上好的细嫩肉色。我们为什么不试着走出去寻找这样出色的动物呢？这或许可以填充全部的项目，圈养成熟的种牛既可以提供上品的牛肉，也可以延续生殖的需求。我们将实用性强的夏洛莱牛引入澳大利亚市场，但是，仍然面临许多问题，协会应该组织论坛来共同讨论和解决这些问题。难道在今天牛种协会已经解决了所有问题吗？而我在前面的章节里已经展示了什么样的牛应该喂养什么，以生成有实用性的牛种。问题是，现在的养牛人是将他们自己错误的做法放到所饲养的动物面前。我认为唯一的出路是：裁判应该告知哪个类型和哪个品种的牛才符合标准，并通过获奖的牛种指出目标。

我们需要好的牛种和上乘的肉食躯干和骨架。还有公牛，不能在短时间的巨大需求里将它们推到一个错误的地步而失掉好的指标条件，即使一个短暂的生命也需要数年的时间喂养。

这些牛销售得很好，数量巨大。我不想以我的观点提及它们的品种名称哪个好哪个不好，但是我要夏洛莱这个类型完全满足几乎所有实用的需求。

嘉许函

（在此仅录有来信的部门与个人，其内容翻译从略）

前苏联驻澳大利亚大使馆

澳大利亚议会联盟

澳大利亚夏洛莱牛业协会　1972年5月11日和1975年10月15日

澳大利亚动物健康局　1975年10月20日

凯恩广告协会有限公司　1975年11月4日

伊拉瓦拉肉类联盟有限公司　1976年11月3日

昆士兰乡村生活报业有限公司　1977年3月8日

澳大利亚肉类局　1977年5月16日

澳大利亚发展援助局　1977年5月27日

古尔本高中　1977年7月21日

"新西兰之家"代表　1978年9月12日

澳大利亚夏洛莱牛业协会　1980年4月17日和1980年4月15日

杰克·达文波特先生　1981年11月24日

澳大利亚新南威尔士州基础产业部总监　1982年3月4日

澳大利亚首都堪培拉基础产业部　1982年4月21日

澳大利亚夏洛莱牛业协会　1982年6月9日

《中国日报》　1982年6月17日

猎人谷夏洛莱育种协会　1982年10月20日

丹尼斯·如泽公共关系有限责任公司　1982年10月26日

加拿大驻澳大利亚总领馆及商务参赞　1982年3月11日

澳大利亚夏洛莱牛业协会　1982年4月13日

澳大利亚基础产业部　1985年2月20日

潘瑞斯市议会，市长　1985年2月22日

澳大利亚联邦银行行政总经理　1985年3月15日

昆士兰大学动物保护系　1985年5月7日

澳大利亚畜牛人联盟昆士兰分会主席　1986年4月4日

悉尼大学邀请函　1986年

英国利兹肯尼斯·威尔逊集团　1987年3月2日

新南威尔士州政府农业部　1988年4月6日

新南威尔士州农业部总干事　1988年12月18日

日本畜牧业贸促会　1989年5月23日和1991年3月19日

身体和精神的状态

如果你的健康行进在正常的轨道上，身体主要功能就可以保持良好，而年龄不是一种障碍。除此之外，一个日益恶化的身体是不可能享受生活的。

我们如何做才能取得这样的成效？

至关重要的是我们应该相信任何做法，其目的都是为了坚持我们的营养，运动锻炼和保持良好的感觉来不断刺激能量。自从我独自生活至差不多超过20年，我开始了自我约束，采用正确的营养和饮食，最终，"你吃下什么你便成为什么"，我曾经成功地为我的牛做过很多营养研究。

关节炎影响了许多人，就像动物一样。当我还是一个孩子的时候，我就注意到了我母亲在60岁时，甚至我姐姐在40岁上下就遭受骨节疼痛的折磨。有时疼痛难忍甚至到流泪。在我对牛类和马匹都做了成功研究后，每日使用醋添加在饲料中。我收到了大批养牛人的来信，说在我的研究《种牛饲养与常识》（1978年出版）中获得了知识，当他们将醋用在自己身上后，指头关节都不痛，也活动自如了。

当然了，我没有关节炎，不仅如此，首先，我每天早晨在早饭前，要饮用由 10 毫升苹果醋兑入的一杯水。

第二，在我的饮食里剔除所有的动物脂肪，包括牛奶，代之以豆奶。我的主要饮食是，早餐由坚果（主要考虑的是如下三种坚果：巴西坚果、大杏仁和核桃），一些水果，比如橙子、苹果、梨等，还有一些粗纤维麦片和燕麦片构成，再加一杯豆奶。午餐，是水蒸的蔬菜，由西兰花、菜花、胡萝卜、地瓜和卷心菜组成，加一点酱油，放很少的盐，只有淡淡的味道。盐和糖都要减少，然后一片面包就足够了。晚餐，与中午的内容同样，只是每周有两三次加上一片三文鱼，不用调料，只在微波炉上做熟。还有，3/4 杯我最喜爱的红酒，这已经被证实对心脏有益处。

我到处旅行，现在依然如此。举例来说，在过去的 20 年里，我访问过中国 128 次，还有美国、意大利、俄罗斯和其他国家。尽管不可能保持以上相似的饮食，但是，我仍然尽量选取相近的饮食，仅仅取用很少的肉类，这往往出现在朋友带我去的午餐或晚餐的饭店里。

当然了，我也从不忽视每日在家中健身房和旅行中的身体锻炼，如果可能，我还带着计步器来督促每日所走的距离，因为 10000 步相当于 6 公里，这是一天应当行走的运动量。

我有一个很好的朋友，是一名退休的医生，他告诉我，他总是要求他的病人从 60 岁后，开始每天服用一粒卡提亚（Cartia），这样他所有的病人都未曾出现过心脏问题。我也每天服用一次卡提亚。因为一些生意和活动操心所致，我的血压时有升高。我非常信奉采用一些草药补充所需，维生素 C，天然维生素 E，钙和镁，维生素 D3，CoQ10 心脏动力片，叶酸和生物锌和锯齿棕/锯棕榈以防止前列腺肥大，再加上银杏来促进血液循环、注意力和记忆力。因为铁的不足，每周 2～3 粒铁片也是每一个男人必须补充的。

我的一个朋友看到我的这些辅助用品，问道："你这是开药店吗？"我的回答总是："你能看到我有任何不好吗？健康又聪明！"他们总是这样回答:"哦,真的没有任何不好!"

结肠的含义

值得提一提结肠的问题,因为在过去 18 年里,我有过结肠息肉生长,情况并不好,大约每半年就要做一次结肠镜检查。我的医生有几次通过结肠镜直接将息肉切割掉。后来,我没有按照医生所说的,每两个月就做一次结肠镜检查,因为医生说:"结肠看上去就像一群绵羊。"于是,我半年里又预约了另外一个专科医生,我要自己掌控危机。我开始每天吃 6 粒大蒜片,新鲜的葱、黄瓜,再加上 1~2 粒大蒜精。三个月后,我去做肠镜检查,医生告诉我,息肉已经清除掉了。医生让我三年后再做检查,我

20 世纪 60 年代,瑞克和他的两个儿子理查德、亨利与巴杰瑞夫妇一起午餐

请求 12 个月后做检查，这样一年后的检查结果显示，息肉真的没有了。连续三年，检查结果都令人满意。报告转到我的主治医生那里，他说我不再需要做肠镜检查了。

我希望所有读者能够读出大蒜的好处，并且让所有罹患结肠相似疾病的人注意，大蒜能够解决你的问题。结肠癌在世界上是第四大杀手。

就我现在的年龄而言，我的健康依然没有任何问题，我依然活跃并从事任何自己的事情，仍然涉足生意，尽管我的孩子们已经开拓了他们热爱的属于自己的养牛生意。2009 年，我去了俄罗斯，我组织了一些曼德龙牛的出口，计划是 2010 年的 10 月离开澳大利亚。前苏联已经建立了一个令人印象深刻的超过 50000 头曼德龙牛的基地，但是，自从前苏联解体后，它们也消失了。

我当前从事的是喂养赛马的工作。在过去的三年里我开始接受这一挑战，我从不相信买入很贵的母马，就是高起点的开始，我不认为那是挑战。但是，有正确的选择并很好地喂养它，最终将会受益于最好的喂养结果，正像我在畜牛业上的努力。

记住："要想在身体和精神上保持年轻，首先要让你的心年轻。"

"年龄来自你的精神状态。"

后　记

在工作之余和周末，断断续续用了大约一年时间，才将此书的翻译工作完成。出于对书中主人公瑞克，一位前"二战"战俘在澳大利亚的成就，对澳大利亚社会生态以及当下日益蓬勃的地产、牧场和畜牛行业的好奇，也出于自身的学习与了解愿望，我做了一次跨界的尝试。但内心也希冀着或许一个创业者、一位移民的自传故事，可以分享给中国移民，或许故事能够给来澳大利亚投资的国人一些启发。

信、达、雅是翻译工作的三境界。瑞克的文字如实地叙述了自己的经历，语言平铺直叙，没有过多的文学修饰。我的工作只能做到如实转述为中文，按照中文的行文方式完成语言转换，没有加工和添枝加叶。相反，书中一些关于交叉育种和牛业协会人员组成的部分，在与原作者沟通时，他认为这些信息已经没有现实意义，就整段弃之不用了。有一些牲畜病理的插图与文字也做了删节。英文翻译既非我的职业，又无牲畜饲养的专业背景，只因为对人物命运的好奇，而有机会获得实践可能，不当之处，敬请批评。其中一部分初稿翻译有饶梦洁女士的时间投入，在此一并致谢。在本书出版发行过程中，还得到各界朋友和师长的支持，发来三言两语的书评。真诚地向以下人士表示感谢：吕敏、曹大为、邓凯、David Han、David Niu、刘致富、刘斌、邵速、宋晓燕、张德宝、晓帆、刘凌、刑俊勤、魏健、孙红志、姚卫红、唐明、胡洋、张凯民和刘克广。

特别要感谢的当属山东文艺出版社李宁社长，总编辑张海珊女士，以及刘小军、刘晓冬和责任编辑王玲玲女士，还有山东临沂制版中心的人员，没有他们在暑热高温天气里的辛苦，这本书不能够这么快地与大家见面。

李兢喆

2016 年 8 月 12 日于悉尼绿素书屋

附 录

  这本书不单会启发和鼓舞像我们这样的新移民，也会为国人提供一个阅读澳大利亚近代史、感受澳大利亚移民发展史和农业经济的一个极好材料。通过一个"二战"战俘在澳大利亚寻找自我、安身立命、开创事业的经历，反映了澳大利亚赖以立国的"开拓者精神"和"创新精神"，真的很棒。

  人们常说相对于欧洲"旧世界"，澳大利亚就是一片荒芜却遍布希望的"新世界"。澳大利亚的国歌也体现了这种勇往直前和敢于创新的"开拓者精神"。其他欧美国家的国歌，更多的是赞美神，祈求神赐予国民力量的讴歌。相比之下，澳大利亚的国歌充满了一种开天辟地的豪情和无私共享的"新世界"精神。"我们欢笑，皆因我们都自由年轻；大洋围绕我们家园，这里沃土多产，供你拓垦；我们遍地富含稀世资源，处处丰饶美景；我们有无穷的原野，给远来的移民；我愿执子之手，共创美丽澳大利亚！"

  《澳大利亚，我的爱》付梓之际，正值中澳自由贸易协定 2015 年年底正式生效之时。本书所描述的瑞克家族三代投身澳大利亚农业发展的故事，为众多想了解澳大利亚农业发展的国人提供了生动的教材。我们相信，在澳大利亚这片充满机会的热土上，很快就会出现第一个中国版的瑞克家族！

——KVB 昆仑国际澳大利亚董事执行总经理　邓凯

从"二战"中走过，又在澳洲创建辉煌，《澳大利亚，我的爱》所描述的不仅是瑞克先生的个人奋斗史，也是半个多世纪以来的移民发展史。

——澳大利亚山东商会会长　张德宝

《澳大利亚，我的爱》向人们展示的不仅是一部澳大利亚人的创业史，还是一部纵览澳大利亚畜牧业的现代史，从"二战"到现今的数十年中，主人公瑞克谦逊勤劳、创业胜勇的精神是不同民族的澳大利亚人尤其是我们身处多元文化国度的华人所崇尚的典范。

——澳华总工会文联主席　晓帆

正因为对生活、对亲人、对事业深深的挚爱，造就了瑞克一生杰出的成就。且不看瑞克在房地产、畜牧业等方面取得的巨大成功，仅看瑞克作为一个非专业人士，培育了三项肉牛的新品种，就让人感叹佩服。从一个澳大利亚的战俘到获得"杰出澳大利亚人"勋章，一切源于爱。有了爱，就有了机会和幸运，爱在哪里，成功就在哪里。愿我们大家像瑞克一样，用我们的谦卑、智慧和大爱，负载我们的梦想，并将其铸造成为现实。

——富翔集团董事长　宋晓燕

一部史诗性的澳大利亚历史画面呈现在我们面前，使我们愿意去了解这个国度和她的人民，而不只是将此书作为一本成功者的奋斗指南。

——《走向世界》杂志社社长　刘斌

瑞克经历过战争的洗礼，又有过艰苦奋斗的历程，他的经历堪称"传奇"二字。他热忱、执着，有一颗善良、朴实的心。同时又有敏锐的洞察力和对新事物的好奇心和尝试欲。尽管已经94岁高龄，他仍坚持自己照顾自己的生活起居，自己开车，自己旅行。年龄也丝毫不影响他用 Email 处理事务，手机炒股票，玩微信，跟漂亮女生交朋友等等。认识他我才意识到人生原来可以精彩这么久！期待拜读他的亲笔自述《澳大利亚，我的爱》中文译本。

——Isabell 姚卫红

《澳大利亚，我的爱》一书呈现出在不同历史时期，瑞克作为一名移民能够因地制宜，并且能够敏锐地发现并抓住机会，快速地立足并发展的创业史。本书以纪实加故事性的描写，引人入胜，人物形象栩栩如生，作为新一代的澳大利亚移民，我们能够从中学习和感悟到很多做人做事的道理，值得一读。

——澳大利亚今日传媒集团总经理 David Han

无论在任何年代，生命中的勇者必将是精英群体中的一员，传奇式人生经历的追诉展现了极具画面感史诗般的宏卷，彰显出无悔人生的精神风貌。对生命的珍视、对人生目标的追求、对知识的无尽渴望以及永不落伍于时代的科学技术的掌握，造就了一个充满力量、给人启迪、现实版不老人生的典范——瑞克·彼萨特若。

——济南之春文化传媒有限公司董事长 邵速

由于巴别塔的疯狂与速度，上帝看到人类的智慧和力量，于是瞬间让不同的群组各自讲不同的语言，结果人类建造巴别塔的狂妄半途而废……

但是，总有获得上帝眷顾的智者能够读懂异族的语言而使无形的巴别塔继续人类的努力。因此，能够阅读原著的人是令人羡慕的。记得中央美术学院教授韦启美先生表达过同样的感慨，我深有同感。如此，我们应该感谢译者为我们带来了一部精彩的人生自传，更让我们看到了转述的另一番精彩。翻译，无论多么忠于原著，总归是有讲故事的魅力指引，于是我们读到了故事中主人公的起死回生，也更加深刻地获得这样的认知：澳大利亚是一片神奇的土地，她是可以让人脱胎换骨的母体，是人性重生的美丽大地！无论是大不列颠的"犯人"，还是意大利"战俘"，抑或来自东方的新移民，都能够闪耀出不同的光辉。

——军旅艺术家　邢俊勤

商界从来不乏传奇和励志经典，即将付梓出版的《澳大利亚，我的爱》一书主人公瑞克有望成为其中最新的典范。

很难想象，一位出生于意大利、年轻时期即以"二战"战败国战俘身份于20世纪40年代初被遣送至澳大利亚的外来人，在之后十余年间跻身彼时澳大利亚富豪榜前五名。

独特的行事风格、犀利的商业眼光、卓越的执行力、对生活的热爱和对梦想的执着，诸多要素融合在一起，成就的不仅是一个充满勃勃生机的商业版图，更演绎出一个个令人惊艳的商业传奇故事……

通过对一个个商业实战案例的回顾，该书全方位揭秘了身处逆境的主人公如何通过在澳大利亚地产、农业领域的耕耘完成凤凰涅槃困境逆转的深层原因，而这些实战案例，对于那些已经或正在准备在澳大利亚进行地产和农业项目投资的朋友而言，具有难得的借鉴和参考价值。

——ACB News《澳华财经在线》主编　David Niu

意大利青年……"二战"军人……战俘……澳大利亚农民工……地产商……种牛畜养人……富豪……一个期待中国梦的外国人。

——澳大利亚新移民　孙红志

一个人的故事，两个时代的传奇，从战俘到牛仔，从移民到富豪，战争与命运，挣扎与奋斗，情色与财富，在荒漠、大洋与绿洲之间展开，语言的质朴与简洁，大跨度而又富于画面感的情节描述，人生际遇的生动再现，生活哲理的深度演绎。

——作家　西坝

这是一个典型的逆袭成功的故事。故事主人公如何能从人生的最低谷跃上他人难以企及的人生高峰？他有梦想，不仅仅是因为有梦想；他执着，不仅仅是因为执着；他勤奋，不仅仅是因为勤奋；他认真，不仅仅是因为认真；他善于学习，不仅仅是因为他的学习；他运气好，又不仅仅是因为他的好运气……还有一个外国人在澳大利亚这片希望的田野上成功的全部秘密。

——山东师范大学教授　魏建

从战俘到人生的辉煌，《澳大利亚，我的爱》展示给我们一个移民眼中的澳大利亚，一个勤劳有抱负的意大利移民眼中的自由、平等、朴实和人性化的国家。

——记者　唐明

这本澳大利亚移民"牛人"的传奇故事，将会告诉读者：人应该怎样在劳动和创造中不断挑战、超越自我，同命运抗争；怎样在洞察世情、向他人学习、充分准备中自主创业，使梦想成真；怎样在广泛的国际交往中，做一个世界公民；怎样保持身心的健康，尤其是心的年轻。它是所有人尤其是青年创业者的励志宝典。而平易流畅的译文，又将使阅读变得轻松而有趣。

——刘凌

战败国的俘虏成为战胜国的富翁和杰出人士，听起来像狗血故事。这是一个奋斗可以改变命运，劳动可以致富的社会。

——临沂商城有限公司董事长　傅强

图书在版编目（CIP）数据

澳大利亚，我的爱 /（澳）瑞克·彼萨特若著；李兢喆译.
—济南：山东文艺出版社，2016.9
ISBN 978-7-5329-5323-3

Ⅰ.①澳… Ⅱ.①瑞… ②李… Ⅲ.①瑞克·彼萨特若—自传 Ⅳ.① K836.115.38

中国版本图书馆 CIP 数据核字（2016）第 205387 号

澳大利亚，我的爱

〔澳〕瑞克·彼萨特若 著 李兢喆 译

主管部门	山东出版传媒股份有限公司
出版发行	山东文艺出版社
社　　址	山东省济南市英雄山路 189 号
邮　　编	250002
网　　址	www.sdwypress.com
读者服务	0531-82098776（总编室）
	0531-82098775（市场营销部）
电子邮箱	sdwy@sdpress.com.cn
印　　刷	山东德州新华印务有限责任公司
开　　本	710 毫米 ×1000 毫米　16 开
印　　张	18
字　　数	200 千
版　　次	2016 年 9 月第 1 版
印　　次	2016 年 9 月第 1 次印刷
书　　号	ISBN 978-7-5329-5323-3
印　　数	1 ~ 2000
定　　价	58.00 元

版权专有，侵权必究。如有图书质量问题，请与出版社联系调换。